Jörg Pilawa

Pilawas Allgemeinwis

cbj

DER AUTOR

Jörg Pilawa wurde 1965 in Hamburg geboren. Nach dem Abitur studierte er Medizin und Geschichte. Schon während des Studiums arbeitete er für Hörfunk und Fernsehen. Seit 1994 moderiert und produziert Jörg Pilawa zeitlich parallel meist mehrere verschiedene Fernsehformate und ist der deutsche Moderator mit der größten Medienpräsenz. Seine Quizshows, mit denen er seit 2001 fast täglich auf Sendung ist, machten ihn endgültig zum beliebtesten Moderator der deutschen Fernsehunterhaltung. Privat engagiert sich Pilawa für soziale Einrichtungen wie „Kinderdorf Bethanien" und das „Bündnis für Kinder – Gegen Gewalt". Er lebt mit seiner Frau und seinen drei Kindern in Hamburg.

Jörg Pilawa

PILAWAS ALLGEMEINWISSEN

Spannende Fragen – schlaue Antworten

cbj

Wissen macht Spaß – und Spaß macht Wissen!

Denn wer mit Spaß lernt, behält das Gelernte besser und bekommt außerdem Lust, immer wieder etwas Neues kennenzulernen.

Das ist nur eine von vielen spannenden Erkenntnissen, die uns die Wissenschaft in den letzten Jahren beschert hat. Kinder haben das natürlich schon immer gewusst! Das kann ich Tag für Tag an meinen eigenen Kindern sehen: Sie entdecken und erkunden neugierig und mit Begeisterung (fast) alles, was sie noch nicht kennen.

Neugier und Begeisterung sind es auch, was gute Wissenschaftlerinnen und Wissenschaftler antreibt. Was sie über die Jahrhunderte so alles herausgefunden haben, das erfahrt ihr in diesem Buch. Und auch, welche Folgen ihre Entdeckungen hatten: vom Computer bis zum Klimawandel, von neuen Medikamenten bis zum Navi, vom Flugzeug bis zu den Special Effects im Film, vom Fließband bis zur Suche nach außerirdischem Leben.

Mindestens genauso interessant ist es, in die Köpfe der Menschen früher und heute hineinzuschauen: Was haben sie gedacht, woran haben sie geglaubt? Und welche klugen oder manchmal auch ganz schön verrückten Gedanken haben sie sich über die Menschen, das Leben, das Universum und den ganzen Rest gemacht?

Ob Klassik oder Hip-Hop, Picasso oder Rembrandt, Pippi Langstrumpf oder Pumuckl, Bob der Baumeister oder Otto: Auch über Kunst, Unterhaltung und Medien könnt ihr hier jede Menge Spannendes erschmökern. Außerdem erfahrt ihr, wie Menschen früher versucht haben, sich in Gemeinschaften zusammenzuraufen, wie unser eigener Staat organisiert ist – und wie ihr die Wirtschaft beeinflusst, wenn ihr euch ein Eis kauft.

Euch erwartet also jede Menge erstaunliches, kurioses und lustiges Wissen! Und mit den Quizfragen könnt ihr zwischendurch überprüfen, was ihr schon alles wisst. Oder ihr testet eure Eltern, Geschwister, Omas, Opas und Freunde: Wer weiß was?

Eins ist jedenfalls klar: In diesem Buch findet ihr ganz viel (aber natürlich nicht alles), was zu einer guten Allgemeinbildung gehört. Die ist deshalb so wichtig, weil sie einem enorm dabei hilft, sich selbst, die anderen Menschen und die Welt zu verstehen. Und wer mehr versteht, kann bessere Entscheidungen treffen – für das eigene Leben und für das aller anderen.

Zugegeben, viele Entscheidungen treffen heute noch Erwachsene für euch. Aber ihr seid es, die die Zukunft gestalten werdet.

Na, dann los: Ich wünsche euch ganz viel Spaß beim Schmökern, Erforschen und Entdecken!

Euer
Jörg Pilawa

Biologie und Mensch

Eine Welt ohne Lebewesen können wir uns kaum vorstellen, schließlich sind wir selbst welche. Aber Leben gibt es, so viel wir heute wissen, nur auf einem einzigen Planeten: auf der Erde. Hier hatte es viel Zeit, 4,6 Millionen Jahre, um sich in der enormen Vielfalt zu entwickeln, die wir heute erleben. Zuerst gab es nur einfache Bakterien, dann entstanden die Pflanzen und später die ersten Fischarten, Amphibien und Insekten. Die Säugetiere, zu denen auch der Mensch zählt, kamen ganz zuletzt.

Der Mensch gehört – ebenso wie alle Pflanzen, Tiere und anderen Lebewesen auf der Erde – zum globalen Ökosystem. Wie empfindlich das ist, merkt man daran, wie stark es auf Veränderungen reagiert, die der Mensch verursacht: Tier- und Pflanzenarten sterben aus und sogar das Weltklima könnte sich durch uns schneller verändern als bislang.

All die vielen Lebensformen auf der Erde werden von Biologen untersucht. Diese Wissenschaftler haben auch das Geheimnis der Evolution gelüftet: Sie haben herausgefunden, wie sich die Tier- und Pflanzenarten entwickelt haben. Diese Entwicklung ist niemals abgeschlossen, sie geht immer weiter. Denn auch die Welt verändert sich ja immerzu und die Arten passen sich den veränderten Lebensbedingungen an. Das Leben auf der Erde, wie wir es kennen, ist also nur eine Momentaufnahme.

Baumstämmen und Ästen. Besonders bekannt ist das Torfmoos – aber nicht in seiner ursprünglichen Form, sondern als Torf. Der entsteht in Mooren aus abgestorbenem Torfmoos.

Moose sind kleine, langsam wachsende Pflanzen, die statt richtiger Wurzeln verdickte Pflanzenteile (Rhizome) haben, mit denen sie sich am Boden festhalten. Und sie sind Sporenpflanzen: Aus ihren Sporen wächst zunächst ein Vorkeim, in dem sich männliche und weibliche Zellen vereinigen. Daraus entsteht dann die eigentliche Pflanze.

Torfmoos

Moose sind Überlebenskünstler: Sie können auf sehr nährstoffarmen Böden wachsen, auf denen andere Pflanzen nicht mehr gedeihen. Und manche Moosarten können auch lange Trockenperioden überleben, indem sie völlig austrocknen. Nach dem nächsten Regenguss quellen sie dann wieder auf und bilden Sporen aus, um sich fortzupflanzen.

Dass Moose sehr viel Wasser aufnehmen können, ist für die Wiesen und Wälder, auf denen sie wachsen, ausgesprochen praktisch. In Trockenperioden können die Moose ihre Umgebung nämlich für einige Zeit mit Wasser versorgen. Und auch Naturvölker nutzen diese besondere Fähigkeit der Moose, Wasser zu speichern – sie machen aus Moos Windeln für ihre Babys.

Ökologie

Überall auf der Erde leben Pflanzen, Tiere und Menschen und überall sind sie voneinander abhängig. Außerdem werden sie von anderen Lebewesen und Umwelteinflüssen wie Klima, Lebensraum oder Bodenbeschaffenheit beinflusst. Diese Wechselwirkungen zwischen den Lebewesen und der Umwelt erforscht die Ökologie. Entwickelt wurde diese Wissenschaft im 19. Jahrhundert von Biologen wie Charles Darwin, Ernst Haeckel und anderen.

Sie hatten allerdings zunächst nur die Entstehung und Entwicklung der Arten (Evolution) im Blickfeld. Erst im 20. Jahrhundert erkannten Biologen, wie stark Lebewesen von ihrer belebten und unbelebten Umwelt abhängig sind. Sie bemerkten beispielsweise, wie sehr die Industrialisierung diese Umwelt veränderte und immer häufiger auch zerstörte: Abgase vergifteten den

Wald, chemische Abfälle in den Flüssen töteten die Fische. Und ihnen fiel auf, dass das Aussterben einer Art immer auch das Aussterben weiterer Arten zur Folge hatte, während andere Arten sich wiederum mit einem Mal ungewöhnlich stark vermehrten. Bald war klar, dass Lebewesen und ihre Umwelt ein sehr kompliziertes und empfindliches System bilden, in dem jeder jeden beeinflusst (ökologisches Gleichgewicht). Selbst kleinste Eingriffe können deshalb drastische Folgen haben, die wir nicht voraussehen können.

Wald

Da der Mensch Teil dieses Ökosystems ist, betreffen die Folgen auch ihn. Wenn Wälder an Berghängen gerodet werden, um Weiden oder Skipisten zu schaffen, fehlen plötzlich die Bäume, deren Wurzeln normalerweise den Boden festhalten und Wasser speichern. Bei starken Regenfällen wird der nährstoffreiche Boden fortgespült und aus Bächen werden reißende Flüsse, die Straßen und Häuser zerstören. Ohne Boden wächst an den Berghängen aber gar nichts mehr und der Boden verkarstet.

Auf welcher Liste stehen bedrohte Tier- und Pflanzenarten?

A Einkaufsliste
B Schwarze Liste
C Gästeliste
D Rote Liste

10

Auch das Verbrennen von Öl und Kohle beim Heizen und Autofahren hat katastrophale Folgen. Das Kohlendioxid, das dabei frei wird, und andere Treibhausgase sind nämlich mitverantwortlich für den globalen Klimawandel, der das Leben der Menschen stark verändern wird. Eine Klimaerwärmung um nur wenige Grade klingt zwar unbedeutend – aber sie führt bereits dazu, dass das Eis in den Polarregionen schmilzt und ganze Landstriche überschwemmt werden!

Wo entstehen auch Treibhausgase?

A in Treibhäusern
B im Regenwald
C in Kohlekraftwerken
D in Baumschulen

11

Die Arbeit der Ökologen ist deshalb lebensnotwendig für die Natur und damit auch für den

Menschen. Die Wissenschaftler versuchen, die Ursachen und Folgen der Eingriffe des Menschen in die Umwelt genau zu erforschen, um die Zusammenhänge zu verstehen. Dadurch sollen weitere Katastrophen verhindert werden, um möglichst viele Tier- und Pflanzenarten zu erhalten. Zahlreiche Arten sind heute schon bedroht. Um sie zu retten, werden sie unter Naturschutz gestellt und in die sogenannte Rote Liste eingetragen.

Pilze

Pilze wurden lange Zeit zu den Pflanzen gezählt. Inzwischen weiß man aber, dass sie weder zum Tier- noch zum Pflanzenreich gehören. Im Gegensatz zu den Pflanzen besitzen Pilze nämlich weder Blätter noch Nadeln. Außerdem haben sie kein Blattgrün (Chlorophyll) und betreiben daher auch keine Fotosynthese. Und zu guter Letzt bestehen die Zellwände von Pilzen aus einem Stoff, der ansonsten nicht bei Pflanzen, sondern nur bei Tieren vorkommt: Chitin findet man zum Beispiel im Panzer von Käfern. Das ist auch der Grund, warum Biologen Pilze eher für entfernte Verwandte der Tiere halten als für Pflanzen.

Was wir normalerweise als Pilz bezeichnen, ist nur so etwas wie „die Spitze des Eisbergs“. Der Pfifferling oder Steinpilz, den wir im Wald finden, ist nämlich nicht mehr als der Fruchtkörper des Pilzes, der die Sporen für seine Fortpflanzung enthält. Der eigentliche Pilz wächst unter der Erde und besteht aus dem Myzel. Dieses wurzelähnliche Geflecht kann sich kilometerweit ausbreiten. Es dringt auch in Baumstämme, Blätter und andere tote organische Stoffe ein und zersetzt sie. Von diesen gelösten Stoffen ernährt sich der Pilz.

Fliegenpilz

Bei den meisten Pilzen kann man das Myzel nicht sehen. Aber bei einigen Pilzarten, etwa dem Hallimasch, sorgen chemische Vorgänge dafür, dass es im Dunkeln leuchtet. Die Holzstämme, die der Hallimasch befällt, glühen nachts regelrecht. Kein Wunder, dass manche Menschen dieses „leuchtende Holz“ früher für verhext gehalten haben!

Pilze zersetzen tote organische Stoffe und sind deshalb für den

Kreislauf der Natur sehr wichtig. Manche Pilze befallen aber nicht tote, sondern lebende Pflanzen und Tiere und schädigen sie – wie jeder weiß, der schon einmal unter Fußpilz gelitten hat …

Wie heißt das Wurzelgeflecht eines Pilzes?

A Motel
B Myzel
C Mutant
D Mikrobe

12

Pilze pflanzen sich mithilfe von Sporen fort, die sie in ihrer Kappe bilden. Die Kappen vieler Pilze sind wiederum begehrte Speisepilze (zum Beispiel Champignon oder Steinpilz). Es gibt auch sehr giftige Pilze wie den Knollenblätterpilz und viele von ihnen sehen essbaren Pilzen täuschend ähnlich. Deshalb sollte man das Pilzesammeln immer erfahrenen Pilzkennern überlassen.

Aber nicht nur im Kochtopf mögen wir Pilze. Einer der wichtigsten Pilze ist der Hefepilz. Er ernährt sich nämlich von Zucker und wandelt ihn in Kohlendioxid (CO_2) und Alkohol um. Beim Backen sorgt das Kohlendioxid dafür, dass der Teig aufgeht – bei der Bierherstellung ist der Hefepilz sowohl für die Entstehung des Alkohols als auch für die Kohlensäure zuständig.

Hast du das gewusst?

Der Wissenschaftler Alexander Fleming entdeckte 1928 zufällig, dass Bakterien, die neben einer Schimmelpilzkultur standen, sich nicht vermehrten.
Eine folgenreiche Entdeckung, denn dadurch konnte das Antibiotikum Penizillin entwickelt werden. Es wird aus bestimmten Schimmelpilzen gewonnen und hat schon unzähligen Menschen das Leben gerettet.

Welcher Pilz kann Holz zum Leuchten bringen?

A Mischmasch
B Hallimasch
C Abwasch
D Superlasch

13

Samenpflanzen

Sonnenblumen, Weizen, Löwenzahn und Kokospalmen sind allesamt Beispiele für Samenpflanzen. Sie vermehren sich mithilfe von Samen, die in Blüten oder Zapfen ausgebildet werden.

Sonnenblumen

Die meisten Samenpflanzen haben Blüten, in denen es männliche und weibliche Geschlechtsorgane gibt. Die männlichen Organe sind die Pollensäcke oder Staubgefäße, die Pollenkörner hervorbringen. Die weiblichen Organe sind Fruchtknoten und Stempel. Wenn ein Pollenkorn zum Stempel gelangt, wandert es durch den Griffel zum Fruchtknoten und befruchtet dort die weibliche Eizelle. Aus dem Fruchtknoten entwickelt sich dann ein Samen.

Welche dieser Blumen ist keine Pflanze?

A Sonnenblume
B Strohblume
C Mittagsblume
D Eisblume

14

Es gibt auch Pflanzen, deren Blüten entweder männlich oder weiblich sind. Für die Bestäubung des Stempels mit Pollen brauchen solche Pflanzen Insekten. Vor allem Bienen spielen eine wichtige Rolle beim Transport der Pollen von Blüte zu Blüte.

Wie werden die Pollensäcke noch genannt?

A Staubgefäße
B Teebeutel
C Samentüten
D Fruchttaschen

15

Die Samen der Samenpflanzen können ganz unterschiedlich aussehen: Manche sind winzig klein, manche fußballgroß. Oft wird der Samen auch von einer festen Schale geschützt, zum Beispiel bei der Haselnuss. Andere Samen wie die der Kirsche sind von Fruchtfleisch umgeben. Das Fruchtfleisch dient dazu, Vögel anzulocken, die die Frucht fressen. Mit diesem Trick sorgt die Pflanze dafür, dass ihre Samen weit verbreitet werden, denn die Kirschkerne beispielsweise scheidet der Vogel unverdaut wieder aus – oft weit weg von dem Baum, an dem die Kirsche gehangen hat.

Champignon

Der größte und schwerste Samen der Welt stammt übrigens von der Seychellenpalme. Die Seychellennuss hat einen Durchmesser von bis zu 50 Zentimeter und wird bis zu 22 Kilogramm schwer! Um diese Größe zu erreichen, muss die Nuss aber auch 5 bis 7 Jahre wachsen.

Amphibien

→ Feuersalamander, Laubfrosch und Wassermolch: All diese Tiere werden als Amphibien bezeichnet. Sie gehören zu den Wirbeltieren, und ihr auffälligstes Merkmal ist, dass sie sowohl im Wasser als auch an Land leben können. Darüber hinaus sind Amphibien wechselwarme Tiere (wie Reptilien auch). Das heißt, sie können selbst keine Körperwärme erzeugen, sondern ihre Körpertemperatur richtet sich immer nach der Außentemperatur. Deshalb können Amphibien auch nur dort leben, wo es für sie warm genug ist. In den kalten Regionen der Erde wie in der Antarktis kommen sie nicht vor, denn dort könnten sie sich vor lauter Kälte überhaupt nicht bewegen!

Wie heißen die Larven der Frösche?

A Frischlinge
B Welpen
C Kaulquappen
D Engerlinge

16

Amphibien sind die ältesten Landwirbeltiere, die es auf der Erde gibt. Schon vor rund 360 Millionen Jahren, im Zeitalter des Devon, haben sie sich aus den Fischen entwickelt. Nach und nach haben sie das Land erobert – aber bis heute sind sie vom Wasser abhängig. Im Wasser beginnt nämlich die erstaunliche Entwicklung ihrer Nachkommen:

Die meisten Amphibien legen ihre Eier in Schnüren, Klumpen oder einzeln im Wasser ab. Aus

Feuersalamander

den Eiern schlüpfen kleine Larven (bei den Fröschen heißen sie Kaulquappen), die an Fische erinnern und einen Ruderschwanz besitzen. Sie atmen zunächst wie Fische durch äußere Kiemen. Während ihres Wachstums bilden sich die Kiemen jedoch zurück und die Lungen übernehmen die Atmung. Nach einiger Zeit wachsen den Tieren Beine. Frösche und Kröten verlieren dann auch noch ihre Schwänze, Schwanzlurche wie Molche und Salamander behalten sie.

Zu welchen Tieren zählen die Amphibien?

A den wechselwarmen
B den lebend gebärenden
C den frostfesten
D den flugtauglichen

17

Diese Entwicklung vom fischartigen Wassertier zum Landtier nennt man Metamorphose. Die ausgewachsenen Tiere können an Land leben, aber die meisten bleiben doch immer in der Nähe von Gewässern und kehren auch immer wieder dorthin zurück.

Das größte lebende Amphibium ist der Riesensalamander in Asien. Er wird rund einen Meter lang. Im Zeitalter des Trias, vor mehr als 200 Millionen Jahren, gab es allerdings noch viel größere Arten als heute, zum Beispiel einen gigantischen Salamander namens Mastodonsaurus, der bis zu 5 Meter lang werden konnte!

Was verlieren Frösche im Laufe ihrer Entwicklung?

A das Gleichgewicht
B ihre Nase
C ihre Sprungtechnik
D ihren Schwanz

18

Fische

Fische nennt man alle wechselwarmen Wirbeltiere, die durch Kiemen atmen, keine Beine haben und dauernd im Wasser leben. Mit ihrem stromlinienförmigen Körper und ihren Flossen sind sie an das Leben im Wasser angepasst.

Wie heißt der größte Fisch der Welt?

A Karpfen
B Walhai
C Mantarochen
D Stichling

19

Es gibt zwei Klassen von Fischen: Knorpelfische und Knochenfische. Die Knorpelfische (zum Beispiel Haie und Rochen) heißen so, weil ihr Skelett aus einer knorpeligen Substanz besteht. Sie leben fast alle im Meer. Da sie im Gegensatz zu den Knochenfischen aber keine Schwimmblase besitzen, müssen sie sich ständig bewegen, um nicht unterzugehen.

Die bekanntesten Knorpelfische sind die Haie. Die meisten sind Raubfische mit beeindruckenden Zähnen. Einen verlorenen Zahn können sie übrigens jederzeit ersetzen, denn sie haben in einer zweiten Zahnreihe „Ersatzzähne“, die bei Bedarf einfach nachgeschoben werden.

Hai

Zu den Haien zählt aber auch der Walhai, mit 18 Metern der größte Fisch der Welt. Im Gegensatz zum Weißen Hai oder zum Blauhai ist er ungefährlich – außer für die Kleinstlebewesen, von denen er sich ernährt.

Knochenfische wie Karpfen oder Lachs unterscheiden sich in mehrerlei Hinsicht von Knorpelfischen. Sie haben ein weitgehend verknöchertes Skelett und

Stör

besondere Kiemendeckel, die die empfindlichen Kiemen schützen. Außerdem besitzen sie eine mit Luft gefüllte Schwimmblase, die sie im Wasser schweben lässt, auch wenn sie sich nicht bewegen. Sie kommen im Meer und im Süßwasser vor.

Die meisten Fische legen Eier (Rogen). Manche Hai-Arten bringen aber auch lebende Junge zur Welt. Entwickelt haben sich die Fische vor rund 470 Millionen Jahren. Heute gibt es sie in enormer Vielfalt, und sie sind für die Menschen weltweit ein wichtiges Nahrungsmittel.

Welches Organ lässt Knochenfische im Wasser schweben?

A der Schwimmring
B die Schwimmblase
C die Schwimmflügel
D die Schwimmweste

20

Haustiere

Hunde, Rinder, Schafe, Ziegen, Pferde oder Schweine: All das sind Haustiere, die in der Nähe des Menschen leben. Sie stammen von wild lebenden Formen dieser Tierarten ab und wurden im Laufe von vielen Tausend Jahren an das Leben mit dem Menschen gewöhnt.

Wie nennt man den Vorgang der Haustierwerdung?

A Sesshaftigkeit
B Domestikation
C Häuslichkeit
D Multiplikation

21

Für den Menschen hat es viele Vorteile, Haustiere zu halten. Haustiere müssen nicht im Wald gejagt werden: Wenn man Hunger hat, kann man in den Stall gehen und ein Tier schlachten. Der Mensch hat auch schon früh damit begonnen, bestimmte Haustiere weiterzuzüchten, um einige ihrer Eigenschaften zu verstärken. Deshalb geben Kühe viel mehr Milch als wilde Rinder. Haushühner legen fast täglich Eier, wilde Hühner nur in der Brutzeit. Und Hausschweine haben viel mehr Fleisch als Wildschweine.

Rinder

Manche Tiere wurden domestiziert, das heißt zu Haustieren gemacht, weil der Mensch sie als Helfer brauchte. Hunde beispielsweise warnen ihre Herrchen vor Feinden und verteidigen sie sogar, Pferde transportieren schwere Lasten oder auch ihren Besitzer selbst. Die meisten Haustiere sind inzwischen tatsächlich so sehr an das Leben mit dem Menschen gewöhnt, dass sie in freier Wildbahn überhaupt nicht mehr überleben könnten.

Wie heißen die japanischen Zuchtkarpfen?

A Kai
B Hai
C Koi
D Heu

22

Aber Haustiere sind heutzutage nicht nur gefragt, wenn sie nützlich sind. Katzen werden beispielsweise mittlerweile vor allem als Gefährten des Menschen gehalten und nicht mehr hauptsächlich als Mäusefänger. Manche Haustiere werden sogar nur deshalb gezüchtet, weil der Mensch sie schön findet. Ein Paradebeispiel dafür sind die japanischen Koi. Liebhaber dieser exotischen Fische schätzen ihre verschiedenen Farben und Muster – und zahlen bis zu 35 000 Euro für einen Koi-Karpfen!

Insekten

Marienkäfer, Maikäfer, Schmetterlinge oder Libellen: Sie alle gehören zu den Insekten. Man erkennt Insekten an ihrem dreiteiligen Körper, der aus Kopf, Brust und Hinterleib besteht. An der Brust sitzen drei Beinpaare, und die meisten Insekten haben dazu noch zwei oder vier Flügelpaare. Bei den Ameisen sind die Flügel allerdings recht ungleich verteilt. Dort haben nur die Königinnen und die Männchen (Drohnen) Flügel, die sie nach dem Hochzeitsflug und der Gründung eines neuen Nestes abwerfen.

Wie heißt der Umwandlungsprozess der Insekten?

A Domestikation
B Evolution
C Identifikation
D Metamorphose

23

Statt eines Knochenskeletts im Körperinneren besitzen Insekten ein Außenskelett aus Chitin, einem hornähnlichen Material. Auch ihre Augen unterscheiden sich von unseren: Ihre Facettenaugen bestehen aus vielen Tausend Einzelaugen. Damit nehmen Insekten die Umwelt in viel mehr Einzelbildern und viel schneller wahr als der Mensch. Und deswegen ist eine Fliege auch meist schon lange weg, bevor ein Mensch sie mit einer Fliegenklatsche erwischen kann.

Wie heißen die Männchen bei Bienen und Ameisen?

A Rüden
B Böcke
C Drohnen
D Erpel

24

Insekten atmen auch anders als wir. Statt Lungen oder Kiemen haben sie nämlich ein System aus winzigen Röhren, den Tracheen, die den gesamten Körper durchziehen und ihn mit Sauerstoff versorgen.

Schmetterling

Manche Insekten, Libellen zum Beispiel, sind Raubtiere, andere ernähren sich von Pflanzen und Pflanzensäften wie Bienen und Schmetterlinge. Und sogar „Vampire“ gibt es unter den Insekten: Mücken und Bremsen saugen das Blut von Tieren – und leider auch von Menschen.

Wie heißt die Larve eines Käfers?

A Pfifferling
B Engerling
C Bläuling
D Däumling

25

Fast alle Insekten durchlaufen während ihrer Entwicklung eine Metamorphose, einen Umwandlungsprozess. Aus dem Ei schlüpft zunächst eine Larve. Je nach Tier haben die Larven unterschiedliche Namen und sehen auch sehr verschieden aus: Bei Schmetterlingen ist es eine Raupe, bei Käfern ein Engerling. Wenn die Larve ausgewachsen ist, verpuppt sie sich und verwandelt sich. Ist die Verwandlung abgeschlossen, schlüpft das fertige Tier aus der Puppenhaut.

Hast du das gewusst?

Wenn eine einzige Biene ein Kilogramm Honig sammeln wollte, müsste sie ungefähr 40 000 Kilometer fliegen – das ist einmal rund um die Erde!

Die Insekten auf der Erde sind zwar ungeheuer zahlreich – über eine Million Arten sind bekannt –, aber zu unserem Glück sind sie alle verhältnismäßig klein. Das liegt an ihrem

Außenskelett und vor allem an der Tracheenatmung: Rieseninsekten könnten durch das Tracheensystem gar nicht ausreichend mit Sauerstoff versorgt werden. Das war aber schon mal anders: Vor rund 290 Millionen Jahren, als die Luft noch eine andere Zusammensetzung hatte, lebten auf der Erde Riesenlibellen mit einer Flügelspannweite von mehr als 70 Zentimetern!

Krebstiere

Viele Krebstiere, zum Beispiel Hummer, Strandkrabbe und Flusskrebs, leben im Wasser. Sie atmen durch Kiemen und können nur kurze Zeit an Land überleben. Andere Krebsarten wie die Kellerassel haben sich hingegen an ein Leben an Land angepasst. Sie brauchen allerdings eine feuchte Umgebung, um sich wohlzufühlen.

Krebs

Krebstiere haben wie Insekten und Spinnen ein Außenskelett, den Panzer. Und die meisten von ihnen sind Raubtiere oder Aasfresser. Das Auffälligste an ihnen sind für uns wohl ihre Esswerkzeuge, zum Beispiel die Zangen oder Scheren, die vor allem beim Hummer besonders groß und kräftig ausfallen. Mit ihnen können die Tiere Nahrung zerkleinern und sich außerdem gegen Feinde verteidigen. Aber nicht alle Krebse leben räuberisch: Kleinere Krebse, beispielsweise Wasserflöhe, filtern mit ihren Mundwerkzeugen pflanzliche Nahrung aus dem Wasser.

Welche Krebse leben dauerhaft an Land?

A Asseln
B Nordseekrabben
C Flusskrebse
D Langusten

26

Krebse legen Eier, aus denen Larven schlüpfen. Während sie wachsen, müssen die Krebse ihren Panzer regelmäßig abstreifen – er kann ja nicht mitwachsen. Auch die erwachsenen Tiere wechseln ihren Panzer. Das muss sein, ist aber gefährlich: Solange der neue Panzer noch nicht ausgehärtet ist, haben Tiere, die gern Krebse fressen, besonders leichtes Spiel mit ihnen.

Die größten Krebstiere der Erde sind übrigens die Japanischen Riesenkrabben: Ihr Körper hat einen Durchmesser von fast 40 Zentimetern. Wirklich spektakulär wird es aber, wenn man von

Bein zu Bein misst. Dann bringen sie es auf eine Körperlänge von rund 3,5 Metern! Für den Menschen gefährlich sind diese Riesentiere jedoch nicht – auch wenn ihre großen Zangen sehr eindrucksvoll aussehen.

Wie wird das Außenskelett der Krebse noch genannt?

A Rüstung
B Panzer
C Schutzschild
D Harnisch

27

Nesseltiere

Die Nesseltiere, die uns am vertrautesten sind, sind die Quallen. Sie leben ausschließlich im Wasser und haben weder ein Außen- noch ein Innenskelett. Werden Quallen an den Strand gespült, können sie sich nicht bewegen, und sie verlieren zudem schnell ihre Form.

Wie heißt die giftigste Qualle der Welt?

A Mordsqualle
B Seeteufel
C Meeresbiene
D Seewespe

28

Aber es gibt auch andere Nesseltiere. Korallen beispielsweise bilden aus Kalk feste Außenskelette, aus denen riesige Riffe entstehen. Das dauert aber seine Zeit – mehrere Jahrhunderte und gar Jahrtausende.

Frei im Wasser schwimmende Nesseltiere werden übrigens Medusen genannt, festsitzende heißen Polypen. Sie alle, ob Qualle oder Koralle, fangen ihre Beute mit Tentakeln. Diese Fangarme sind mit Nesselkapseln ausgerüstet, die Gift enthalten. Damit werden die Opfer gelähmt oder sogar getötet. Die Nesselgifte einiger Quallenarten können auch für einen Menschen tödlich sein. Davon können vor allem die Menschen in Australien ein Lied singen, denn bei ihnen im Pazifik lebt das giftigste Meerestier überhaupt: die Seewespe. Wer mit ihren über 2 Meter langen Tentakeln in Kontakt kommt, kann schon nach wenigen Minuten sterben.

Qualle

Nesseltiere vermehren sich geschlechtlich oder auch ungeschlechtlich durch Knospung. Bei der Knospung stoßen sie Körpergewebe ab, aus dem sich dann ein neues Tier entwickelt.

In Europa käme wohl kaum jemand auf die Idee, eine Qualle zu essen. In Japan hingegen gelten sie als Spezialität. Es gibt dort sogar Speiseeis mit Quallengeschmack!

Wie heißen die Fangarme einer Qualle?

- A Menetekel
- B Tentakel
- C Debakel
- D Orakel

29

Reptilien

Schlangen, Krokodile, Echsen und Schildkröten – all diese unterschiedlichen Tiere gehören zu den Reptilien. Sie sind wechselwarm, das heißt, sie können ihre Körpertemperatur nicht selbst regeln wie die Vögel und Säugetiere, sondern sind von der Außentemperatur abhängig. Das ist auch der Grund, warum sie nur in Gebieten der Erde leben können, in denen die Temperatur warm oder gemäßigt ist. Größere Reptilien wie Krokodile, Riesenschlangen und Warane findet man in den Tropen und Subtropen. Und in den polaren Regionen kann man sicher sein, niemals einem Reptil zu begegnen – denn dort könnte es sich wegen der Kälte nicht bewegen.

Im Gegensatz zu den Amphibien durchlaufen Reptilien kein Larvenstadium im Wasser, denn sie sind Lungenatmer. Die meisten Reptilien legen Eier, aber einige auch in Deutschland lebende Arten wie Kreuzotter, Blindschleiche oder Waldeidechse bringen lebende Junge zur Welt.

Krokodil

Mit mehr als 7 Metern Länge zählt das in Afrika lebende Leistenkrokodil neben Grizzlybär und Tiger zu den größten Landraubtieren der Erde. Beeindruckend ist auch die größte Echse der Welt: der bis zu 3 Meter lange Komodowaran. Er kommt nur auf einigen wenigen indonesischen Inseln vor.

Wie heißt die größte lebende Echse?

- A Nilkrokodil
- B Komodowaran
- C Tyrannosaurus
- D Anakonda

30

Fast alle Reptilien sind Raubtiere – nur Schildkröten sind Allesfresser. Vielleicht finden viele

Menschen deshalb Schildkröten von allen Reptilien am sympathischsten? Schlangen haben jedenfalls viel weniger Freunde.

Was haben Riesenschlangen nicht?

31

- A eine Zunge
- B einen Magen
- C einen Giftzahn
- D eine Schwanzspitze

Das liegt wohl auch an ihrer Art, sich zu ernähren. Giftschlangen töten ihre Beute durch einen Biss, Riesenschlangen erdrücken und erdrosseln ihre Opfer. In beiden Fällen wird die Beute unzerkaut in einem Stück verschlungen. Eine ausgewachsene Netzpython von 7 bis 8 Metern Länge kann sogar ein Wildschwein oder einen Bären fressen! Dann ist sie aber auch für etwa zwei Wochen gesättigt, während ein Kaninchen bei ihr nur wenige Tage vorhält.

Natter

Andere Reptilien haben andere Vorlieben, was ihre Nahrung angeht: Eidechsen fressen vor allem Insekten, Krokodile erbeuten hauptsächlich Fische und größere Säugetiere. Sie können sogar Zebras ins Wasser ziehen und dort ertränken.

In ihrem Körperbau sind aber fast alle Reptilien gleich: Sie haben vier Beine und einen Schwanz. Eine Ausnahme bilden die Schlangen. Sie bewegen sich, indem sie ihren Körper in einem ganz bestimmten Rhythmus seitlich krümmen, schlängeln nennt man das.

Übrigens: Die in Deutschland häufig vorkommende Blindschleiche ist, auch wenn sie so aussieht, keine Schlange, sondern eine Eidechse, deren Beine sich zurückentwickelt haben.

Säugetiere

Man könnte meinen, dass die Dinosaurier die größten Tiere sind, die je auf der Erde gelebt haben. Doch die größten Tiere sind Säugetiere und sie sind nicht einmal ausgestorben! Tatsache ist: Selbst ein Brontosaurus sähe neben einem Blau-

Hast du das gewusst?

Die Große Anakonda, eine Schlange, die in Südamerika zu Hause ist, wird normalerweise ungefähr 8 Meter lang. Beeindruckend! Aber es gab auch schon Exemplare, die eine Länge von bis zu 14 Metern hatten. Und eine alles andere als schlanke Taille: 82 Zentimeter Umfang hat man gemessen.

wal mit seinen bis zu 190 Tonnen Gewicht klein aus.

Das kleinste Säugetier ist dafür kleiner als die meisten Insekten: Die Hummelfledermaus wiegt höchstens 2 Gramm und ist ganze 3 Zentimeter lang. Und obwohl sie so unterschiedlich sind, zählen Blauwal und Hummelfledermaus zur selben Klasse von Wirbeltieren und haben gemeinsame Merkmale. Beide können beispielsweise ihre Körpertemperatur selbst regulieren; sie werden deswegen als gleichwarme Tiere bezeichnet. Daher können Säugetiere im Gegensatz zu den Reptilien auch in kalten Gebieten leben, wie man am Eisbären sieht.

Blauwal

Wie ihr Name schon sagt, ernähren Säugetiere ihre Jungen mit Milch, die sich in den Milchdrüsen der Weibchen bildet. Fast alle Säugetiere besitzen außerdem ein Fell, das die Haut schützt und den Körper warm hält. Bei einigen Arten, vor allem bei den Meeressäugern wie den Walen, hat sich das Fell im Laufe der Entwicklung jedoch zurückgebildet. Und auch der Mensch, der ja ebenfalls zu den Säugetieren gehört, hat im Laufe der Evolution den größten Teil seines Haarkleids verloren.

Welches Säugetier ist das kleinste der Welt?

A Spitzmaus
B Zwerghase
C Zwergelefant
D Hummelfledermaus

32

Unter Säugetieren kommen alle Arten von Nahrungsvorlieben vor: Sie können entweder Fleischfresser (wie Löwen, Wölfe und Delfine), Pflanzenfresser (wie Elefanten, Rinder und Zebras) oder Allesfresser sein (wie Igel, Bären und natürlich Menschen).

Neben den höheren Säugetieren, zu denen auch der Mensch zählt, gibt es noch zwei weitere Gruppen, die entwicklungsgeschichtlich wesentlich älter sind: Kloakentiere und Beuteltiere.

Die bekanntesten Kloakentiere sind die urtümlich wirkenden Schnabeltiere Australiens. Sie legen als einzige Säugetiere Eier und verfügen auch als einzige Säugetiere über einen Giftstachel am Fuß.

Beuteltiere wie Kängurus und Koalabären gibt es vor allem in Australien. Aber auch in Südamerika kommen einige Arten von Beutelratten vor.

Beuteltiere bringen zwar auch lebende Junge zur Welt, die sind aber noch winzig klein, wenn sie sofort nach der Geburt in den Beutel der Mutter krabbeln. Dort hängen sie sich an eine Milchdrüse an und wachsen erst danach zu voll entwickelten Jungtieren heran.

Welches Säugetier legt Eier?

- A das Faultier
- B das Nagetier
- C das Schnabeltier
- D das Rentier

33

Das größte bekannte Landsäugetier war übrigens das Paraceratherium, eine Art urzeitliches Nashorn. Es lebte vor rund 20 Millionen Jahren in Asien und wog so viel wie vier Elefanten, mehr als 20 Tonnen! Mit seinen 8 Metern Länge und 6 Metern Höhe war es so groß wie ein Einfamilienhaus.

Schwämme

Schwämme sind erstaunlicherweise keine Pflanzen, sondern sehr einfach gebaute Tiere. Und das, obwohl sie weder über erkennbare Organe verfügen noch über ein Nervensystem oder Muskeln. Dafür haben sie ein von vielen Röhren und Hohlräumen durchzogenes Skelett aus Kalk- und Hornstoffen, das auf dem Meeresboden verankert ist. Das Wasser strömt durch die Hohlräume der Schwämme und versorgt sie mit Sauerstoff. Auch ihre Nahrung filtern die Schwämme aus dem Wasser.

Badeschwamm

Bevor es Schwämme aus Kunststoff gab, war das Skelett des Echten Badeschwamms (ja, er heißt wirklich so) sehr begehrt, weil die Menschen es gern zur Körperpflege benutzten. Taucher sammelten die Tiere und bearbeiteten sie anschließend, bis nur noch das weiche Hornskelett übrig blieb. Heute werden Echte Badeschwämme nur noch selten angeboten.

Wie heißt die Nahrungsaufnahme bei Schwämmen?

- A Filtration
- B Emigration
- C Produktion
- D Isolation

34

Schwämme vermehren sich geschlechtlich und können in Ausnahmefällen bis zu 2 Meter groß werden und ein Alter von 10 000 Jahren erreichen. Damit zählen sie zu den Tieren mit der höchsten Lebenserwartung – und das, obwohl man ihnen kaum ansieht, dass sie überhaupt Tiere sind!

Spinnen

Spinnen sind zwar mit den Insekten verwandt, aber sie sind keine Insekten, sondern zählen zu den Gliederfüßern. Sie besitzen ein Außenskelett (Exoskelett) und haben einen zweigeteilten Körper, der aus dem Kopfbrustteil und dem Hinterleib besteht. Von den Insekten kann man sie am einfachsten unterscheiden, indem man ihre Beine zählt: Spinnen haben nämlich nicht drei, sondern vier Beinpaare. Darüber hinaus sehen sie die Welt nicht durch Facettenaugen, sondern durch bis zu zwölf kleine Punktaugen, die so ähnlich aufgebaut sind wie die Augen des Menschen.

Spinne

Spinnentiere sind Landbewohner und atmen durch ein kompliziertes Röhrensystem (Tracheen). Das gilt auch für die Wasserspinne, die ihr Nest unter Wasser baut. Deshalb ist sie gezwungen, einen Luftvorrat in einer Art Taucherglocke anzulegen, in der sie sich bewegt.

Fast alle Spinnentiere sind Raubtiere. Ein Großteil der echten Spinnen baut Netze, um Beute zu fangen – andere Spinnen, wie die Vogelspinnen, gehen hingegen auf Beutejagd.

Wie heißen die Augen von Spinnen?

A Glupschaugen
B Stielaugen
C Punktaugen
D Argusaugen

35

Nicht nur die Spinnen gehören zu den Spinnentieren, sondern auch Zecken, Milben, Weberknechte und Skorpione. Einige von ihnen können auch dem Menschen gefährlich werden. Zecken (Holzböcke) zum Beispiel beißen sich in der Haut von Tieren und Menschen fest und saugen ihren Hinterleib voll Blut. Dabei können sie gefährliche Krankheiten übertragen.

Das Gefährliche an Skorpionen ist der Giftstachel, der sich an ihrem mehrfach gegliederten Hinterleib befindet. Das Gift mancher Skorpione kann einen Menschen innerhalb von wenigen Stunden töten, wenn kein Gegengift verabreicht wird. In Europa brauchen wir uns vor Skorpionen jedoch kaum zu fürchten: Die giftigsten Arten leben in Mittel- und Nordamerika.

Vögel

Die Dinosaurier sind ausgestorben? Irrtum! Die meisten Forscher nehmen heute an, dass die Vögel von den Dinosauriern abstammen und daher auch eng mit den Reptilien verwandt sind. Man weiß zum Beispiel, dass einige kleinere Raubsaurier Federn trugen, um ihre Körperwärme zu regulieren. Auch das stützt die Theorie, dass die Dinosaurier tatsächlich Vorfahren der Vögel waren. Sie haben sich allerdings weiterentwickelt – vor allem haben sie Fliegen gelernt – und bilden heute eine eigenständige Klasse der Landwirbeltiere.

Wie heißt das Nest eines Adlers oder Habichts?

A Karl
B Fritz
C Horst
D Otto

36

Einige Vögel wie Pinguin oder Strauß haben im Laufe der Evolution das Fliegen allerdings auch wieder verlernt. Ihr Federkleid ist jedoch erhalten geblieben.

Für alle Vögel gilt ohne Ausnahme: Sie legen Eier, haben einen zahnlosen Schnabel und hohle Knochen. Hätten sie so schwere Knochen wie zum Beispiel Säugetiere könnten sie überhaupt nicht fliegen.

Im Flug haben die Vögel dank ihrer gleichwarmen Körpertemperatur alle Kontinente erobert. Kaiserpinguine leben sogar in der Antarktis und brüten in eisiger Kälte ihre Eier aus. Wie alle Vögel müssen auch sie ihre Küken mit Nahrung versorgen und vor Feinden schützen – gar nicht so einfach in dieser feindlichen Umgebung!

Störche

Nicht nur bei den erwachsenen Vögeln, sondern auch bei den Jungvögeln gibt es große Unterschiede. Die Küken von Raubvögeln wie dem Adler beispielsweise sind Nesthocker. Sie sind fast nackt, wenn sie aus dem Ei

Hast du das gewusst?

Ein Kolibri kann wie ein Helikopter in der Luft stehen bleiben. Dafür muss er mit seinen Flügeln allerdings sehr, sehr schnell schlagen: bis zu 80 Mal in der Sekunde!

schlüpfen, und sie bleiben so lange im Nest und werden von ihren Eltern gefüttert, bis sie groß genug sind, um fliegen zu können und sich selbst Nahrung zu suchen.

Vögel, die nach dem Schlüpfen laufen können, heißen ...?

A Nestflüchter
B Nestbeschmutzer
C Nesträuber
D Nesthocker

37

Die Küken von Enten und Gänsen dagegen sind Nestflüchter, die bereits mit einem Federkleid schlüpfen und schon am ersten Tag ihren Eltern folgen können. Sie können auch schon schwimmen und brauchen nicht gefüttert zu werden.

Adler

Unter den Vögeln gibt es Raubtiere wie Adler, Habicht und Storch, aber auch Pflanzenfresser wie den Wellensittich und Allesfresser wie zum Beispiel Rebhuhn und Sperling. Manche von ihnen haben sich ganz spezielle Nahrungsquellen erschlossen. So ernähren sich beispielsweise Kolibris vor allem von dem Nektar, den sie aus Blüten saugen, während Geier vorwiegend Aas, also tote Tiere, fressen.

Storch, Graugans und Rauchschwalbe sind typische Zugvögel. Im Herbst fliegen sie auf festen Routen in den Süden, um etwa im warmen Afrika zu überwintern. Im Frühling kehren sie dann zu ihren Brutplätzen in Nordeuropa und andere gemäßigte Gebiete zurück. Dabei fliegen sie viele Tausend Kilometer. Dass sie sich nie verirren, verdanken die Zugvögel einem ganz besonderen Orientierungssinn: Sie können das Magnetfeld wahrnehmen, das die Erde umgibt. Dadurch haben sie gewissermaßen einen eingebauten Kompass, der ihnen den Weg zeigt.

Welche Vögel können rückwärtsfliegen?

A die Strauße
B die Sperlinge
C die Kolibris
D die Adler

38

Weichtiere

Weichtiere sind, wie der Name schon sagt ... weich. Das heißt: Sie haben kein festes Knochenskelett. Der Körper von Weinbergschnecke, Tintenfisch oder Auster besteht im

Allgemeinen aus vier Teilen: Kopf, Fuß, Eingeweidesack und Mantel. Und obwohl sie keine Knochen haben, kann ihr Mantel aus Kalk und Eiweiß eine Schale oder ein Gehäuse herstellen, das anstelle eines Skeletts als Schutz dient. Nacktschnecken können aber auch das nicht; sie haben die Fähigkeit dazu im Zuge der Evolution verloren.

Tintenfisch

Bei den Kopffüßern – die Tintenfische gehören zu dieser Gruppe – besitzen nur noch die Perlboote eine schneckenhausähnliche Schale. Bei allen anderen Arten ist von der einstigen Schale lediglich eine dünne Kalkplatte (Schulp) im Körper geblieben, die ihn stützt.

Welche Tintenfische besitzen noch eine richtige Schale?

- **A** Rettungsboote
- **B** Papierschiffe
- **C** Perlboote
- **D** Strandkutter

39

Tintenfische und Muscheln leben ausschließlich im Wasser, während viele Schneckenarten – zum Ärger der Gärtner – auch das Land und die Nutzgärten erobert haben.

Weichtiere vermehren sich geschlechtlich und legen Eier. Einige Süßwassermuscheln bringen aber auch lebende Larven zur Welt. Bei Muscheln und Schnecken sind übrigens Zwitter nicht selten, also Tiere, die sowohl männlich als auch weiblich sind.

Wie heißt die Kalkplatte im Körper von Tintenfischen?

- **A** Skalp
- **B** Schulp
- **C** Skunk
- **D** Schur

40

Anders als Reptilien, Insekten und Spinnentiere jagen Weichtiere normalerweise kaum jemandem einen Schrecken ein. Eine Ausnahme bilden die legendären Riesentintenfische, von denen Seefahrer immer wieder berichtet haben. Jahrhundertelang nahm man solche Geschichten aber nicht ernst, sondern hielt sie für Seemannsgarn. Inzwischen haben Forscher jedoch Riesen-Kalmare von 14 Metern Länge gefangen – und sie vermuten, dass es in der Tiefsee noch viel größere Exemplare gibt. Die Erzählungen der Seeleute haben also, so unwahrscheinlich sie auch klingen mögen, wahrscheinlich einen wahren Kern.

Atmung

Die Atmung ist für den Menschen lebensnotwendig, denn alle Zellen des Körpers brauchen Sauerstoff für ihren Stoffwechsel und zur Energiegewinnung. Beim Stoffwechsel entsteht wiederum Kohlendioxid als Abfallprodukt, und das muss unser Körper schnell wieder loswerden. All das schaffen wir, indem wir atmen.

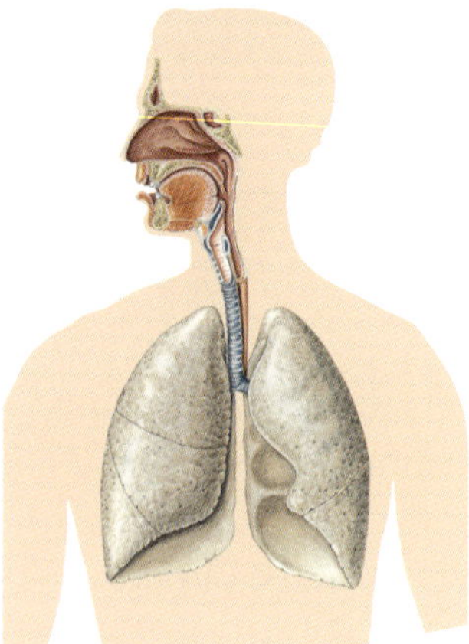

Atemorgane

Ein Atemzug beginnt, wenn wir Luft durch Mund oder Nase einatmen. Durch den Rachen und die Luftröhre gelangt die Luft zu den Bronchien. Sie teilen sich in zwei Röhren, führen zu den Lungenflügeln und verzweigen sich dort in immer feinere Röhrchen, die Bronchiolen. Auch diese teilen sich weiter auf und münden schließlich in mehreren Hundert Millionen winziger Lungenbläschen. Hier nimmt das Blut Sauerstoff aus der Luft auf und gibt zugleich Kohlendioxid ab. Dann geht es auf den Rückweg, über alle Stationen, bis das Kohlendioxid beim Ausatmen durch den Mund unseren Körper verlässt.

Für das ständige Atmen ist es nötig, dass die Lunge sich bewegt. Da sie das von selbst nicht kann, übernimmt diese Arbeit ein Muskel unterhalb der Lunge: das Zwerchfell.

Evolution

Das Leben auf der Erde ist, soweit wir wissen, einzigartig. Doch wie ist es entstanden und wie hat es sich weiterentwickelt? Inzwischen weiß man einiges darüber – auch über die allerersten Anfänge des Lebens vor rund 3,8 Milliarden Jahren.

Welche Elemente einer Zelle enthalten das Erbgut?

A die Nieren
B die Drüsen
C die Gene
D die Blutkörperchen

41

Damals entwickelten sich auf der Erde die ersten Lebensformen: einfache Bakterien. Sie bildeten sich aus Stoffen der damaligen Atmosphäre, die noch ganz anders zusammengesetzt war als heute – für uns wäre sie giftig gewesen. Die Wärme von Vulkanen und der Sonne war ebenfalls für die Entstehung der Bakterien wichtig, außerdem Wasser, das es damals auf der Erde schon gab. Aus diesen ersten, sehr einfachen Lebensformen entwickelten sich im Laufe von vielen Millionen Jahren kompliziertere Lebewesen. Zunächst waren das nur Pflanzen, später auch Tiere.

Charles Darwin

Wichtig für die Veränderungen waren vor allem die Fortpflanzung und Umwelteinflüsse. Für die Entwicklung durch Fortpflanzung ist entscheidend, dass die Zellen von Pflanzen und Tieren Gene enthalten. Darin sind die Informationen für das Aussehen und die Eigenschaften der Lebewesen gespeichert. Und diese Informationen werden bei der Fortpflanzung an nachfolgende Generationen vererbt. Allerdings werden die Erbinformationen nie vollständig an die nächste Generation weitergegeben, sondern immer nur zum Teil. Und dann kommen noch die Umwelteinflüsse hinzu: Die ultravioletten Strahlen der Sonne beispielsweise verursachen immer wieder kleine Veränderungen im Erbgut.

Manche davon sind von Nachteil, andere können für ein Lebewesen aber auch einen Vorteil darstellen. Wenn ein Raubtier beispielsweise durch eine derartige Veränderung etwas schneller laufen konnte als seine Artgenossen, dann war es bei der Beutejagd erfolgreicher. Und vererbte es diese Eigenschaft an seine Nachkommen weiter, waren auch sie schneller und damit den langsameren Artgenossen überlegen. Die nicht so schnellen Exemplare starben dann allmählich aus.

Was war für die Entstehung des Lebens besonders wichtig?

- **A** Sauerstoff
- **B** Wasser
- **C** Salz
- **D** Erdöl

42

Im Lauf dieser Entwicklung, die Evolution heißt, setzten sich diejenigen Pflanzen und Tiere durch, die dank ihrer Eigenschaften am besten an die jeweilige Umwelt angepasst waren. Sorgte etwa eine Dürre dafür, dass die Gräser auf dem Boden vertrockneten, überlebten jene Tiere, die Blätter von Bäumen fressen konnten. Noch besser waren natürlich die Pflanzenfresser dran, die sehr groß waren oder lange Hälse hatten, zum Beispiel die Giraffen. Bei der Evolution spielt also auch der Zufall eine große Rolle, denn beispielsweise der Erfolg der Giraffen hing von einer ganz bestimmten Veränderung in ihrer Umwelt ab.

Entdeckt wurden die Gesetze der Evolution von dem englischen Biologen Charles Darwin (1809 – 1882). Seine Evolutionstheorie bestimmt auch heute die Forschungsarbeit von Biologen und Anthropologen, die die Entwicklung des Menschen untersuchen.

Gehirn

Das Gehirn des Menschen ist nicht nur für kluge oder dumme Gedanken da – es ist die Schalt- und Steuerzentrale unseres gesamten Körpers und Geistes, da hier die Nerven zusammenlaufen. Alles, was unsere Sinnesorgane aufnehmen, wird im Gehirn weiterverarbeitet. Da ist es praktisch, dass sich die meisten Sinnesorgane direkt am oder im Kopf befinden. Der Weg von den Augen, den Ohren, der Nase und der Zunge zum Gehirn ist somit nur kurz. Lediglich der Tastsinn und das Schmerzempfinden sind über den ganzen Körper verteilt.

Rund 1300 Gramm wiegt das Gehirn eines erwachsenen Menschen. Damit ist es nicht das größte Gehirn im Tierreich, aber es ist das größte im Verhältnis zur Körpergröße und außerdem das komplexeste. Umgeben von den Hirnhäuten, liegt es gut geschützt in der Schädelhöhle.

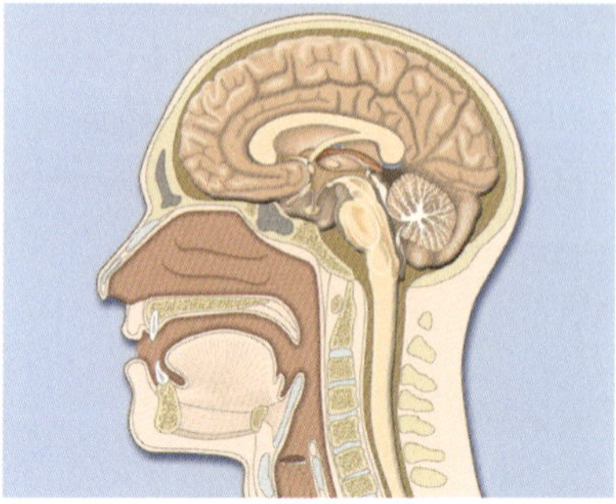

Gehirn

Unser Gehirn braucht eine Menge Energie, um zu funktionieren: Es verbraucht ein Fünftel des Sauerstoffs, den wir einatmen, und sogar ein Viertel der Energie, die wir über unsere Nahrung aufnehmen! Denn in den vier Teilen des Gehirns – dem Hirnstamm, dem Zwischenhirn, dem Kleinhirn und dem Großhirn – herrscht Tag und Nacht Hochbetrieb:

Wie heißen die beiden Hirnhälften?

A Hemisphären
B Koniferen
C Raumfähren
D Atmosphären

43

Im Hirnstamm treffen die Nerven des Rückenmarks zusammen. Hier werden Atmung und Herzschlag gesteuert. Das Zwischenhirn ist für den Schlaf-

Wach-Rhythmus und für die Produktion wichtiger Hormone zuständig, die Gefühle und das Wachstum des Menschen regeln. Im Kleinhirn werden auch Körperbewegungen gesteuert.

Den größten Teil des Gehirns nimmt aber das Großhirn ein, das aus einer rechten und einer linken Hirnhälfte (Hemisphären) besteht. Dort finden die meisten Denkvorgänge statt. Alle Sinneswahrnehmungen laufen hier zusammen und werden verarbeitet. Im Großhirn werden zudem die meisten Informationen gespeichert und auch einige Gefühle entstehen dort. Das Sprachzentrum liegt ebenfalls hier.

Was wird vom Hirnstamm gesteuert?

A das Gleichgewicht
B die Sprache
C der Geschmack
D die Atmung

44

Seine Intelligenz, seine Gefühle und die Fähigkeit, seine Umwelt seinen Bedürfnissen anzupassen, all das verdankt der Mensch seinem großen und komplexen Gehirn.

Das schwerste Gehirn besitzt aber nicht der Mensch, sondern der Pottwal. Es ist so groß wie eine Wassermelone und wiegt über 7 Kilogramm. Aber zu unserem Glück ist nicht die Größe des Gehirns entscheidend für die Intelligenz, sondern sein Aufbau und seine Komplexität. Und da kann das Gehirn des Pottwals mit dem menschlichen Gehirn nicht mithalten.

Haut

Bei Organen denkt man zuerst einmal an solche, die im Körper liegen wie Herz, Leber oder Lunge. Aber auch die Haut ist ein Organ und es ist sogar flächenmäßig das größte (1,7 m²) und das schwerste Organ des Menschen. Die wichtigste Funktion der Haut ist, unsere Muskeln und Organe vor schädlichen Umwelteinflüssen und Verletzungen zu schützen. Außerdem hilft sie uns, unsere Körpertemperatur zu regulieren. Das macht sie mithilfe der Schweißdrüsen: Über sie verdunstet unser Körper Wasser und kühlt sich dadurch ab. Als Sitz des Tastsinnes ist die Haut nicht zuletzt unser größtes Sinnesorgan.

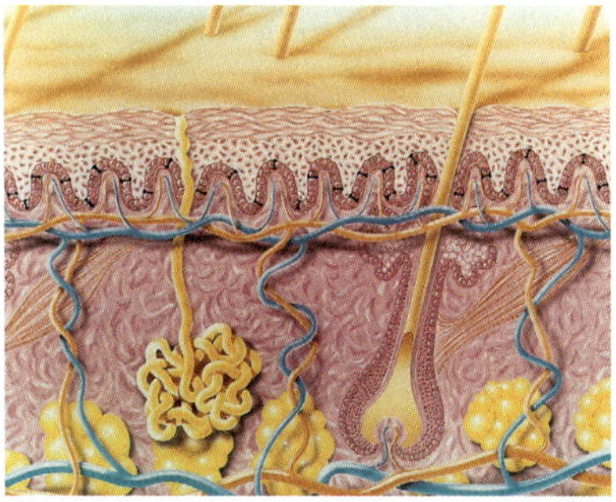

Hautschichten

Die Haut besteht aus drei Schichten: der Unterhaut, der

Lederhaut und der Oberhaut. Die Unterhaut liegt unmittelbar auf den Muskeln und wird aus Fett und Bindegewebe gebildet. In der Lederhaut darüber liegen die Blutgefäße, die Sinneszellen, Nerven, Schweißdrüsen und die Talgdrüsen, die die Haut mit einer Art natürlicher Hautcreme versorgen. Das ist eine dünne Fettschicht, die den Körper vor Bakterien und anderen Keimen schützt. Die oberste und letzte Schicht heißt Oberhaut. An einigen Körperstellen, etwa an Händen und Füßen, kann sich eine mehrere Millimeter dicke Hornhaut bilden.

Was sondert die Lederhaut ab?

A Dreck
B Schuppen
C Sonnencreme
D Fett

45

Wie fast alles in unserem Körper erneuert sich auch unsere Haut ständig: Die Oberhaut sondert regelmäßig winzige Hautschuppen ab, und in der Lederhaut wird für Nachschub gesorgt, indem immer wieder neue Zellen gebildet werden.

Manchen ist ihre Haut von Natur aus noch nicht schön genug, sie lassen sich tätowieren. Dabei wird die Haut an einigen Stellen gefärbt, und zwar dauerhaft. Denn die besondere Tinte wird mit winzigen Nadeln in die Lederhaut eingebracht. Weil sie so tief in der Haut liegen, können Tätowierungen auch nur sehr schwer wieder entfernt werden.

Körperbau

Was seinen Körperbau angeht, unterscheidet sich der Mensch nicht sehr von anderen Säugetieren – abgesehen von einer Besonderheit: Der Mensch geht nicht auf allen vieren, sondern nur auf seinen hinteren Extremitäten, den Beinen. Das können Menschenaffen und Bären zwar auch, aber sie tun es nur selten und dann nur kurz.

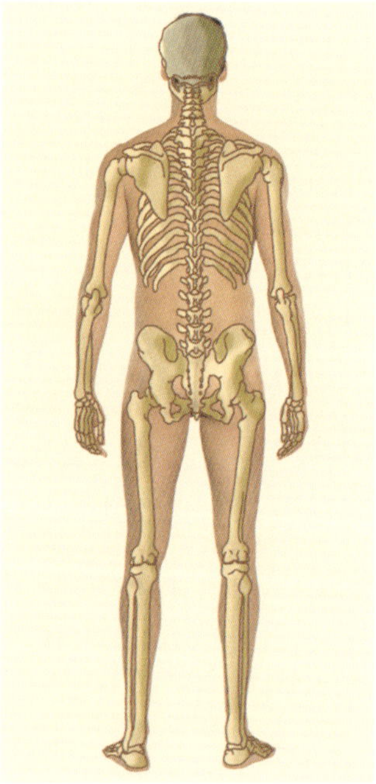

Köperbau

Nicht nur für den aufrechten Gang braucht der Mensch ein Skelett, das ihm Halt gibt. Es besteht aus etwa 200 Knochen, die den gesamten Körper tragen und schützen: Die Wirbelsäule trägt den Schädel; der Brustkorb schützt Lunge und Herz; der Schultergürtel und die Schulterblätter tragen die Arme, das Becken die Beine. Aber bei allem Halt müssen wir uns trotzdem gut bewegen können. Deshalb ist das Skelett nicht starr, sondern mit Gelenken wie dem Kniegelenk und dem Ellenbogen ausgestattet, die für die Beweglichkeit sorgen. Dazu tragen auch die Sehnen bei. Sie sitzen an den Knochen und führen zu den Muskeln, mit denen der gesamte Körper bewegt wird.

Wie nennt man den Knochen des Unterschenkels?

A Eisbein
B Schienbein
C Nasenbein
D Tischbein

46

Die Muskeln bestimmen übrigens zusammen mit dem Fettgewebe auch die Körperform des Menschen. Sie ändert sich mit dem Alter, und auch der Anteil der Muskeln und des Fettgewebes spielt dabei eine große Rolle.

Daher hat ein junger Mensch eine andere Körperform als ein älterer, und ein sportlicher Mensch sieht anders aus als einer, der sich kaum bewegt.

Aus wie vielen Knochen besteht das menschliche Skelett?

A 50 Knochen
B 100 Knochen
C 200 Knochen
D 350 Knochen

47

Die Knochen sind der Teil des Körpers, der nach dem Tod am längsten überdauert. Deshalb gelten Skelette schon seit Jahrtausenden als ein Symbol für den Tod und gehören heutzutage zu den beliebtesten Schreckensgestalten in Horrorgeschichten und Horrorfilmen.

Hast du das gewusst?

Neugeborene Babys haben übrigens viel mehr Knochen als erwachsene Menschen, ungefähr 300. Die überzähligen verschwinden aber nicht einfach, sondern einige Knochen wachsen im Laufe der Zeit zusammen.

Krankheiten

Ob Husten, Diabetes, Durchfall oder Krebs: Alle Störungen und Beeinträchtigungen der normalen Körperfunktionen eines Menschen werden als Krankheit bezeichnet. Sie können ganz verschiedene Ursachen haben. Zum Beispiel können Mikroorganismen wie Viren und Bakterien in den Körper eindringen und sich dort vermehren. Auch größere Krankmacher wie Pilze und Würmer können den

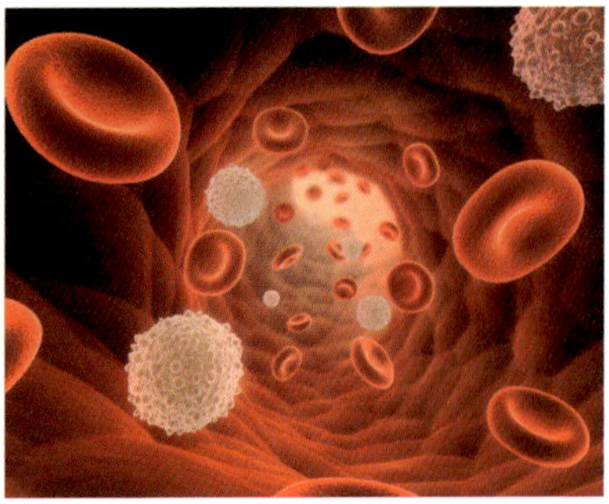

Blutkörperchen

Körper befallen. Umweltgifte oder schädliche Strahlen können uns ebenfalls krank machen, indem sie in den Körperzellen ein unkontrolliertes Wachstum auslösen, das man Krebs nennt – einige Krebsarten können inzwischen geheilt werden. Weitere Gründe für eine Krankheit können schlechte Ernährung und zu wenig Bewegung sein. Und nicht zuletzt führen auch seelische Belastungen häufig zu körperlichen Krankheiten.

Welche Zellen können Bakterien zerstören?

A Eizellen
B rote Blutkörperchen
C Fettzellen
D weiße Blutkörperchen

48

Glücklicherweise ist unser Körper unerwünschten Krankheitserregern aber nicht schutzlos ausgeliefert. Zur Abwehr setzt er seine weißen Blutkörperchen ein, die in der Lage sind, Mikroorganismen zu zerstören. Außerdem kann der Körper seine Temperatur erhöhen, um Erreger abzutöten. Fieber ist also in der Regel kein schlechtes, sondern ein gutes Zeichen!

Aber manchmal reagiert das Immunsystem, also die Abwehr des Körpers, nicht richtig – beziehungsweise zu heftig. Dann kann eine Allergie entstehen.

Was sollte man tun, um Erkrankungen vorzubeugen?

A viel essen
B sich wenig bewegen
C Sport treiben
D wenig Wasser trinken

49

Doch nicht nur der Körper, sondern auch die Psyche eines Menschen kann krank werden. In diesem Fall geht der Patient zu einem speziell dafür ausgebildeten Arzt, einem Psychiater. Viele Erkrankungen gehen auch auf eine Kombination aus psychischen und körperlichen Ursachen zurück. Stress zusammen mit Bewegungsmangel kann beispielsweise einen Herzinfarkt verursachen.

Kreislauf

Der Kreislauf ist dafür da, dass alle Körperzellen mit Sauerstoff und Nährstoffen versorgt werden. Als Transportmittel für diese lebensnotwendigen Stoffe dient das Blut. Vom Herzen wird es stoßweise in einem Kreislauf durch den Körper gepumpt, und zwar so: Die Arterien bringen das mit Sauerstoff angereicherte Blut vom Herzen weg und verteilen den Sauerstoff überall im Körper. Das sauerstoffarme Blut fließt dann in den Venen wieder zum Herzen hin. Der Gasaustausch findet in der Lunge statt, das heißt: Frische Luft mit viel Sauerstoff kommt beim Einatmen in den Körper hinein, verbrauchte Luft wird wieder ausgeatmet.

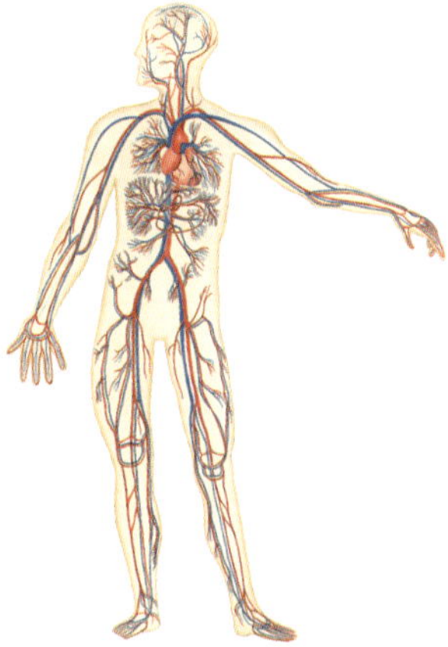

Kreislauf

Nährstoffe aus der Nahrung nimmt das Blut im Darm auf und transportiert sie von dort aus zu den Zellen überall im Körper. Gleichzeitig befördert es auch Abfallstoffe, die der Körper nicht mehr braucht, zu den Nieren und zum Darm, damit sie ausgeschieden werden können.

Unser Blut leistet also eine Menge. Aber es kann noch mehr: Als wichtiger Teil unseres Immunsystems schützt es uns außerdem vor Krankheiten.

Hast du das gewusst?

Ein Erwachsener hat ungefähr 5 bis 7 Liter Blut im Körper. Das Herz braucht eine Minute, um das ganze Blut einmal durch den Körper zu pumpen. Wenn man das auf einen Tag hochrechnet, kommt man auf die beeindruckende Menge von 7000 Litern Blut!

Welche Adern führen zum Herzen hin?

A Venen
B Strähnen
C Bahnen
D Kanülen

50

Sexualität

Bei den meisten Lebewesen gibt es zwei Geschlechter: ein männliches und ein weibliches. Durch die Geschlechtlichkeit (Sexualität) sorgt die Natur dafür, dass sich bei der Fortpflanzung die Gene mischen. Nur so werden die Nachkommen keine genauen Kopien der Eltern, sondern unterscheiden sich ein bisschen von ihnen.

Für die Evolution – die Entwicklung der Arten – ist Sexualität deshalb enorm wichtig. Denn wenn sich die Lebensbedingungen verändern – wenn es beispielsweise kälter oder trockener wird –, überleben nur diejenigen Lebewesen, die mit diesen neuen Bedingungen zurechtkommen. Hätten nun alle Lebewesen einer

Art die gleichen Gene, würde eine Veränderung der Umwelt auch für alle gleichermaßen das Aus bedeuten. Da sich aber wegen der Mischung der Gene bei der geschlechtlichen Fortpflanzung alle Exemplare einer Art leicht voneinander unterscheiden, gibt es fast immer einige, die auch mit einer drastischen Umweltveränderung fertig werden können.

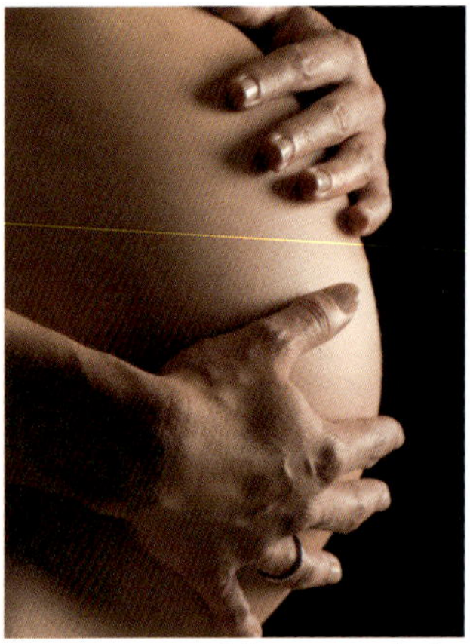

Schwangerschaft

Bekanntermaßen gibt es auch beim Menschen zwei Geschlechter: Männer und Frauen. Sie unterscheiden sich in vielen Dingen, zum Beispiel haben sie unterschiedliche Geschlechtsorgane. Die Frau besitzt eine Scheide, eine Gebärmutter und zwei Eierstöcke, in denen Eizellen lagern. Der Mann hat einen Penis und zwei Hoden, in denen sich die Samen (Spermien) bilden. Aus den Eierstöcken der Frau wandert alle vier Wochen ein Ei in die Gebärmutter. Wenn die Frau in dieser Zeit Geschlechtsverkehr mit einem

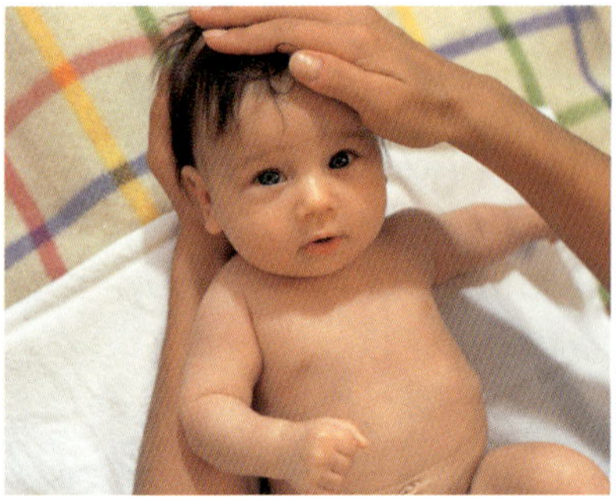

Baby

Mann hat, bei dem der Mann einen Samenerguss hat, dann kann das Ei von einem Spermium befruchtet werden, das heißt: Das Erbgut in der Eizelle und im Spermium verschmilzt. So bildet sich die erste Zelle eines neuen Lebens, die sich dann in der Gebärmutter einnistet und beginnt, sich zu teilen. Nach und nach wächst so ein menschlicher Embryo heran, und neun Monate später ist das Kind ausgewachsen und wird geboren.

Wie heißen die männlichen Samenzellen?

A Sporen
B Spermien
C Spiralen
D Sparren

51

Eine Schwangerschaft und auch das Großziehen eines Kindes sind mit viel Anstrengung und Aufwand verbunden. Darum hat die Natur einen Anreiz dafür geschaffen, dass Menschen sich überhaupt fortpflanzen wollen: Sie hat alles rund um die Fortpflanzung – Zuneigung, Zärtlichkeiten und Geschlechtsverkehr – sehr angenehm gemacht.

Der Sexualtrieb ist übrigens für ganz viele Verhaltensweisen des Menschen verantwortlich. Zum Beispiel dafür, dass Menschen sich schminken, parfümieren und schön anziehen oder auch ihre Muskeln oder ihr schönes neues Auto herzeigen. Dabei geht es nur um eins: Man möchte dem anderen Geschlecht gefallen.

Wie nennt man ein ungeborenes Kind im Mutterleib?

A Kleinkind
B Säugling
C Embryo
D Larve

52

Solche Verhaltensweisen werden erst ab einem Alter von etwa 12 bis 15 Jahren so richtig ausgeprägt, in der Pubertät. Bis dahin sind die Geschlechtsorgane der Menschen noch nicht vollständig ausgebildet. Erst durch die Pubertät, eine besondere Wachstumsphase, verändern sich Mädchen und Jungen zu Frauen und Männern. Sie werden geschlechtsreif und können nun Kinder zeugen und bekommen.

Verdauung

Ohne Nahrung können wir nicht leben. Aber einen Apfel oder ein Fischfilet kann unser Körper nicht direkt verwerten. Sie müssen zuerst verdaut werden. Das bedeutet, dass die Nahrung in Stoffe aufgespalten wird, die die Zellen aufnehmen können.

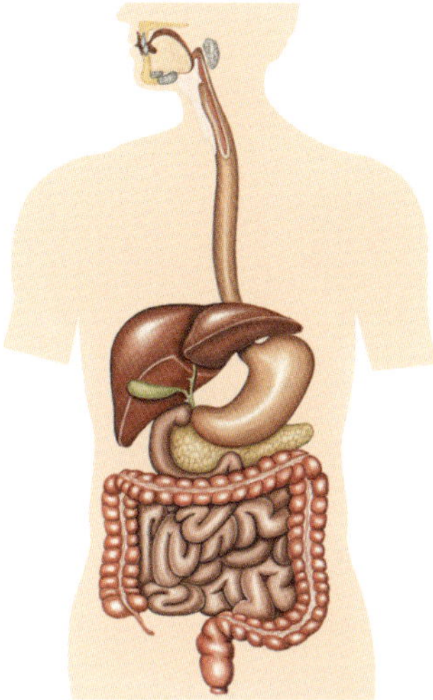

Verdauung

Auch wenn wir bei Verdauung meist an den Darm denken und an das, was dort herauskommt – tatsächlich beginnt sie schon im Mund, wo die Nahrung mit den Zähnen zerkleinert und mit Speichel vermischt wird. Der Speichel enthält eine leichte Säure und Enzyme und diese Stoffe spalten bestimmte chemische Verbindungen in der Nahrung auf. Durch die Speiseröhre wandert der Nahrungsbrei dann in den Magen. Dort wird er mit der Magensäure versetzt, die die Nahrung noch weiter aufspaltet. Die Magenschleimhäute sind übrigens so gebaut, dass die Magenwände von der ätzenden Magensäure nicht angegriffen werden.

Nach dem Säurebad im Magen gelangt der Nahrungsbrei nun in den kurzen Zwölffingerdarm und gleich darauf in den fast 4 Meter langen Dünndarm. Dort wird der Brei mit verschiedenen Verdauungssäften aus der Leber und der Bauchspeicheldrüse versetzt.

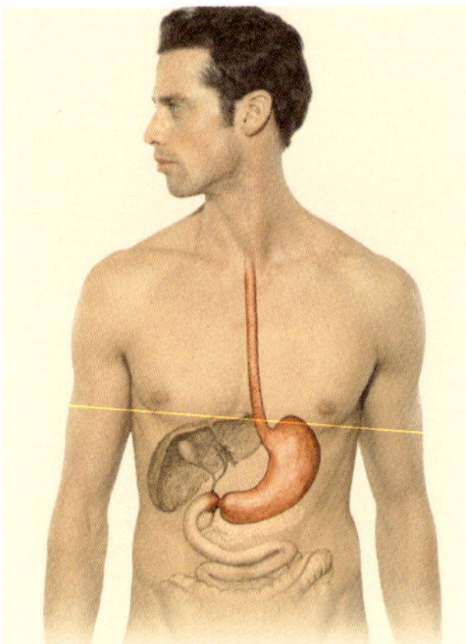

Leber

Während er durch den Dünndarm wandert, lösen die Verdauungssäfte Mineralstoffe, Vitamine und andere wichtige Stoffe heraus, die der Körper braucht. Sie werden von den Darmzotten, kleinen Ausstülpungen, aufgenommen und danach vom Blut zu den Zellen transportiert.

Welche Stoffe spalten die Nahrung auf?

A Enzyme
B Hormone
C Vitamine
D Fette

53

An den Dünndarm schließt sich der etwa 1,20 Meter lange Dickdarm an. Dort sind nicht nur Verdauungssäfte aktiv, sondern auch Milliarden von Darmbakterien, Darmflora genannt. Sie helfen mit, Mineralien und andere Stoffe aus dem Brei zu lösen.

Wie nennt man die Bakterien des Dickdarms?

A Darmplankton
B Darmwinde
C Darmbewohner
D Darmflora

54

Unser Verdauungssystem holt alles aus unserer Nahrung heraus, was unser Körper verwerten kann: für das Wachstum, für den Stoffwechsel in den Zellen und auch für die Energieversorgung. (Wichtige Energieträger sind Zucker, Stärke und Fett.) Aber trotzdem bleibt ein Rest übrig, der nicht ganz verdaut werden kann. Was damit passiert, weiß jedes Kind: Er wird über den Mastdarm und den After ausgeschieden.

Wahrnehmung

Dass der Mensch seine Umwelt überhaupt wahrnehmen kann, verdankt er seinen Sinnesorganen.

Mit den Augen kann er elektromagnetische Wellen als Licht sehen. Im Gehirn wird dieses Licht in Bilder umgewandelt. Auch die Farben entstehen erst im

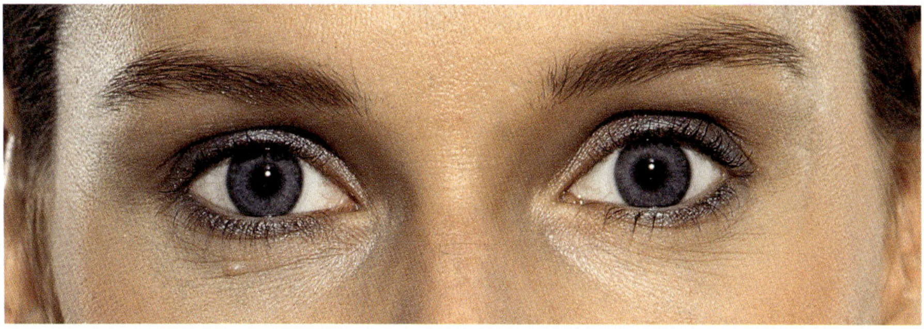

Augen

Gehirn, denn die Welt ist – physikalisch betrachtet – völlig farblos.

Mithilfe der Ohren kann der Mensch Schallwellen wahrnehmen, also Bewegungen der Luft. Außerdem befindet sich im Ohr das Gleichgewichtsorgan, das uns spüren lässt, wo oben und unten ist.

Die Nase nimmt mit ihren Sinneszellen winzige Partikel von Stoffen wahr, die in der Luft schweben. Bei einigen reichen schon wenige Moleküle aus, damit wir sie riechen können!

Wie heißen die Sinneszellen der Zunge?

A Geschmacksknospen
B Zungenblüten
C Leckblätter
D Aromasprossen

55

Die Zunge wiederum kann mit ihren Geschmacksknospen verschiedene Stoffe wie Aromen und ätherische Öle erkennen. Beim Schmecken arbeiten Nase und Zunge dann zusammen. Das ist auch der Grund, warum man manchmal bei einer Erkältung, wenn die Nase verstopft ist, nicht nur nichts mehr riecht, sondern auch nichts mehr schmeckt. Die Haut schließlich, unser größtes Sinnesorgan, besitzt Sinneszellen für Wärme und Kälte und auch für die Wahrnehmung von Druck.

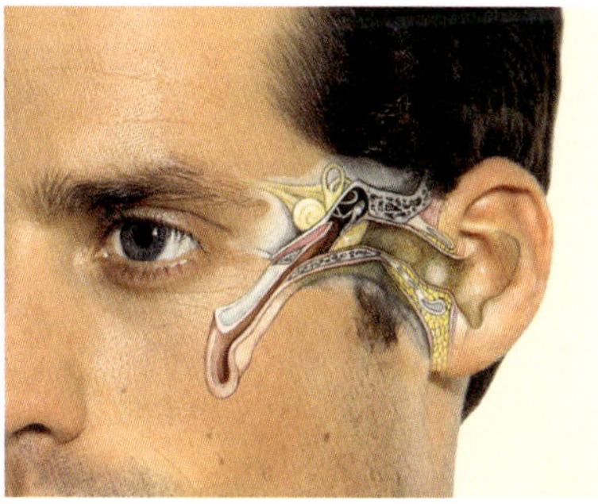

Ohr

Unsere Sinne sichern unser Überleben und oft setzen wir mehrere gleichzeitig ein. Dadurch sind wir in der Lage, zwischen geeigneter und ungeeigneter Nahrung zu unterscheiden und Gefahren rechtzeitig zu erkennen. Wer zum Beispiel einem Tiger begegnet, hat bessere Überlebenschancen, wenn er ihn schon hört, bevor er ihn sieht. Sonst könnte es zu spät für eine erfolgreiche Flucht sein ...

Erde und Weltall

Die Erde ist bislang der einzige Planet, von dem wir wissen, dass es dort Leben gibt. Forscher hoffen aber, irgendwann auch auf anderen Planeten Lebensformen zu entdecken. Im Boden des Mars könnten unbekannte Bakterien leben. Im gefrorenen Eis des Saturnmondes Titan vermuten Wissenschaftler ebenfalls einfache Lebensformen.

Leben ist ja unter verschiedenen Bedingungen möglich, wie wir auf der Erde sehen: In der Tiefsee gibt es Lebewesen, die völlig ohne Sauerstoff auskommen und unter extremen Temperaturbedingungen existieren können.

Die Erde ist nicht der einzige Planet unseres Sonnensystems, sondern einer von acht. Das Sonnensystem wiederum ist nur eines von unzähligen Systemen, die zusammen mit anderen unsere „Milchstraße" bilden. Wie ein gigantisches Riesenrad dreht sie sich im All, eine von unfassbar vielen Galaxien.

Für uns sind schon die nächsten Planeten unseres eigenen Sonnensystems nur schwer zu erreichen, angesichts der unvorstellbaren Entfernungen im All. Aber mit Sonden und Teleskopen können wir schon heute sehr weit schauen, und wer weiß: Vielleicht besuchen Menschen eines Tages ein paar dieser fernen Welten und finden außerirdisches Leben …

Zerfall: Der Sonnenwind – er besteht aus winzigen von der Sonne abgestrahlten Teilchen – löst Staub und Gas aus dem Kometen. Das Gas beginnt zu leuchten und bildet den langen Schweif, den wir von der Erde aus sehen können.

Wie werden Kometen gerne von Forschern genannt?

- A Schmutzige Schneebälle
- B Leuchtende Raumkugeln
- C Schwarze Löcher
- D Milchige Eisbrocken

61

Für seinen elliptischen Weg um die Sonne braucht ein Komet 50 bis 200 Jahre. Und weil Kometen auch Planetenbahnen kreuzen, kommt es immer wieder vor, dass einer von ihnen auf einem Planeten einschlägt. Zuletzt konnte man das im Juli 1994 beobachten, als der Komet, der als Shoemaker-Levy-9 bezeichnet wurde, spektakulär auf den Jupiter stürzte.

Komet

Der bekannteste Komet ist jedoch der Halleysche Komet, der alle 76 Jahre die Sonne umkreist. Von ihm war 1301 auch der italienische Maler Giotto di Bondone so beeindruckt, dass er als Erster den Stern von Bethlehem als Kometen darstellte. 2061 wird der Halleysche Komet die Erde erneut passieren – die jüngeren Leser dieses Buches werden ihn dann beobachten können.

Merkur

Merkur ist der erste Planet des Sonnensystems, denn er ist der Sonne am nächsten. Zugleich ist er mit einem Durchmesser von rund 4800 Kilometern auch der kleinste der acht Planeten. Er braucht nur 88 Tage, um die Sonne zu umkreisen. Zwar ist er der Sonne sehr nah, aber da er keine Atmosphäre hat, die Wärme speichern könnte, ist es auf seiner Nachtseite trotzdem eisige -180 Grad kalt. Auf der Tagseite wird es dagegen über 460 Grad heiß!

Der Merkur bekam seinen Namen von ...?

- A Astronaut Heinz Merkur
- B Astronom Hans Merkur
- C einem Götterboten
- D Stadt Merkur

62

Wie der Mond ist auch der Merkur von Kratern übersät, denn ohne Atmosphäre bremst oder verhindert nichts die Einschläge von Gesteinsbrocken aus dem All.

Da der Merkur in einer engen Bahn die Sonne umkreist, ist er von der Erde nur schwer zu beobachten. Erst zwei Raumsonden konnten ihn bisher erreichen und fotografieren. Es ist heute kaum vorstellbar, dass wir eines fernen Tages dort mit einem Raumschiff landen, denn die Sonnenwinde sind lebensgefährlich.

Venus

Der erste Stern, den wir bei Sonnenuntergang sehen, ist die Venus – deshalb wird sie auch „Abendstern" genannt. Lange bevor die ersten Sterne erscheinen, steht sie schon hell am Himmel. Ganz ähnlich wie der Morgenstern, der oft auch nach Sonnenaufgang zu sehen ist – und der ebenfalls niemand anderer ist als unser Nachbarplanet Venus!

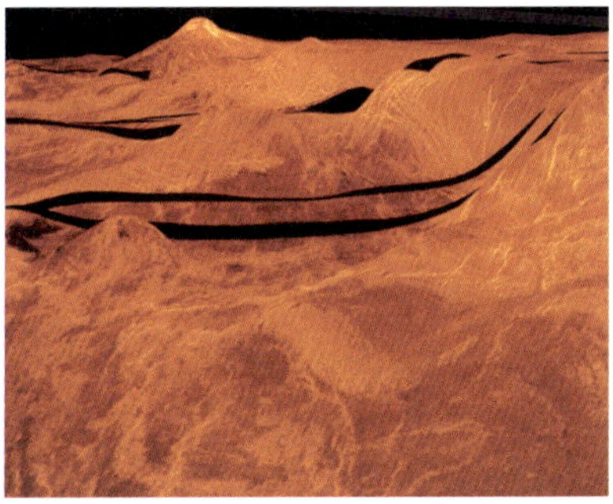

Venus

Von der Sonne aus gesehen, ist die Venus der zweite Planet. Auf ihrer Oberfläche gibt es keine Ozeane, dafür aber eine sehr dichte Atmosphäre. Ihr Gewicht ist so groß, dass auf dem Boden derselbe Druck herrscht wie bei uns in fast 1000 Metern Wassertiefe! Die Atmosphäre besteht zum Großteil aus Kohlendioxid und sie speichert sehr viel von der Sonnenwärme. Daher ist es auf der Venus immer etwa 460 Grad heiß. Dazu kommt noch, dass die Wolken aus Schwefelsäure sind – ein wahrhaft höllischer Ort für irdische Verhältnisse! Sonden, die dort landen, sind diesen Bedingungen auch nur kurz gewachsen: Sie halten nicht einmal eine Stunde durch, bevor sie vom Druck, von der Hitze und der Säure zerstört werden.

Wie wird die Venus noch genannt?

A Morgenstern
B Sonnenstern
C Glücksstern
D Riesenstern

63

Mond

Es gibt verschiedene Theorien, wie der Mond entstanden ist. Die meisten Forscher vertreten heute die Kollisionstheorie: Vor rund 4,5 Milliarden Jahren war die Erde noch jung und glühend heiß. Als sie entstand, war sie aber auf ihrer Bahn um die Sonne nicht allein.

In ihrer Nähe befand sich ein weiterer Planet von der Größe des Mars. Einige Millionen Jahre lang flog er hinter der Erde her und stürzte dann seitlich in sie hinein. Der Aufprall war so heftig, dass er die junge Erde fast gesprengt hätte. Doch sie überstand die Kollision. Allerdings wurde dabei ein kleiner Teil ihrer Materie ins All geschleudert und ballte sich dort zu einem neuen Himmelskörper zusammen – unserem Mond. Da der Aufprall zwar heftig, aber nicht heftig genug war, um den Mond von der Erde wegzuschleudern, umkreist er unseren Heimatplaneten bis heute.

Erde und Mond

Der Mond besteht aus demselben Material wie die Erde und hat einen Durchmesser von 3476 Kilometern. Weil er so klein ist, hat er aber nur ein Sechstel der Schwerkraft der Erde. Ein 60 Kilogramm schwerer Mensch wiegt dort also nur 10 Kilo! Diese Schwerkraft ist zu gering, um eine Atmosphäre zu halten.

Was fehlt dem Mond?

64

- **A** Krater
- **B** Atmosphäre
- **C** Berge
- **D** Rückseite

Der Mond umkreist alle 27 Tage, 7 Stunden und 43,7 Minuten die Erde. Er wendet ihr dabei immer nur eine Seite zu, die wir Vorderseite nennen. Die Rückseite des Mondes wurde erstmals 1959 von einer russischen Sonde fotografiert. Auch dort, das wissen wir seitdem, ist er von Kratern übersät, die von unzähligen Meteoriteneinschlägen stammen.

Wie heißt der von der Sonne nicht beschienene Mond?

65

- **A** Altmond
- **B** Vollmond
- **C** Neumond
- **D** Leermond

Der Mond leuchtet nicht selbst, auch wenn es für uns so aussieht: Wir sehen nur die Reflexion der Sonnenstrahlen auf seiner Oberfläche. Seine Bahn sorgt dafür, dass er nur phasenweise beleuchtet wird. Deshalb ist er bei Vollmond vollständig zu sehen und bei Neumond unsichtbar. Auch bei Vollmond kann er für uns aber vollständig verschwinden –

nämlich dann, wenn bei einer Mondfinsternis der Schatten der Erde auf ihn fällt.

Der Mond ist nicht nur der ständige Begleiter der Erde, er ist auch sehr wichtig für das Leben auf unserem Planeten: Zusammen mit der Schwerkraft der Sonne und der Rotation der Erde ist der Mond beispielsweise für Ebbe und Flut verantwortlich.

Fußabdruck auf dem Mond

Am 21. Juli 1969 betrat der amerikanische Astronaut Neil Armstrong als erster Mensch den Mond. Die späteren Apollo-Missionen sind in der Öffentlichkeit bei Weitem nicht so bekannt, aber insgesamt waren bislang schon zwölf Menschen auf dem Mond – und ab 2019 sollen wieder Astronauten auf dem Erdtrabanten landen. Für die Zukunft ist sogar eine dauerhaft bewohnte Mondstation geplant.

Mars

Von der Sonne aus gesehen, ist der Mars der vierte Planet und damit ein Nachbarplanet der Erde. Er gehört zu den festen Gesteinsplaneten. Mit einem Durchmesser von 6794 Kilometern ist er nur halb so groß wie die Erde, aber doppelt so groß wie unser Mond. Der Mars hat selbst zwei Monde, die allerdings sehr klein sind: Phobos und Deimos.

Die sehr dünne Atmosphäre des Mars besteht zu 95 % aus Kohlendioxid. Sauerstoff ist nur in Spuren vorhanden. Es gibt aber Theorien, dass es früher einmal Wasser auf dem Mars gegeben habe und damit vielleicht auch einfaches Leben. Der Beweis für diese Theorie fehlt aber bislang.

Wie heißen die beiden Marsmonde?

A Castor und Pollux
B Erkan und Stefan
C Deimos und Phobos
D Castrop und Rauxel

66

Die Durchschnittstemperatur auf dem Mars beträgt -55 Grad, im Sommer kann es aber auch mal +27 Grad warm werden. Da sich der Mars wie die Erde um die eigene Achse dreht, gibt es auch dort Tag und Nacht, die sogar fast genauso lang sind wie auf der Erde: Ein Marstag dauert 24 Stunden und 37 Minuten.

Der Mars wird, wegen seiner rötlichbraunen Farbe, oft auch „der Rote Planet“ genannt. Diese Farbe ist nichts anderes als Rost!

Im Marsboden gibt es nämlich viel Eisenoxid.

Der Mars hat die Menschen schon vor mehr als 200 Jahren beschäftigt. Bereits damals vermuteten manche, dass er bewohnt sei. Und es gab Ideen, wie man mit den Marsbewohnern Kontakt aufnehmen könnte. Der deutsche Mathematiker Karl Friedrich Gauss machte 1802 den Vorschlag, die sibirische Tundra als gigantische Tafel zu benutzen, um Nachrichten an die Marsbewohner aufzuschreiben. Der Glaube an die Existenz von „Marsmenschen" wurde für viele im 19. Jahrhundert zur Gewissheit, als der Italiener Giovanni Schiaparelli mit seinem Fernrohr Gräben auf dem Mars entdeckte, italienisch „canali". In der Übersetzung wurden sie fälschlicherweise zu „Kanälen" – und weil Kanäle so gerade sind, dass sie kaum auf natürliche Weise entstehen können, schloss man, dass sie das Werk intelligenter Wesen sein müssten. Erst als im Jahr 1965 die erste Raumsonde den Mars erreichte und Fotos zur Erde schickte, wurde endgültig klar, dass die angeblichen Kanäle natürlichen Ursprungs sind und der Mars eine lebensfeindliche Wüste ist.

Hast du das gewusst?

Am 30. Oktober 1938 flohen Tausende Amerikaner in Panik aus ihren Städten, weil sie glaubten, Marsmenschen seien auf der Erde gelandet. Der Grund war das Hörspiel „Krieg der Welten", das wie eine Nachrichtensendung aufgemacht war und so realistisch klang, dass viele sie für echt hielten.

Mars

Trotzdem hat der Mars seinen Reiz nicht verloren und die Mars-Missionen werden auch in den nächsten Jahren fortgeführt werden. Denn noch gibt es eine ganze Menge, was wir über unseren roten Nachbarplaneten nicht wissen. Und mit jedem Foto, das zur Erde gesendet wird, gewinnen wir neue Erkenntnisse.

Jupiter

Der Jupiter ist ein wahrer Riese. Er besitzt 318-mal so viel Masse wie die Erde und hat einen Durchmesser von 142 000 Kilometern. Wie Saturn, Uranus und Neptun zählt er zu den Gasplaneten: Er besteht zu fast 90 % aus Wasserstoff und zu 10 % aus anderen Gasen. Nur in seinem Zentrum hat er einen kleinen festen Kern aus Eisen und Gestein.

Der Druck im Inneren des Jupiters ist so groß, dass jede Raumsonde, die in die Atmosphäre des Planeten eindringen würde, schon nach wenigen Kilometern nur noch ein Klumpen Metall wäre.

Jupiter

In der Atmosphäre des Jupiters toben gewaltige Stürme, die zum Teil Jahre andauern. Auch der „Große Rote Fleck", der auf fast jedem Bild des Jupiters zu sehen ist, ist in Wirklichkeit ein gigantischer Wirbelsturm, der schon seit 300 Jahren tobt!

Welcher große Wirbelsturm tobt auf dem Jupiter?

- **A** Dicker Gelber Orkan
- **B** Großer Roter Fleck
- **C** Grüner Wirbelsturm
- **D** Fetter Blauer Taifun

67

Von der Sonne aus gesehen, ist Jupiter der fünfte Planet unseres Sonnensystems. Er wird von einer ganzen Heerschar von Monden umkreist, 63 insgesamt. Der Mond Ganymed ist sogar größer als der Planet Merkur: Sein Durchmesser beträgt 5300 Kilometer. Etwas kleiner als unser Erdenmond ist Europa, der von einem Eispanzer umgeben ist. Unter diesem Eispanzer vermuten Astronomen einen Ozean aus flüssigem Wasser. Und wo Wasser ist, da gibt es möglicherweise auch Leben ... In naher Zukunft will man das genauer erforschen. Dann sollen besondere Sonden zum Mond Europa geschickt werden, die sich durch das Eis bohren und darunter nach Leben suchen können.

Saturn

Ein Planet mit Henkel: Das glaubte der italienische Astronom Galileo Galilei 1610 zu sehen, als er den Saturn durch sein Fernrohr betrachtete. Erst später konnte man mithilfe

Saturn

besserer Fernrohre erkennen, dass der „Henkel" in Wirklichkeit aus Ringen besteht, die den riesigen Gasplaneten umgeben, und zwar aus mehr als 100 000! Sie setzen sich aus winzigen Eis- und Gesteinsbrocken zusammen und stammen wahrscheinlich aus der Entstehungszeit des Planeten vor mehr als 4,6 Millionen Jahren.

Außerdem umkreisen den „Herrn der Ringe" mindestens 60 Monde. Der größte von ihnen, Titan, ist mit über 5000 Kilometern Durchmesser sogar größer als der Planet Merkur.

Woraus bestehen die Ringe des Saturns?

A Gold und Silber
B Pech und Schwefel
C Eis und Gestein
D Feuer und Wasser

68

Saturn selbst besteht fast ausschließlich aus Wasserstoff, hat einen Durchmesser von 120 000 Kilometern und 95-mal so viel Masse wie die Erde. Nach dem Jupiter ist er damit der zweitgrößte Planet. Ein Jahr dauert auf dem Saturn fast 30 Erdenjahre: So lange braucht er, um die Sonne zu umkreisen.

Uranus

Es war Zufall, dass der siebte Planet unseres Sonnensystems entdeckt wurde: Am 13. März 1781 schaute der deutsche Astronom Wilhelm Herschel durch sein Teleskop und stieß dabei auf einen bislang unbekannten Himmelskörper, der sich als riesiger Planet entpuppte. Herschel nannte ihn Uranus.

Uranus

Uranus braucht 84 Jahre für eine Umrundung der Sonne. Sein Durchmesser ist mit rund 51 000 Kilometern etwa viermal so groß wie der der Erde. Wie Jupiter, Saturn und Neptun besteht Uranus fast ausschließlich aus Gas, vor allem aus Wasserstoff. In seinem Inneren befindet sich ein kleiner Kern aus Eisen und Gestein. 27 Monde umkreisen den Uranus. Der größte ist Titania mit einem Durchmesser von 1580 Kilometern. Was kaum bekannt ist: Ebenso wie Saturn hat auch der hellblaue Uranus ein Ringsystem!

Wie heißt der größte Mond des Uranus?

A Antonia
B Katharina
C Titania
D Tusnelda

69

Neptun

Unvorstellbar weit von uns entfernt kreist der Neptun um die Sonne. Er ist der achte und somit der äußerste Planet unseres Sonnensystems. Mit seinem Durchmesser von rund 49 500 Kilometern ist er mehr als viermal so umfangreich wie die Erde. Auch Neptun ist ein Gasplanet, der größtenteils aus Gasen wie Wasserstoff, Methan und Helium besteht, mit nur einem kleinen festen Kern im Inneren.

Aus welchem Stoff besteht Neptun vor allem?

A Füllstoff
B Sauerstoff
C Zellstoff
D Wasserstoff

70

Der Jupiter ist für seinen roten Wirbelsturm bekannt – aber in der Atmosphäre des Neptuns gibt es die stärksten Stürme des gesamten Sonnensystems: Sie erreichen Geschwindigkeiten von mehr als 2000 Stundenkilometern! Selbst die schlimmsten Orkane auf der Erde schaffen nur rund 280 Stundenkilometer.

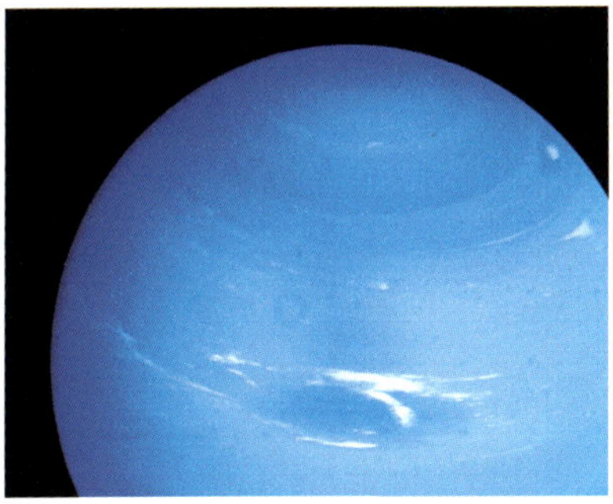

Neptun

Neptun ist so weit von der Sonne entfernt, dass er für eine

Sonne mit Planet

Umkreisung 164 Jahre und 9 Monate braucht. Und wie Saturn und Uranus ist auch Neptun von einem Ringsystem umgeben. Außerdem begleiten ihn 13 Monde. Der größte heißt Triton und ist fast so groß wie unser Erdmond.

Exoplaneten

Lange Zeit wusste man nicht, ob auch andere Sonnen von Planeten umkreist werden. Astronomen haben es vermutet, aber es gab keine Beweise, denn Planeten sind viel kleiner und weniger hell als Sonnen, sodass man sie in den unglaublichen Weiten des Weltalls nicht so einfach ausmachen kann. Bis zu den 1990er-Jahren: Seitdem kann man mit verbesserten Messapparaturen extrasolare Planeten – Exoplaneten – nachweisen. Man kann sie zwar nicht einmal mit einem Teleskop sehen, weil sie zu weit entfernt sind, aber indirekt auf ihre Existenz schließen. Denn während sich ein Exoplanet um seine Sonne bewegt, beeinflusst er ihre Helligkeit. Anhand dieser Helligkeitsunterschiede können Astronomen Exoplaneten aufspüren. Sie hoffen nun, dass man die Planeten mit noch besseren Teleskopen, die in Zukunft gebaut werden sollen, auch direkt beobachten kann.

Was sind die meisten bekannten Exoplaneten?

A Zwergplaneten
B Wasserplaneten
C Gasplaneten
D Eisplaneten

71

Von 1990 bis zum Sommer 2009 sind bereits 353 Exoplaneten entdeckt worden. Die meisten sind riesige Gasplaneten wie der Jupiter, auf denen die Existenz von Leben extrem unwahrscheinlich ist. Nur ganz wenige Planeten konnten bislang aufgespürt werden, die der Erde ähnlich sind. Nach solchen Planeten will man aber in den nächsten Jahren verstärkt suchen, weil man hofft, dort eines Tages außerirdisches Leben zu entdecken.

Entstehung der Erde

Vor rund 4,7 Milliarden Jahren bildete sich aus einer gigantischen Staubwolke ein dichter Nebel. Die Anziehungskraft der Materie, die man auch Schwerkraft oder Gravitation nennt, versetzte diesen Nebel zusammen mit anderen Kräften in Drehung, wobei er sich zu einer Scheibe formte. In der Mitte des Nebels bildete sich die Sonne. An anderen Stellen verklumpte die Materie zu kleinen Asteroiden. Soweit man heute weiß, sind unsere Planeten entstanden, weil sich die Asteroiden gegenseitig angezogen haben und immer wieder zusammengestoßen sind, bis sie größere Himmelskörper gebildet hatten.

Sonnennebel

Auch die Erde ist auf diese Weise entstanden. Sie gehört wie Merkur, Venus und Mars zu den festen Gesteinsplaneten, die ihre Bahnen nahe der Sonne ziehen. Noch lange nach der Entstehung der Erde sind übrigens ständig Asteroiden dagegengeknallt. Erst nach etwa einer Milliarde Jahren ließ dieses „Bombardement" nach und die Oberfläche der Erde konnte abkühlen.

Gase aus dem Erdinneren bildeten danach die Atmosphäre, die

aber damals noch keinen Sauerstoff enthielt. Das für die Entstehung des Lebens so wichtige Wasser hat sich aus diesen Gasen gebildet – zum Teil wurde es aber auch von Asteroiden und Kometen auf die Erde gebracht.

Welche Kraft hat die Materie zu Planeten zusammengefügt?

A Waschkraft
B Anziehungskraft
C Leuchtkraft
D Antriebskraft

72

Magnetfeld

Die Erde zählt zu den Planeten, die ein starkes Magnetfeld besitzen. Erzeugt wird es vom Erdkern, der einen äußeren und einen inneren Teil hat. Der äußere Teil beginnt in 2900 Kilometern Tiefe, ist bis zu 2900 Grad heiß und besteht aus flüssigem Nickel und Eisen. In etwa 5100 Kilometern Tiefe beginnt dann der innere Erdkern, der aus festem Eisen besteht. Beide Erdkerne drehen sich mit der Erde um die Erdachse – nur dreht sich dabei der innere Erdkern etwas schneller als der äußere Erdkern und der Erdmantel. Dieser Unterschied ist für die Entstehung des Magnetfeldes verantwortlich.

Dieses Magnetfeld reicht weit in den Weltraum hinein – und das

Polarlicht

ist unser Glück. Denn es schützt die Erde vor dem Sonnenwind. Das sind winzige geladene Teilchen, die die Sonne ins All schießt. Wenn die Sonne besonders aktiv ist, verstärkt sich auch dieser tödliche Teilchenstrom und kann dann trotz Magnetfeld in die Atmosphäre eindringen – allerdings nur in die oberen Schichten. Wenn die elektrisch geladenen Teilchen dort auf andere Teilchen treffen, bringen sie sich zum Leuchten. Auf diese Weise entstehen die Polarlichter, auf der nördlichen Halbkugel auch Nordlichter genannt.

Vor was schützt uns das Magnetfeld?

A vor Laserstrahlen
B vor Atomenergie
C vor dem Sonnenwind
D vor Elementarteilchen

73

Was Vögel und Meerestiere seit Millionen von Jahren können, machen sich seit rund 900 Jahren auch die Seefahrer zunutze: Das Magnetfeld der Erde hilft bei der Navigation. Etwa im 11. Jahrhundert fanden die Chinesen nämlich heraus, dass Magnetit, auch Magneteisenstein genannt, sich in Nord-Süd-Richtung ausrichtet, wenn er frei beweglich aufgehängt wird. Damit konnte man den ersten Kompass bauen. 200 Jahre später war er dann auch in Europa verbreitet und wurde für die Seefahrt schnell unverzichtbar.

Atmosphäre

Eine Atmosphäre ist nichts anderes als die Gashülle eines Planeten. Bei der Erde reicht sie bis in 100 Kilometer Höhe und wird auch Lufthülle genannt. Da oben ist die Luft aber so dünn, dass es kaum noch einen Unterschied zum luftleeren Weltall gibt. Schon in 8000 Metern Höhe können nur noch gut trainierte und an die Höhe gewöhnte Menschen die dünne Luft atmen.

Was schützt uns vor ultravioletter Strahlung?

A die Oberschicht
B die Ozonschicht
C die Deckschicht
D die Fettschicht

74

Deshalb war es auch eine besondere Leistung, als im Mai 1978 die Bergsteiger Reinhold Messner und Peter Habeler den 8848 Meter hohen Mount Everest als erste Menschen ohne Sauerstoffgeräte bestiegen. Bis dahin galt das als unmöglich.

Die Erdatmosphäre besteht zu 78 % aus Stickstoff, zu 20,9 % aus Sauerstoff, zu 1 % aus Edelgasen, zu 0,038 % aus Kohlendioxid und zu 0,062 % aus Spuren anderer Gase. Nicht zu vergessen der Wasserdampf, der die Wolken bildet.

Erdatmosphäre

Die Atmosphäre besteht aus verschiedenen Schichten. Die unterste Schicht, die Troposphäre, reicht in den Tropen bis in 17 Kilometer, an den Polen bis in 7 Kilometer Höhe. Mehr als 90 % der gesamten Luft und fast der gesamte Wasserdampf der Atmosphäre befinden sich in der Troposphäre – dort entsteht auch das Wetter.

Oberhalb der Troposphäre liegt bis in 50 Kilometer Höhe die Stratosphäre. Darin eingebettet befindet sich die Ozonschicht: Sie schützt die Erde vor der ultravio-

Regenbogen

letten Strahlung der Sonne. Zwischen 50 und 85 Kilometer Höhe liegen die Mesosphäre, darüber die Thermosphäre und die Ionosphäre, die den Übergang zum Weltall bildet.

Wie wird die Troposphäre noch genannt?

A Luftraum
B Gashülle
C Windkanal
D Wetterschicht

75

Seit der Industrialisierung, also seit rund 200 Jahren, reichert der Mensch die Atmosphäre mit Treibhausgasen wie Kohlendioxid (CO_2) an – vor allem, indem er fossile Energieträger wie Kohle und Erdöl verbrennt. Ein fataler Kreislauf, denn Kohlendioxid verhindert die Abgabe von Wärme in den Weltraum. Dadurch heizt sich die Atmosphäre immer mehr auf. Die Folge ist eine Erderwärmung, die einen Klimawandel auslöst, der das Leben auf der Erde stark verändern wird. Inzwischen versuchen deshalb viele Staaten, den Ausstoß von Kohlendioxid zu reduzieren, um die Folgen des Klimawandels abzumildern. Ob das noch gelingen kann, ist aber nicht sicher.

Klima

Das Wetter ist jeden Tag anders – das Klima nicht. Denn Klima ist eine langfristige Angelegenheit: Man spricht von Klima, wenn man das Wetter über einen langen Zeitraum hinweg an einem bestimmten Ort betrachtet. Das Klima in Europa beispielsweise ist gemäßigt, in Zentralafrika herrscht tropisches und in der Antarktis polares Klima.

Antarktis

Das Klima wird von vielen Einflüssen bestimmt. Es spielt dabei eine Rolle, ob ein Ort am Meer liegt oder von großen Landmassen umgeben ist, in welcher Entfernung vom Äquator man sich befindet und in welcher Höhe über oder unter dem Meeresspiegel. Weiteren Einfluss haben die Sonneneinstrahlung und die Meeresströmungen, die warmes oder kaltes Wasser transportieren.

Welches Klimaereignis sorgt für große Katastrophen?

A El Dorado
B El Niño
C El Salvador
D El Bimbo

76

Der Mensch nimmt Einfluss auf das Klima: Durch die Verbrennung von Erdöl, Erdgas und Kohle gelangen große Mengen an Treibhausgasen in die Atmosphäre. Das führt zu einem Klimawandel, der eine Häufung von Umweltkatastrophen bewirkt. Seitdem dies bekannt ist, versuchen viele Staaten, den Ausstoß an Treibhausgasen zu begrenzen. Allerdings beteiligen sich nicht alle an den Klimaschutzprogrammen. Vielen Menschen gehen die bisherigen Maßnahmen auch nicht weit genug.

Treibhausgase

Wetter

Das Wetter entsteht im Zusammenspiel von Luftdruck, Lufttemperatur, Luftfeuchtigkeit und Wind und den daraus entstehenden Faktoren wie Bewölkung, Nebel und Niederschlag. Auch die Jahreszeit, Dauer und Intensität der Sonneneinstrahlung spielen eine Rolle. Die Sonne heizt die Luft in der Atmosphäre auf. Warme Luft steigt nach oben und kühlere Luft fließt nach. Die Luft ist also immer in Bewegung.

Wissenschaftler, die das Wetter erforschen, heißen ...?

A Meteorologen
B Kachelmänner
C Wetterberichterstatter
D Südwester

77

Das Wetter wird von vielen Faktoren bestimmt. All das macht es sehr schwierig, das Wetter vorherzusagen. Dabei spielen Wettervorhersagen für uns eine große Rolle – vom Wetter hängt nicht nur mancher Urlaub ab, sondern auch Ernten, der Flug-

Wolken

verkehr und vieles mehr. Aber je weiter eine Vorhersage in die Zukunft schaut, desto unzuverlässiger wird sie zwangsläufig. Verlässliche Aussagen sind höchstens für einige Tage möglich – wie das Wetter in einem halben Jahr an einem bestimmten Ort sein wird, weiß aber niemand.

Gewitter

Wenn es beim Gewitter richtig kracht, liegt das daran, dass Luftschichten unterschiedlicher Temperatur aufeinanderprallen. Vor allem im Sommer gibt es Gewitter, denn das ist die Jahreszeit, in der sich feuchte Luft über dem Boden am meisten erwärmt und dann aufsteigt. Ist die Luft in den höheren Schichten sehr kühl, wird aus der feuchten Luft eine Wolke. Kleinste Regentropfen bilden sich, aber die aufsteigende Luft hindert sie daran, nach unten zu fallen. So sammeln die Wolken weiter Wasser aus der feuchten Luft und werden irgendwann so groß, dass sie auch ein starker Aufwind nicht mehr oben halten kann. Wenn die Umgebungsluft sehr kalt ist, gefrieren die Tropfen zu Hagelkörnern: Ein Gewitterregen oder ein Hagelschauer geht nieder.

Wie nennt man Hagel, der aus sehr kleinen Körnern besteht?

A Graupel
B Erpel
C Rüpel
D Ampel

78

Doch das ist noch nicht alles: Durch die Bewegungen und die unterschiedlichen Temperaturen von Luft und Wasser entsteht auch eine elektrische Spannung. Die Gewitterwolke lädt sich auf und entlädt sich schließlich wieder – als Blitz. Er ist ein bis zwei Kilometer lang, aber nur etwa einen Zentimeter dick. Die starke elektrische Ladung erhitzt die Luft in der Umgebung innerhalb eines Sekundenbruchteils auf 25 000 bis 30 000 Grad! Wie bei einer Explosion fliegt die heiße Luft dabei auseinander – das erzeugt den Knall, den wir als

Gewitter

Sturmbewölkung

Donner hören. Etwa 2,5 Millionen Mal im Jahr gibt es einen Blitz in Deutschland – weltweit haben Mensch und Natur es täglich mit ungefähr 5 bis 10 Millionen Blitzen zu tun. Wenn sich das Gewitter entladen hat, löst sich die dunkle Wolke langsam wieder auf oder zieht als hellere und harmlosere Wolke weiter.

Jahreszeiten

Jahreszeiten gibt es keineswegs überall auf der Erde. In den gemäßigten Breiten wie in Europa sind sie aber sehr ausgeprägt und jeweils drei Monate lang – zumindest offiziell: Frühling ist von März bis Mai, Sommer von Juni bis August, Herbst von September bis November, Winter von Dezember bis Februar. Die auffälligsten Unterschiede zwischen den verschiedenen Jahreszeiten sind die Temperaturen und die Zeitspanne, in der es hell ist. Im Sommer scheint die Sonne täglich im Durchschnitt 16 Stunden, im Winter nur etwa die Hälfte der Zeit. Auf der Nordhalbkugel der Erde ist der kürzeste Tag der 22. Dezember (Wintersonnenwende), der längste der 21. Juni (Sommersonnenwende). Im März und September bekommen beide Halbkugeln gleich viel Licht.

Was kann man im Sommer in polaren Regionen beobachten?

- **A** Mitternachtssonne
- **B** Sommerloch
- **C** Wintersonne
- **D** Sommerapfel

79

Dass es überhaupt Jahreszeiten gibt, verdanken wir der Erdachse, die um 23,5° geneigt ist. Durch diese Neigung treffen die Sonnenstrahlen nicht immer im gleichen Winkel auf die Erde, während die Erde die Sonne umläuft: Je nach Position unseres Planeten kommen die Sonnenstrahlen mal in einem steilen (Sommer) und mal in einem flachen Winkel (Winter) auf. Von der Erde aus betrachtet, steht die Sonne denn auch im Sommer sehr hoch am Himmel, im Winter hingegen sehr niedrig.

Jahreszeiten

An den beiden Polen ist die Situation noch viel extremer: Während des polaren Winters steigt die Sonne nie über den Horizont und es herrscht fast ein halbes Jahr lang Dunkelheit. Im Sommer geht die Sonne an den Polen dafür gar nicht unter: Sie scheint Tag und Nacht.

Wie nennt man den kürzesten Tag des Jahres?

A Sommernachtstraum
B Wintersonnenwende
C Sommerzeit
D Winterstarre

80

In den Tropen unmittelbar am Äquator sieht die Lage wieder anders aus. Dort gibt es eigentlich nur eine heiße Trockenzeit und eine feuchtwarme Regenzeit.

Aufbau der Erde

Nach der Entstehung des Sonnensystems und der Erde vor rund 4,7 Milliarden Jahren war die Erdoberfläche 1,5 Milliarden Jahre lang flüssig und glühend heiß. Erst danach erkaltete sie langsam und bildete schließlich eine feste Erdkruste. Heute ist diese Kruste je nach Ort 5 bis 60 Kilometer dick.

Unter der Erdkruste liegt der Erdmantel. Er besteht aus zähflüssigem Gestein, reicht bis in 2900 Kilometern Tiefe und ist bis zu 2000 Grad heiß. Im Erdinneren – bis in rund 6370 Kilometer Tiefe – liegt der bis zu 5000 Grad heiße Erdkern aus Eisen und Nickel. Er dreht sich in der Erde wie ein Dynamo und erzeugt dadurch das irdische Magnetfeld.

Erde

Das Wasser der Erde stammt zum großen Teil aus dem Erdinneren, ein anderer Teil ist „echt außerirdisch“, denn er ist durch Meteore und Kometen auf die Erde gelangt.

Wie nennt man das flüssige Gestein des Erdmantels?

A Mangan
B Magnet
C Magma
D Mango

81

Entstehung des Lebens

Vor rund 4 Milliarden Jahren war die Erde ein glühend heißer Planet. Die Oberfläche war aber schon fest, und eine Atmosphäre aus Gasen hatte sich auch bereits gebildet. Damals war eine Menge los auf der Erde: Immer wieder kam es zu Vulkanausbrüchen und Einschlägen von Asteroiden und Meteoriten. Als sich die Senken nach und nach mit Wasser füllten, war die erste Voraussetzung für die Entstehung von Leben geschaffen. Die vorhandene Energie (Wärme, Licht, Strahlung aus dem All) tat ihren Teil dazu: Sie wirbelte die chemischen Elemente im Wasser ständig durcheinander. Dabei entstanden immer komplexere chemische Verbindungen und Moleküle.

Welches waren die ersten Lebewesen?

A Baklava
B Bazillen
C Bakterien
D Bronchien

82

Einige Verbindungen konnten sich irgendwann zu größeren Gebilden zusammenschließen – und daraus entwickelten sich vor rund 3,5 Milliarden Jahren die ersten einfachen Zellen, die sich teilen und vermehren konnten. Die ersten Lebewesen waren Bakterien. Einige von ihnen entwickelten sich im Laufe der Zeit zu komplexeren Lebensformen weiter, und sehr viel später entstand dann auch der Mensch.

Das ist aber nur eine Theorie. Eine andere besagt, dass die ersten komplexen Moleküle mit Meteoriten auf die Erde gelangt sind. Endgültige Gewissheit haben wir nicht – die Entstehung des Lebens bleibt ein spannendes Forschungsgebiet.

Kontinente

Die alten Griechen fragten sich, aus wie vielen Kontinenten die Erde besteht. Sie kamen damals auf drei: Europa, Asien und Afrika. Bis zum Mittelalter änderte sich das auch nicht, denn die anderen Erdteile waren – zumindest in Europa – unbekannt. Zwar gab es immer wieder Vermutungen über ferne und geheimnisvolle Länder, aber die Beweise fehlten.

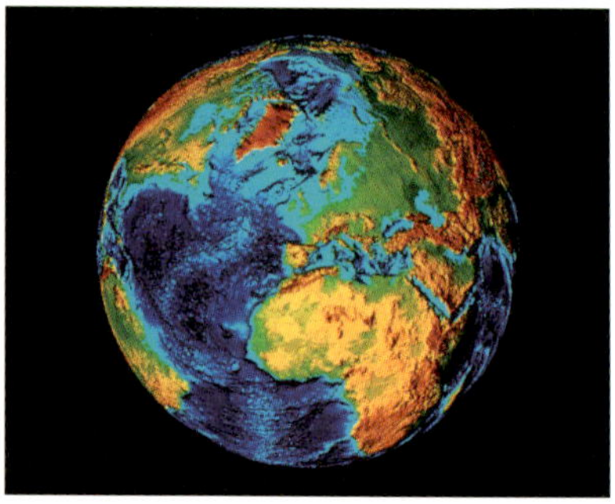

Kontinente

Als Christoph Kolumbus 1492 Nordamerika erreichte, musste neu gezählt werden. Kurz darauf kam noch Südamerika hinzu – damit hatte man schon fünf Kontinente. Ungefähr hundert Jahre später landeten die ersten europäischen Schiffe in Australien, doch erst im 18. Jahrhundert erkannte man, dass es sich dabei um einen weiteren Kontinent handelte. Und als siebter und letzter Erdteil wurde im Jahr 1820 Antarktika entdeckt.

Himalaja-Gebirge

Im 20. Jahrhundert fanden Forscher wie Alfred Wegener heraus, dass die Erdteile nicht für alle Zeiten unverrückbar auf der Erde liegen. Vielmehr gehören sie zu beweglichen Erdplatten, die wie Flöße auf dem Erdmantel schwimmen. Ausgelöst werden diese Bewegungen, Plattentektonik genannt, vom flüssigen Erdinneren. Deshalb gibt es die uns bekannten Kontinente – erdgeschichtlich betrachtet – noch gar nicht so lange:

Welchen Superkontinent gab es vor 300 Millionen Jahren?

A Atlantis
B Lummerland
C Phantasien
D Pangäa

83

Vor rund 300 Millionen Jahren hingen alle Kontinente zusammen und bildeten den Superkontinent „Pangäa“. Umgeben war dieser Ur-Kontinent von einem einzigen Meer, dem Rheischen Ozean. Es dauerte Millionen von Jahre, dann brach Pangäa auseinander und teilte sich in die uns bekannten Kontinente. Bei diesen enormen Verschiebungen stießen mehrere Erdplatten zusammen, so zum Beispiel die indische und die asiatische Platte, deren Aufeinanderstoßen zur Auffaltung des Himalaja-Gebirges führte.

Welches Gebirge wächst noch immer?

A die Alpen
B der Himalaja
C die Anden
D der Harz

84

Und die Erdteile wandern weiter, deshalb wird unser Planet in 200 Millionen Jahren wieder ganz anders aussehen als heute. Australien beispielsweise wird nach Norden driften und sich unter die Sunda-Inseln schieben. Und Afrika wird in zwei Teile zerbrechen und von einem neuen Ozean getrennt werden.

Antarktis

→ Die nordpolare Region der Arktis besteht nur aus Eis. Die südpolare Antarktis hingegen ist ein Kontinent, Antarktika genannt. Das wusste man aber bis vor Kurzem noch nicht.

Erst im 19. Jahrhundert hatten die Europäer geeignete Schiffe, um den Südlichen Ozean zu erkunden. 1820 wurde die Küste Antarktikas erstmals von englischen und russischen Seeleuten gesichtet, und am 14. Dezember 1911 erreichte der Norweger Roald Amundsen als erster Mensch den Südpol. Damit war die Entdeckung der Antarktis jedoch noch nicht abgeschlossen. Es dauerte noch Jahrzehnte, bevor alle Küsten erkundet und kartografiert waren.

Was hat Roald Amundsen am Südpol aufgestellt?

- A ein Zelt
- B eine Wetterstation
- C eine Fahne
- D einen Skistock

85

Der Kontinent Antarktika ist etwas größer als Europa und fast vollständig von einer bis zu 4,5 Kilometer dicken Eisschicht bedeckt. Rund 75 % aller Süßwasservorkommen der Erde lagern hier in Form von Eis! Im Jahresdurchschnitt ist es in Antarktika -55 Grad kalt. Die tiefste je gemessene Temperatur war noch viel frostiger: -89,2 Grad.

Hast du das gewusst?

Antarktika ist der am dünnsten besiedelte Kontinent, weil es dort so kalt ist. Während des Sommers leben rund 3000 bis 4000 Menschen in den rund 80 Forschungsstationen. Im Winter sind es bloß noch 1000.

Welche Tiere sind typisch für die Antarktis?

- A Eisbären
- B Pinguine
- C Eisvögel
- D Elche

86

Vor 65 Millionen Jahren lag Antarktika noch in der Nähe des Äquators. Statt Gletschern wuchsen hier tropische Wälder, in denen Dinosaurier lebten. Durch die Verschiebung der Kontinente bewegte sich Antarktika dann mit den Jahrmillionen immer weiter nach Süden und kühlte ab.

Vulkanismus

Zwischen Sizilien und Neapel liegt die Insel Vulcano. Dort, so glaubten die Römer vor rund 2000 Jahren, befindet sich die Schmiede des Feuergottes Vulcanus. Und wenn er seine Esse anfacht, schlagen Flammen aus dem Berg.

Vulkangestein

Das war die Erklärung, die sich die Menschen damals für Vulkanausbrüche zurechtlegten. Und sie verbreitete sich: Bald wurden alle Feuer speienden Berge nach der Insel Vulcano benannt.

Heute wissen wir, dass nicht ein Gott, sondern der Aufbau der Erde die Ursache für den Vulkanismus ist. Insgesamt gibt es auf der Erde rund 1900 aktive und eine noch größere Zahl erloschener Vulkane. Die meisten liegen an den Rändern der Erdplatten, auf denen sich die Kontinente befinden. Diese Platten wandern langsam, und dadurch entstehen an ihren Rändern immer wieder Löcher und Risse, die flüssiges Gestein aus der Tiefe aufsteigen lassen. Gerät dieses über 1000 Grad heiße Magma unter Druck, sucht es sich einen Weg an die Oberfläche. Ein Vulkan bildet sich, der explodiert und das Magma als Lava ausspuckt.

Welches ist der einzige aktive Vulkan in Europa?

- A Kilimandscharo
- B Vesuv
- C Fudschijama
- D Olympus Mons

87

Vulkanausbrüche zählen zu den großen Naturkatastrophen und sie fordern immer wieder viele Menschenleben. Dabei ist die Lava nur für die Menschen in unmittelbarer Nähe des Vulkans gefährlich. Verheerender wirken sich meist die heißen Gaswolken aus, die manchmal mit mehr als 1000 Kilometern in der Stunde zu Tal donnern und alles Leben zerstören.

Vulkane

Der höchste und größte Vulkan unseres Sonnensystems befindet sich übrigens nicht auf der Erde, sondern auf dem Mars: Der Olympus Mons ist über 26 000 Meter hoch – mehr als dreimal so hoch wie der Mount Everest, der höchste Berg der Welt!

Bodenschätze

Bodenschätze kann man auf oder in der Erde finden. Zu den oberirdisch abgebauten Bodenschätzen zählen Lehm, Sand, Kies und Steine, die man als Baumaterial verwendet. Besonders begehrt ist der harte Granit, der in Steinbrüchen gewonnen wird. Auch Braunkohle und manche Erze wie Bauxit, das man für die Aluminium-Produktion braucht, liegen dicht unter der Erdoberfläche und können deshalb im sogenannten Tagebau abgebaut werden.

Manche Bodenschätze sind im wahrsten Sinne des Wortes „Schätze“, zum Beispiel Gold und Diamanten. Noch heute sind Goldsucher unterwegs, die aus dem Geröll von Flüssen Gold waschen – auch in Deutschland.

Wie heißen die Goldklumpen, die Goldwäscher finden?

- A Hobbits
- B Bullits
- C Pellets
- D Nuggets

88

Steinkohle, Eisenerz und andere Erze hingegen liegen oft viele Hundert, manchmal auch bis zu 2000 Meter tief unter der Erde. Diese Bodenschätze können nur in Bergwerken abgebaut werden. Die deutsche Kohle zum Beispiel wird so gewonnen. Wir verbrennen sie größtenteils in Kraftwerken, um Strom zu erzeugen.

Die ersten Menschen, die nach Erdöl bohrten, wurden manchmal schon nach 20 Metern fündig – heute sind Bohrungen bis in 2000 oder 3000 Metern Tiefe keine Seltenheit. Dazu braucht man riesige Bohrtürme, deren Kräne die mehrere Hundert Tonnen schweren Bohrgestänge tragen können. Im Meer übernehmen Bohrinseln diese Aufgabe. Auch Erdgas wird durch Bohrungen erschlossen.

Ozeane

Wer Aufnahmen von der Erde aus dem Weltraum sieht, dem fällt sofort die blaue Farbe unseres Planeten auf: 71 % der Erdoberfläche sind mit dem Wasser der Ozeane bedeckt. Meeresforscher unterscheiden fünf Ozeane: Atlantik, Pazifik, Indischer Ozean, Arktischer Ozean und Antarktischer Ozean. Mit mehr als 166 Millionen Quadratkilometern ist der Pazifik der größte Ozean und mit einer Tiefe von 11 034 Metern im Marianengraben ist er auch der tiefste. Durchschnittlich sind die Ozeane 3800 Meter tief.

Ozean

Alle anderen Meeresgebiete, die wir kennen, sind Nebenmeere dieser fünf großen Ozeane. Die Nord- und Ostsee sind zum Beispiel Nebenmeere des Atlantiks.

Die Nordsee ist ein besonders flaches Meer: Ihr südlicher Teil, zu dem auch die Deutsche Bucht gehört, ist nur 10 bis 50 Meter tief. Der nördliche Teil erreicht Tiefen von rund 700 Metern. Die

Ostsee ist maximal 460 Meter tief und hat einen so niedrigen Salzgehalt (nur 2 %), dass sie auch Brackwassermeer genannt wird. Das Wasser der anderen Ozeane enthält rund 3,5 % Salz.

Wie wird das salzarme Wasser der Ostsee genannt?

A Trinkwasser
B Mineralwasser
C Frischwasser
D Brackwasser

89

Die Erdkruste ist am Boden der Ozeane dünner als auf den Kontinenten. Daher gibt es auf dem Meeresboden auch häufig Vulkanausbrüche. Zahlreiche Inseln wie Island und Hawaii sind durch Vulkanausbrüche entstanden und werden durch neue Ausbrüche immer größer.

Vulkanausbrüche und Seebeben können auch gewaltige Flutwellen auslösen. Diese „Tsunamis“ sind auf dem Meer kaum zu spüren, doch sobald sie einen Strand erreichen, richten sie katastrophale Zerstörungen an. Ein Beispiel aus jüngster Zeit ist das Seebeben, das am 26. Dezember 2004 eine Stärke von 9,1 auf der Richterskala erreichte. Ihm folgte ein verheerender Tsunami, der vor allem im Golf von Bengalen, in der Andamanensee, in Südasien und in Ostafrika wütete. 230 000 Menschen kamen dabei ums Leben.

Gezeiten

Wer an der Nordsee lebt oder dort schon einmal Urlaub gemacht hat, weiß, dass es dort zweimal am Tag Ebbe und Flut gibt.

Der Unterschied zwischen den Wasserständen bei Ebbe und Flut, der Tidenhub, beträgt an der Nordseeküste etwa 1,5 Meter. An der Ostküste Kanadas macht der Tidenhub bis zu 21 Meter aus!

Die Gezeiten sind auf der ganzen Erde spürbar. Allerdings fallen sie bei Seen so gering aus, dass sie kaum messbar sind. Noch weniger bemerken wir sie bei den Landmassen, aber auch die Kontinente heben und senken sich!

Küste

Ausgelöst werden die Gezeiten durch die Anziehungskraft des Mondes und der Sonne und durch die Drehung der Erde um die eigene Achse. Diese drei Kräfte sind die Ursache für Ebbe und Flut.

Geschichte

Die Menschheitsgeschichte ist mehrere Millionen Jahre alt, doch erst nachdem vor etwa 8000 Jahren die Schrift erfunden wurde, konnten wichtige Ereignisse für die Nachwelt festgehalten werden. Deshalb wissen wir über die Frühgeschichte des Menschen nur sehr wenig, über spätere Epochen jedoch eine ganze Menge – wenn die schriftlichen Dokumente nicht verbrannten oder anderweitig zerstört wurden.

In der Antike entstanden erste Hochkulturen: Ägypter, Griechen und Römer schufen Weltreiche – und hielten ihre Siege, ihre Ideen und ihre religiösen Vorstellungen an Gebäudewänden oder auf Papyrus fest.

Im Mittelalter geriet trotzdem das meiste, was die Menschen in der Antike kulturell und gesellschaftlich erreicht hatten, wieder in Vergessenheit, denn nur wenige konnten damals lesen und schreiben.

Das Mittelalter wurde abgelöst von der Neuzeit, die mit der Renaissance begann, in der man die Antike wiederentdeckte. Allmählich setzen sich auch neue Ideen durch, die Philosophen und Künstler entwickelten – oder die Reisende und Händler aus anderen Ländern mitbrachten.

Ein wichtiger Meilenstein, um Ideen und Wissen zu verbreiten und historische Ereignisse festzuhalten, war natürlich die Erfindung des Buchdrucks, der beweglichen Metalllettern und des Papiers.

Steinzeit

Das erste Zeitalter der Menschheit wird auch Steinzeit genannt, weil in dieser Zeit die ersten Werkzeuge aus Stein angefertigt wurden. Die Steinzeit begann etwa vor 2,6 Millionen Jahren und endete erst um das Jahr 7000 v. Chr., als die Menschen damit anfingen, Werkzeuge aus Kupfer und Bronze herzustellen.

Aus welchem Stein wurden manchmal Faustkeile gehauen?

A aus Einstein
B aus Sandstein
C aus Zahnstein
D aus Feuerstein

90

Ein typisches Werkzeug der Steinzeit war der Faustkeil. Die Steinzeitmenschen benutzten ihn zum Schneiden, aber auch als Waffe. Für die Jagd hatten sie außerdem Speer- und Pfeilspitzen. Die wurden, wie die Faustkeile auch, aus harten Steinen hergestellt, und zwar indem man so lange kleine Splitter davon abschlug, bis der Stein spitz und scharf war.

Hast du das gewusst?

Vor 50 000 Jahren gab es übrigens bereits Lampen aus Stein, in denen Tierfett verbrannt wurde, und seit 20 000 Jahren werden Nähnadeln aus Tierknochen benutzt.

Steinzeithöhle

Eine Schrift gab es damals noch nicht, aber die Steinzeitmenschen in Europa haben uns trotzdem Eindrücke ihres Lebens hinterlassen. In den Höhlen, in denen viele von ihnen lebten, hat man gut erhaltene Wandmalereien mit Jagdszenen gefunden.

Was wir uns heute kaum noch vorstellen können: Während der Steinzeit gab es nicht nur eine Menschenart, sondern verschiedene! Der Homo erectus und der Neandertaler starben im Laufe der Zeit aus und heute bevölkert nur noch eine einzige Menschenart die Erde, der Homo sapiens.

Wie heißt der Steinzeit-Verwandte des Menschen?

A der Emmentaler
B der Neandertaler
C der Zillertaler
D der Glottertaler

91

Afrika

Afrika ist der Kontinent der Erde mit der längsten Geschichte, was den Menschen betrifft. Denn der heutige Mensch (Homo sapiens) hat sich vor rund 200 000 Jahren dort, im Osten Afrikas, entwickelt. Deshalb wird Afrika auch die „Wiege der Menschheit" genannt. Von dort aus hat sich der Mensch dann nach und nach über die ganze Erde verbreitet.

Südafrika

Auch eine der ersten Hochkulturen entstand vor mehr als 5000 Jahren in Afrika: Ägypten. Diese Kultur existierte rund 3000 Jahre, bevor das Römische Reich Ägypten eroberte. Auch das Reich der Karthager, um das Jahr 800 v. Chr. in Nordafrika gegründet, wurde von den Römern zerstört.

Welche Stadt in Nordafrika wurde 146 v. Chr. zerstört?

A Karthago
B Marokko
C Santiago
D Chicago

92

Doch das Weströmische Reich ging selbst unter und so beherrschten ab dem Jahr 455 n. Chr. germanische Stämme wie die Vandalen für einige Zeit Nordafrika.

Im 7. Jahrhundert n. Chr. entstand der Islam und die Araber eroberten Nordafrika. In Zentral- und Südafrika bildeten sich derweil kleinere und größere Königreiche.

Welcher Vorfahre des Menschen lebte in Afrika?

A Homo genis
B Homo homunculus
C Homo tarzanis
D Homo erectus

93

Im 15. Jahrhundert begann das Zeitalter der Entdecker: Europäische Mächte wie Portugal, Spanien, England und Frankreich erforschten die ganze Welt, um ihren Reichtum und ihren Einfluss in der Welt zu vergrößern. Auch Afrika kam nicht ungeschoren davon: Die europäischen Entdecker gründeten dort viele Kolonien, und in der ersten Hälfte des 20. Jahrhunderts wurde fast ganz Afrika von europäischen Staaten beherrscht.

Erst nach dem Zweiten Weltkrieg erlangten die afrikanischen Staaten nach und nach ihre Unabhängigkeit. Trotzdem sind die Menschen dort weiterhin auf die Unterstützung der reicheren Länder der Welt angewiesen, denn Afrika ist der ärmste Kontinent der Erde.

Australien

Was heute jedes Kind weiß, konnten die Europäer noch bis vor 300 Jahren nur vermuten: dass es irgendwo im Süden noch einen Kontinent gibt. Er wurde „Terra australis incognita" genannt. Dieses „unbekannte Südland" beflügelte schon vor etwa 2000 Jahren die Fantasie der Seefahrer, aber erst im 18. Jahrhundert wurde Australien, wie man es dann nannte, weltbekannt.

Wie heißen die Ureinwohner Australiens?

A Aborigines
B Abonnenten
C Abruzzen
D Apachen

94

Zu diesem Zeitpunkt war Australien allerdings schon seit mindestens 60 000 Jahren bewohnt. Die Ureinwohner, die Aborigines, gelangten über eine Landbrücke dorthin, die Australien mit Neuguinea und dadurch mit Asien verband. Auch als vor etwa 6000 Jahren die Landbrücke überflutet wurde, erreichten immer wieder Schiffe aus China oder Indien den Kontinent.

Erst im 16. Jahrhundert kamen auch europäische Seefahrer aus Spanien, Frankreich, Holland und Portugal an die Küsten Australiens. Sie erkannten damals jedoch nicht, dass es sich dabei um einen eigenen Erdteil handelt.

Der englische Seefahrer James Cook gilt als wichtigster Entdecker und Kartograf Australiens. Er erforschte 1770 Teile der australischen Küste und nahm das Land für die britische Krone in Besitz. Doch erst seinem Landsmann Matthew Flinders gelang es 1801, Australien vollständig zu umsegeln.

Ureinwohner Australiens

Bald kamen auch die ersten Einwanderer aus Europa. Es waren Sträflinge, die von England aus auf dem neuen Erdteil angesiedelt wurden. Später folgten Auswanderer und Goldsucher. Sie gründeten an den Küsten Städte und breiteten sich im Land aus. Dabei vertrieben und ermordeten sie viele Ureinwohner.

Hast du das gewusst?

Australien ist 109-mal so groß wie Bayern, aber der Kontinent besteht zu einem großen Teil aus Wüste. Dort leben nur etwa doppelt so viele Menschen wie in Bayern – etwas mehr als 21 Millionen.

1907 wurde Australien ein teilweise unabhängiger und 1931 ein vollständig unabhängiger Staat, ab 1908 mit der Hauptstadt Canberra. Offizielles Staatsoberhaupt Australiens ist aber auch heute noch Queen Elizabeth II., da Australien zum Commonwealth gehört.

Wer konnte beweisen, dass Australien ein Erdteil ist?

A Christoph Kolumbus
B Marco Polo
C Matthew Flinders
D Sir Francis Drake

95

China

Das in Asien liegende China ist mit mehr als 1,3 Milliarden Menschen das bevölkerungsreichste Land der Erde. Es ist ein sehr altes Reich: Das chinesische Kaiserreich entstand schon im Jahr 221 v. Chr. Damals gelang es dem König Ying Zheng, alle anderen Königreiche Chinas zu erobern. Der König, der sich nach seinem Sieg Qin Shihuangdi nannte, führte eine einheitliche Schrift, überall gültige Münzen und eine neue Verwaltung ein. Außerdem ließ er die vielen Einzelmauern zur Abwehr von Feinden, die es schon gab, zu der über 8000 Kilometer langen Chinesischen Mauer ausbauen. Sie ist bis heute das längste Bauwerk auf der ganzen Welt.

Dieser erste Kaiser von China ließ sich auch ein riesiges Grabmal bauen, das von einer Armee aus lebensgroßen Terrakotta-Soldaten bewacht wird. Diese Armee wurde erst 1974 zufällig entdeckt und kann heute bei der Stadt Xi'an besichtigt werden.

Chinesische Mauer

Das Kaiserreich hatte über 2000 Jahre Bestand, bis 1917. Dann jedoch brach in China ein Bürgerkrieg aus und Japan eroberte das Land.

Welche Grabbeigabe eines chinesischen Kaisers ist weltbekannt?

A Armee der Toten
B Nordstaaten-Armee
C Terrakotta-Armee
D Ameisen-Armee

96

Nach dem Zweiten Weltkrieg gelang es dem kommunistischen Führer Mao Zedong, China unter seine Kontrolle zu bringen. Er gründete 1949 die bis heute bestehende Volksrepublik China.

Taj Mahal

Obwohl das Land inzwischen einige Reformen erlebt hat und eine Marktwirtschaft erhielt, genießen die Chinesen aber noch nicht die uns vertrauten Freiheits- und Menschenrechte.

Indien

In der Antike und im Mittelalter gab es auf dem indischen Subkontinent verschiedene kleinere Staaten, aber kein großes Reich. Das änderte sich zu Beginn des 16. Jahrhunderts: Damals begründete der muslimische König Babur das Mogulreich und eroberte große Teile Indiens.

Mahatma Gandhi

Im 17. Jahrhundert kamen die Europäer nach Indien. Sie waren vor allem an Tee, Gewürzen, Holz und Bodenschätzen interessiert, die es in Indien gab. Englische Händler der Ostindien-Kompanie gründeten zunächst Handelsniederlassungen in Indien und eroberten dann mithilfe von Soldaten nach und nach den ganzen Subkontinent. Die Inder setzten sich zur Wehr, aber sie konnten die Eroberer nicht aus dem Land vertreiben. Nach einem letzten großen Aufstand gegen die britische Herrschaft im Jahr 1857 wurde Indien britische Kolonie.

Wer beherrschte rund 200 Jahre lang Indien?

A Mogule
B Mongolen
C Mogler
D Monegassen

97

Von Anfang an versuchten jedoch verschiedene indische Gruppen, einen eigenen, unabhängigen Staat zu gründen. Dem indischen Anwalt Mahatma Gandhi (1869 – 1948) gelang es schließlich, die Briten durch Demonstrationen und gewaltfreien Widerstand in die Knie zu zwingen. Indien wurde 1947 in die Unabhängigkeit entlassen. Gleichzeitig wurde auf dem Subkontinent auch der islamische Staat Pakistan gegründet.

Heute leben in ganz Indien fast 1,2 Milliarden Menschen, etwa 14 Millionen davon in der Hauptstadt Neu-Delhi.

Altes Ägypten

Ab dem Jahr 4000 v. Chr. entstanden in Ägypten mehrere kleine Königreiche, die sich um das Jahr 3150 v. Chr. zu einem großen ägyptischen Königreich zusammenschlossen. Von da an herrschten Pharaonen über das Land am Nil, das sich bald zu einer Hochkultur entwickelte. Immer größere und prachtvollere Städte entstanden, und durch Kriege gegen Nachbarvölker vergrößerte sich das Reich weiter.

Wie hieß die schönste Frau der Antike, Gattin von Echnaton?

A Hatschepsut
B Nofretete
C Etepetete
D Cleopatra

98

Zu den bekanntesten und mächtigsten Pharaonen gehören Echnaton, der zusammen mit seiner Frau Nofretete regierte, und Ramses II. Die letzte ägypti-

Sphinx und Pyramide

sche Herrscherin war Kleopatra (69 v. Chr. – 30 v. Chr.). Sie war auch für einige Jahre die Geliebte der Römer Julius Caesar und Marcus Antonius. Nach ihrem Tod wurde Ägypten eine römische Provinz.

Wie heißen die Schriftzeichen der alten Ägypter?

A Hieronymus
B Hypnose
C Hieroglyphen
D Hypertonie

99

Die Lebensader Ägyptens war übrigens damals der Nil: Der Fluss trat in regelmäßigen Abständen über die Ufer und hinterließ dann auf den Feldern fruchtbaren Schlamm. Waren die Felder wieder trocken, konnte man darauf hervorragend Getreide anbauen.

Die Ägypter kümmerten sich jedoch nicht nur darum, dass es ihnen im Hier und Jetzt gut ging, sondern glaubten auch an ein Leben nach dem Tod. Und sie waren davon überzeugt, dass der Körper dafür erhalten bleiben musste. Deshalb ließen sie sich einbalsamieren. So entstanden die berühmten Mumien, die uns auch heute noch eine Menge über das Leben der alten Ägypter verraten können – von ihrer Ernährung bis zu ihrem erstaunlichen medizinischen Wissen.

Die Sarkophage mit den Mumien wurden in Grabkammern mit vielen kostbaren Grabbeigaben für das Leben im Jenseits beigesetzt. Auch die berühmten Pyramiden von Gizeh bei Kairo waren nichts anderes als gigantische Grabbauten. Sie zählen zu den ältesten Bauwerken der Erde und gehören zu den sieben Weltwundern. Die große Cheopspyramide zum Beispiel wurde aus 2,5 Millionen Steinen gebaut und war 4000 Jahre lang das höchste Gebäude der Welt!

Pharaoh Statue

Dass wir heute so viel über das alte Ägypten wissen, liegt übrigens daran, dass diese Hochkultur zahlreiche schriftliche Zeugnisse hinterlassen hat. Und nachdem die Hieroglyphen-Schrift im 19. Jahrhundert entziffert worden war, konnte man aus den Papyrusrollen und Grabinschriften so einiges über ihr Leben, ihre Politik und ihre Religion erfahren.

Griechische Antike

Um das Jahr 1200 v. Chr. entstanden in Griechenland die ersten Städte, die sich zu eigenständigen Kleinstaaten entwickelten. Regiert wurde ein derartiger Stadtstaat, Polis genannt, von einem König oder von Bürgern, die dafür gewählt wurden. Einen griechischen Nationalstaat mit Namen „Griechenland“ gab es aber nicht.

Welchen Knoten hat Alexander der Große gelöst?

A Seemannsknoten
B Doppelknoten
C Gordischen Knoten
D Windsorknoten

100

Die wichtigsten der unabhängigen Stadtstaaten waren Korinth, Sparta und Athen. In diesen und den anderen „Poleis“ entwickelte sich ab dem Jahr 800 v. Chr. eine blühende Kultur. Die wichtigsten Philosophen, Wissenschaftler und Schriftsteller von damals sind uns heute noch bekannt: Sophokles und Aischylos beispielsweise

Parthenon in Athen

schrieben Theaterstücke, die heute noch gespielt werden. Philosophen wie Sokrates, Platon und Aristoteles deuteten die Welt und unterrichteten in Schulen. Ihre Ideen werden heute noch gelehrt und diskutiert. Die Olympischen Spiele verdanken wir übrigens auch den alten Griechen: 776 v. Chr. wurden sie dort zum ersten Mal ausgetragen.

Alexander der Große

Doch in den Poleis wurde nicht nur das kulturelle Leben gepflegt: Immer wieder führte man Kriege gegeneinander und auch gegen äußere Feinde. Dem Feldherrn Alexander dem Großen (356 – 323 v. Chr.) gelang es schließlich sogar, ein griechisches Großreich zu schaffen. Um ihn ranken sich viele Geschichten. Eine der berühmtesten ist die vom Gordischen Knoten:

Alexanders Feldzug führte ihn auch in die Stadt Gordion. Dort stand ein sagenumwobener Streitwagen mit einem angeblich unlösbaren Knoten an der Deichsel. Ein Orakelspruch besagte, dass derjenige, der diesen Knoten lösen könne, einmal das Perserreich erobern würde. Doch das war bislang noch niemandem gelungen. Alexander der Große versuchte erst gar nicht, den Knoten zu lösen, sondern durchschlug ihn einfach mit seinem Schwert – und eroberte tatsächlich Persien. Später folgten Ägypten und Teile Indiens.

Wie nennt man einen griechischen Stadtstaat?

A Taxis
B Polis
C Tunis
D Praxis

101

Mehrere Hundert Jahre später, im Jahr 146 v. Chr., wurde Griechenland dann zu einer Provinz des Römischen Reiches.

Dass die Griechen in der Antike sowohl politisch als auch kulturell eine so große Rolle spielen konnten, lag übrigens auch mit daran, dass die Mehrzahl der Bürger lesen und schreiben konnte – bemerkenswert für die damalige Zeit.

Römisches Reich

Um das Jahr 750 v. Chr. entwickelte sich die Stadt Rom in Italien zu einem mächtigen Königreich. Rom kontrollierte die Handelswege durch Italien und dehnte sich immer weiter aus. Um das Jahr 500 v. Chr. dann wurde aus dem Königreich eine Republik: Die Bürger schafften den König als Herrscher ab. Stattdessen regierten nun gewählte Konsuln und Senatoren. Sogar regelmäßige Volksversammlungen wurden damals abgehalten!

Forum Romanum

Bald beherrschte das Römische Reich große Teile des Mittelmeerraumes. Doch in Nordafrika gab es auch eine Großmacht, nämlich das Reich der Karthager, auch Punier genannt. Da Rom sich dort ebenfalls ausbreiten wollte, kam es zwischen 264 und 146 v. Chr. zu insgesamt drei Kriegen zwischen den Römern und den Karthagern.

Im zweiten dieser Punischen Kriege gelang es dem punischen Feldherrn Hannibal fast, das mächtige Rom zu erobern. Er marschierte mit einem riesigen Heer und vielen Kriegselefanten von Spanien aus über die Alpen nach Italien und konnte die Römer damit überraschen. Am Ende aber siegten die Römer und zerstörten Karthago.

Wer war lange Zeit die Geliebte von Julius Caesar?

- A Madonna
- B Kleopatra
- C Andorra
- D Iphigenie

102

Nach einer unruhigen Zeit mit vielen Bürgerkriegen kam der Feldherr Julius Caesar (100 – 44 v. Chr.) in Rom an die Macht.

Hast du das gewusst?

Schon bei den alten Römern, vor 2000 Jahren, gab es Wasserleitungen aus Stein, die frisches Trinkwasser von den Bergen in die Großstadt Rom transportierten. Auch die Abwasserentsorgung war sehr modern geregelt: Die Abwässer flossen in Kanälen aus der Stadt – allerdings nicht in Kläranlagen, sondern direkt ins Meer.

Dass er mit seinen Legionen unter anderem auch Gallien eroberte, weiß heute jeder – in dieser Zeit spielen ja die weltberühmten Geschichten von Asterix und Obelix.

Doch Caesar war so erfolgreich, dass einige Senatoren irgendwann befürchteten, er strebe die Alleinherrschaft in Rom an. Sie verschworen sich gegen ihn und ermordeten ihn.

Julius Caesar

Im Jahr 31 v. Chr. wurde Julius Caesars Großneffe Gaius Octavian, der später den Namen Augustus (der Erhabene) erhielt, zum ersten Kaiser des Römischen Reiches. Nach ihm ist übrigens unser Monat August benannt!

Augustus ist uns aus der Bibel bekannt, denn er ließ die Volkszählung durchführen, die Josef und die schwangere Maria nach Bethlehem führte.

Nach der Jahrtausendwende verbreitete sich auch im Römischen Reich das Christentum. Es wurde lange Zeit von den Kaisern bekämpft, bis Kaiser Konstantin der Große es im Jahr 324 n. Chr. zur Staatsreligion machte. Konstantin gründete auch die nach ihm benannte Stadt Konstantinopel, das heutige Istanbul.

Rom bestimmte viele Jahrhunderte lang die Geschicke eines großen Teils der Welt. Doch auch dieses mächtige Reich konnte nicht ewig überdauern: Um das Jahr 500 n. Chr. führten wirtschaftliche Probleme, die Völkerwanderung der Germanen nach Südeuropa und einige andere Ursachen zu seinem Untergang.

Mittelalter

→ Als Mittelalter bezeichnet man das Zeitalter zwischen Antike und Neuzeit. Es begann mit dem Untergang des Römischen Reiches um das Jahr 400 n. Chr. und endete ungefähr mit der Entdeckung Amerikas 1492 durch Christoph Kolumbus.

Was fand im Mittelalter statt, um das Heilige Land zu befreien?

A Eilzüge
B Schachzüge
C Kreuzzüge
D Gesichtszüge

103

Europa bestand im Mittelalter aus vielen Königreichen, deren Könige wiederum Untertanen des

Kaisers waren. Große Macht besaßen auch die Päpste. Sie stritten und kämpften immer wieder mit dem Kaiser oder den Königen um die Vorherrschaft.

Wie heißen rechtlose Bauern?

A Ökobauern
B Leibeigene
C Leibhaftige
D Almbauern

104

Das einfache Volk besaß damals kaum Rechte. Die Bauern waren oft Leibeigene, über deren Schicksal die Fürsten entscheiden konnten. Sie bestimmten nicht nur, wo ihre Leibeigenen wohnten, sondern sie mussten sogar vor einer Heirat um Erlaubnis gefragt werden! Im Gegensatz zur Antike konnten im Mittelalter auch nur wenige, sehr gebildete Menschen lesen und schreiben.

Im Laufe des Mittelalters entstanden um die Burgen von Rittern größere Städte wie Nürnberg und Magdeburg. Von den Burgen kommt übrigens auch die Bezeichnung „Bürger“: So nannte man im Mittelalter die Händler und Handwerker, die sich im Schutze einer Burg niederließen.

Das Christentum spielte im Europa des Mittelalters eine große Rolle im alltäglichen Leben der Menschen und auch in der Politik. Missionare, häufig waren es irische Wandermönche, sorgten für die Verbreitung des Christentums, und ab dem Jahr 1095 riefen Päpste christliche Ritter und ihre Anhänger immer wieder zu Kreuzzügen auf. Das waren Kriegszüge, mit denen Palästina und Jerusalem von den Sarazenen, den maurischen und arabischen Völkern islamischen Glaubens, zurückerobert werden sollten. Obwohl viele Tausend Menschen an den Kreuzzügen teilnahmen, wurde dieses Ziel jedoch nur zum Teil erreicht.

Karl der Große

Der wichtigste Herrscher des Mittelalters war Karl der Große (747 – 814 n. Chr.). Er schuf ein großes Reich und führte allgemeingültige Gesetze und eine einheitliche Währung ein.

Renaissance

Im 14. und 15. Jahrhundert kam es, zunächst in Italien, zu großen Veränderungen. Kleine Stadtstaaten wie Venedig, Genua oder Florenz wuchsen und wurden mächtiger. Entscheidend für ihre kulturelle Entwicklung war aber, dass viele Gelehrte aus Konstantinopel und anderen Städten nach Italien flohen, nachdem das Osmanische Reich ihre Heimat erobert hatte. Sie brachten wahre Schätze mit: wertvolle alte Bücher von griechischen und römischen Autoren der Antike.

Von dem erstaunlichen Wissen in diesen Büchern waren viele Bürger sehr beeindruckt. Sie erkannten, dass die Menschen der Antike alles andere als ungebildet gewesen waren und oft sogar viel mehr gewusst hatten als sie selbst. Dieses Wissen war im Laufe des Mittelalters, also in den letzten 1000 Jahren, verloren gegangen. Nun aber begannen die Künstler und Wissenschaftler in den italienischen Städten, ihren antiken Vorbildern nachzueifern.

Wie heißt das berühmteste Bild von Leonardo da Vinci?

- **A** Dona Mona
- **B** Lisa Mono
- **C** Mona Lisa
- **D** Momo Lisa

105

Zu den berühmtesten dieser Künstler und Wissenschaftler gehörten das Allround-Genie Leonardo da Vinci und der Maler und Bildhauer Michelangelo. Sie malten ganz neuartige Bilder. Darauf waren nicht, wie im Mittelalter üblich, idealisierte, vereinfachte Figuren zu sehen, sondern echte Menschen.

Welches Zeitalter endete mit der Renaissance?

- **A** Steinzeit
- **B** Eiszeit
- **C** Altertum
- **D** Mittelalter

106

Wie in der Antike legten die Menschen jetzt auch wieder viel Wert auf Bildung und richteten neue Bibliotheken und Schulen ein. Und immer mehr Wissenschaftler begannen, die Welt zu erforschen.

Leonardo da Vinci

Im Mittelalter hatten die Menschen ihre Hoffnungen stark auf das Leben nach dem Tod gerichtet – nun, in der Renaissance, entdeckten viele Bürger die Freude am Leben in der Gegenwart. Sie genossen das Leben mit gutem Essen, Kunst und Musik. Dieses neue Lebensgefühl verbreitete sich von Italien aus in ganz Europa. Man nannte es Renaissance (Wiedergeburt), weil man an die vergessenen Traditionen der Antike wieder anknüpfen wollte.

Reformation

Am Anfang des 16. Jahrhunderts kritisierte ein junger Mönch namens Martin Luther (1483 – 1546) die Missstände in der katholischen Kirche. Und er hatte allen Grund dazu: Viele Geistliche waren kein Vorbild für ihre Gemeinde, sondern führten ein sehr unchristliches Leben.

Was Luther vor allem störte, war aber etwas anderes: der Handel mit den Ablassbriefen. Sie wurden im Auftrag des Papstes verkauft und sollten angeblich dem, der sie teuer kaufte, die Zeit „in der Hölle" verkürzen. Sündenerlass gegen Geld also!

Gegen welche Briefe ging Martin Luther vor?

- A gegen blaue Briefe
- B gegen Drohbriefe
- C gegen Ablassbriefe
- D gegen Eilbriefe

107

Darüber hinaus fand Luther es nicht richtig, dass die Kirche zwar über das Leben der Menschen bestimmte, dass die Gläubigen die Bibel selbst aber gar nicht lesen konnten, weil es sie nur in lateinischer Sprache gab. Und auch die Gottesdienste wurden auf Latein, nicht auf Deutsch abgehalten.

Martin Luther

Aus all diesen Gründen forderte Martin Luther eine Erneuerung (Reformation) der Kirche und eine Hinwendung zum Glauben. Damit brachte er den Papst und viele Kirchenmänner gegen sich auf und er sollte als Ketzer bestraft werden. Nur der Hilfe des sächsischen Fürsten Friedrichs des Weisen hatte Luther es zu verdanken, dass er entkommen konnte. Unter dem Pseudonym „Junker Jörg" lebte er versteckt auf der Wartburg und übersetzte dort die Bibel ins Deutsche. Seine Übersetzung konnte sich nach der Erfindung des Buchdrucks überall verbreiten: Die deutschsprachige Bibel wurde zum ersten Bestseller der Geschichte.

Viele Menschen in Deutschland teilten Luthers Kritik an der katholischen Kirche. Sie wandten

Wartburg

sich von ihr ab und begründeten aus Protest eine neue Kirche – deshalb wurden sie auch Protestanten genannt. Sie hatten mit dem Papst einen sehr mächtigen Gegner, aber die Reformbewegung – und damit die Spaltung der Kirche – war nicht mehr aufzuhalten. Eine neue Kirche entstand, heute evangelische Kirche genannt, und Martin Luther wurde zu ihrem großen Vorbild.

Wo hat Martin Luther die Bibel übersetzt?

A in Rom
B auf der Wartburg
C in Jerusalem
D in Mittelerde

108

Aufklärung

Trotz der Reformation beherrschten auch im 17. und 18. Jahrhundert Kirche und Adel die Menschen in Europa. Aber nun kritisierten immer mehr Philosophen die Vorherrschaft von Kirche und Adel – und auch das blinde Vertrauen der Bevölkerung in die Obrigkeit und in Traditionen. Diese Aufklärer forderten die Menschen auf, nicht länger alles zu glauben, was Herrscher und Geistliche verkündeten. Selbst denken, die eigene Vernunft und den eigenen Verstand benutzen, das war das Motto.

Was sollte jeder Mensch laut Immanuel Kant einsetzen?

A seinen Glauben
B seinen Beruf
C seinen Verstand
D sein Vermögen

109

Die führenden Köpfe der Aufklärung in Frankreich waren Voltaire (1694 – 1778), Jean-Jacques Rousseau (1712 – 1778) und René Descartes (1596 – 1650). Der bekannteste deutsche Philosoph dieser Zeit war Immanuel Kant (1724 – 1804). Er schrieb mehrere Bücher über die Möglichkeiten und Grenzen der Vernunft. Den Begriff Aufklärung definierte er so: „Aufklärung ist der Ausgang des Menschen aus seiner selbstverschuldeten Unmündigkeit. Unmündigkeit ist das Unvermögen, sich seines Verstandes ohne Leitung eines anderen zu bedienen. […] Habe Mut, dich deines eigenen Verstandes zu bedienen!“

Tatsächlich fielen die Gedanken der Aufklärer auf fruchtbaren Boden und verbreiteten sich bald. Das hatte einen großen Einfluss auf die europäische Geschichte, denn das Denken der Menschen veränderte sich tatsächlich. Damit wurde auch der Weg frei für gesellschaftliche und politische Reformen – und für das wissenschaftlich-technische Zeitalter.

Absolutismus

Im 17. Jahrhundert gab es in der Gesellschaft Frankreichs drei Stände. Den ersten Stand bildeten die Geistlichen, den zweiten Stand bildete der Adel und den dritten die Bürger, Handwerker, Bauern und Arbeiter. Die Mitglieder des ersten und zweiten Standes brauchten keine Steuern zu zahlen. Aber sie verloren ihren Einfluss: Die französischen Könige rissen die ganze Macht im Staat an sich. Statt der Fürsten kontrollierten nun besondere Gesandte, die Intendanten, die einzelnen Landesteile und trieben die Steuern für den König ein.

Wie wurde Ludwig XIV. genannt?

A Lilienkönig
B Luxuskönig
C Sonnenkönig
D Perückenkönig

110

Die katholische Kirche unterstützte dieses absolute Machtstreben. Sie erklärte dem Volk sogar, Gott selbst habe den König eingesetzt. Damit war klar: Wer an Entscheidungen des Königs zweifelte, der kritisierte Gott selbst und musste dafür hart bestraft werden!

Wer kontrollierte die französischen Provinzen?

A die Intriganten
B die Sextanten
C die Intendanten
D die Protestanten

111

Der König war zugleich Regierungschef, Gesetzgeber und oberster Richter. Da er die absolute Macht besaß, erhielt diese Staatsform den Namen „Absolutismus“. Und damit sich niemand gegen die Alleinherrschaft des Königs erhob, gab es ein stehendes Heer – das jederzeit auch gegen die eigene Bevölkerung eingesetzt werden konnte.

König Ludwig XIV.

Seinen Höhepunkt erreichte der Absolutismus unter König Ludwig XIV. (1638 – 1715), der sich

Schloss Versailles

in Versailles bei Paris ein prunkvolles Schloss bauen ließ. Dort mussten sich 20 000 Adelige und Diener um ihn kümmern! Da er den Luxus liebte und teure Feste feierte, wurde er „Sonnenkönig" genannt.

Bald eiferten die Könige und Königinnen von Preußen, Österreich, Russland und anderen europäischen Ländern dem Vorbild Ludwigs XIV. nach. Aber die Epoche der Aufklärung ging nicht an allen Machthabern spurlos vorbei: Im 18. Jahrhundert zeigten sich einige von ihnen etwas verantwortungsvoller im Umgang mit ihrer Macht. Aus dem Absolutismus wurde ein „aufgeklärter Absolutismus". Der bekannteste aufgeklärte Herrscher war Friedrich II. von Preußen (1712 – 1786), auch Friedrich der Große genannt. Er sah sich als oberster und erster Diener seines Staates und versuchte, ihn durch zahlreiche Reformen zu modernisieren. Zum Beispiel führte er die Schulpflicht ein und gewährte seinen Untertanen Glaubensfreiheit.

Französische Revolution

Frankreich wurde Ende des 18. Jahrhunderts von König Ludwig XIV. absolutistisch regiert. Aber das Land war hoch verschuldet, denn die höfischen Feste, das Heer und auch die vielen Beamten kosteten sehr viel Geld. Bezahlen mussten das ausschließlich die Bürger und Bauern, denn Adel und Geistlichkeit waren von allen Steuerabgaben befreit.

Was wurde durch die Französische Revolution abgeschafft?

A Demokratie
B Monarchie
C Republik
D Diktatur

112

Die Bevölkerung litt immer mehr unter dieser Last, und die Lage wurde immer schwieriger. Als dann die Salzsteuer wieder einmal erhöht wurde und wegen einer Missernte auch noch der Brotpreis stieg, gingen die Bürger auf die Barrikaden und begannen sich zu organisieren. Am 17. Juni 1789 beriefen sie eine Nationalversammlung ein. Dort forderten sie, dass die Monarchie (Königsherrschaft) abgeschafft werden sollte. Stattdessen wollten sie eine Republik gründen. Der König ließ daraufhin Soldaten aufmarschieren, um das zu verhindern.

Aber als die Bürger am 14. Juli 1789 die Bastille stürmten – ein altes Pariser Gefängnis, das als Symbol für die Unterdrückung galt –, griffen die Soldaten nicht ein. Sie standen nämlich auf der Seite des Volkes. Und so gelang es den französischen Bürgern, die Macht im Land zu erringen. Ihr Motto lautete: Freiheit, Gleichheit, Brüderlichkeit!

Am 26. August 1789 verkündete die Nationalversammlung die Erklärung der Menschen- und Bürgerrechte. Der König wurde verhaftet und vier Jahre später hingerichtet. Und er war nicht der Einzige, der während der Revolution starb:

Napoleon Bonaparte

Bis zum Juli 1794 ließ der Revolutionär Maximilien de Robespierre Tausende von Bürgern und Adeligen als Gegner der Revolution hinrichten. Doch auch seine Schreckensherrschaft wurde blutig beendet: Er endete ebenfalls auf dem Schafott.

Im Jahr 1799 gelang es dann dem General Napoleon Bonaparte, die Macht zu übernehmen und die Revolution zu beenden. Aber Frankreich war durch die Revolution bereits zu einem modernen Staat und zu einem Vorbild für andere demokratische Staaten geworden.

Welches Gefängnis wurde am 14. Juli 1789 erstürmt?

- **A** Stadelheim
- **B** Sing Sing
- **C** Alcatraz
- **D** Bastille

113

Bürgerliche Revolution

➔ Nachdem Preußen, England, Österreich und Russland Napoleon besiegt hatten, trafen sich die Vertreter vieler europäischer Staaten 1815 zu einem großen Kongress in Wien. Unter Leitung des Fürsten Klemens von Metternich wurde dort beschlossen, dass man die alten Zustände wiederherstellen wollte, die vor Napoleons Eroberungen in Europa geherrscht hatten. Das bedeutete: Die Macht des Adels wurde gestärkt und die Bürgerrechte, die Napoleon mit seinem Gesetzeswerk, dem Code civil, eingeführt hatte, wurden wieder abgeschafft. Die deutschen Fürstentümer und die freien Städte fasste man zu einer losen Vereinigung zusammen, dem Deutschen Bund.

Viele Bürger hatten die Hoffnung, dass aus den zahlreichen deutschen Königreichen und kleinen Fürstentümern nun endlich ein deutscher Nationalstaat entstehen würde. Aber dazu kam es nicht. Das Reisen und der Handel wurden immer noch durch Grenzen und Zölle behindert.

Nationalversammlung

Als es dann in Frankreich 1848 zur Revolution kam, war das wie ein Signal für viele Bürger der deutschen Staaten. Auch sie stellten nun Forderungen: Sie wollten einen deutschen Nationalstaat, eine Verfassung und demokratische Bürgerrechte für die Bewohner aller Kleinstaaten.

Nach dem Vorbild Frankreichs beriefen auch die deutschen Revolutionäre – zu denen viele Künstler und Intellektuelle gehörten, zum Beispiel der Komponist Richard Wagner – eine Nationalversammlung ein. Sie fand 1848 in der Paulskirche in Frankfurt am Main statt. Doch im Juli 1849 rückten preußische und österreichische Truppen in die Fürstentümer und Städte ein und schlugen die Revolution blutig nieder. Es dauerte dann noch bis zum Jahr 1871, bis mit dem Deutschen Kaiserreich ein deutscher Nationalstaat gegründet wurde.

Hast du das gewusst?

Der Engländer Richard Trevithick baute 1804 die erste Dampflokomotive. Aber sie war zu schwer für die Schienen. Erst über 20 Jahre später konnte der erste Personenzug zwischen Stockton und Darlington (England) verkehren.

Wo tagte 1848 die deutsche Nationalversammlung?

A Berliner Reichstag
B Münchner Frauenkirche
C Frankfurter Paulskirche
D Kölner Dom

114

Industrielle Revolution

Die Erfindung der Dampfmaschine im 18. Jahrhundert veränderte das Leben der Menschen von Grund auf. Bis dahin hatte es zwar Wind- und Wassermühlen gegeben, die Maschinen antreiben konnten – diese konnten aber nur an den Küsten oder an Flüssen gebaut werden. Dank der Dampfmaschine stand nun plötzlich Maschinenkraft immer und überall zur Verfügung. Deshalb konnten sich Werkstätten und Handwerksbetriebe jetzt zu richtigen Fabriken entwickeln, den Manufakturen.

Welche Erfindung machte die Industrielle Revolution möglich?

A Rasenmäher
B Waschmaschine
C Dampfmaschine
D Bohrmaschine

115

Stoffe und Werkzeuge wurden mit mechanischen Webstühlen und dem Dampfhammer in großen Stückzahlen und zugleich schnell und preisgünstig hergestellt und mit der Eisenbahn in alle Landesteile transportiert. Dadurch wurden jedoch viele Handwerker arbeitslos. Sie mussten in die Städte ziehen, wo die großen Fabriken entstanden, und sich als einfache Arbeiter verdingen. So wuchsen in Europa die Städte, während auf dem Land immer weniger Menschen lebten.

Manufaktur

Dieser tiefgreifende Wandel von einer Gesellschaft aus Handwerkern und Bauern zu einer Industriegesellschaft wird Industrielle Revolution genannt. Um das Jahr 1900 herum war sie in Europa und den USA vorläufig abgeschlossen.

Deutsches Kaiserreich

Das Deutsche Kaiserreich, der erste deutsche Nationalstaat, wurde 1871 gegründet und hatte bis 1918 Bestand.

Vorher gab es in Deutschland viele verschiedene Reiche und Fürstentümer. Im Norden existierte der Norddeutsche Bund, eine Vereinigung aus 19 deutschen Königreichen und Fürstentümern und drei freien Reichsstädten. Das mächtigste Königreich dieses Bundes war Preußen mit König Wilhelm I. an der Spitze. Den Süden hingegen beherrschten die Königreiche Bayern und Württemberg und das Großherzogtum Baden.

Wo wurde Wilhelm I. zum deutschen Kaiser gekrönt?

A in Berlin
B in Versailles
C in Kaiserslautern
D in Wilhelmshaven

116

Als es 1870 zu einem Krieg zwischen Frankreich und dem Norddeutschen Bund kam, gelang es dem preußischen Kanzler Otto von Bismarck, die süddeutschen

Länder dazu zu überreden, gemeinsam mit dem Norddeutschen Bund gegen Frankreich zu kämpfen. Die vereinigten Armeen konnten Frankreich schlagen, und Bismarck nutzte den Sieg und die Gunst der Stunde: Er überzeugte alle Verbündeten davon, dass es an der Zeit sei, endlich einen deutschen Nationalstaat zu gründen. Tatsächlich willigten alle Beteiligten ein und Bismarck konnte den preußischen König zum Deutschen Kaiser Wilhelm I. krönen.

König Wilhelm I.

Eine Reichshauptsstadt brauchte man natürlich auch. Die Wahl fiel auf Berlin, die preußische Hauptstadt. Bismarck begann sofort damit, einheitliche Regelungen und Gesetze für das neue Reich zu schaffen. Zum Beispiel wurden die verschiedenen Währungen der einzelnen Länder durch die Mark ersetzt. Außerdem wurde die Rentenversicherung eingeführt.

Als Kaiser Wilhelm I. 1888 starb, folgte ihm sein Sohn Friedrich III. auf den Thron, aber der neue Herrscher starb schon nach 99 Tagen. Als dessen Sohn Wilhelm II. Kaiser wurde, hatte das schwerwiegende Folgen: Er entließ Bismarck und übernahm selbst zahlreiche Regierungsaufgaben. Sein Ziel war es, Deutschland zu einer Großmacht zu machen. Das gefiel anderen Ländern wie Großbritannien oder Frankreich natürlich überhaupt nicht. Das Aufrüstungsprogramm Wilhelms II. und andere politische Spannungen in Europa führten schließlich 1914 zum Ausbruch des Ersten Weltkriegs. 1918 zeichnete sich die Niederlage Deutschlands ab – der Kaiser musste zurücktreten.

Welche Neuerungen hat Otto von Bismarck eingeführt?

- **A** Krankenversicherung
- **B** Arbeitslosengeld
- **C** Rentenversicherung
- **D** Urlaubsanspruch

117

Erster Weltkrieg

→ Um 1910 bildeten sich in Europa zwei mächtige Bündnissysteme. Auf der einen Seite waren das Deutschland, Österreich-Ungarn und Italien, auf der anderen Seite Frankreich, Russland und England. Beide

Kriegsgräber in Verdun (Frankreich)

Bündnisse wollten die Vorherrschaft in Europa und beide unternahmen große Anstrengungen, um ihr Ziel zu erreichen. Zwischen England und Deutschland kam es beispielsweise zu einem Wettrüsten um die größte Flotte.

Wo fanden im Ersten Weltkrieg die blutigsten Schlachten statt?

- A Malta
- B Frankreich
- C Schottland
- D Island

118

Die Spannungen wurden immer größer und ein Krieg wurde immer wahrscheinlicher. Der entscheidende Auslöser für den Ersten Weltkrieg war schließlich das Attentat vom 28. Juni 1914 auf den österreichischen Kronprinzen Franz Ferdinand und seine Frau in Sarajewo in Serbien. Österreich-Ungarn erklärte Serbien daraufhin den Krieg. Dieser Krieg weitete sich aus, weil Serbien Bündnisverträge mit Frankreich, Russland und Großbritannien hatte. Diese Staaten erklärten nun wiederum Österreich-Ungarn den Krieg. Und Deutschland stand Österreich-Ungarn bei. Die Bündnispolitik führte auf diese Weise innerhalb kurzer Zeit zu einem europäischen Krieg. Als sich später dann auch noch die USA, Japan, das Osmanische Reich und andere Länder am Krieg beteiligten, wurde daraus ein Weltkrieg.

Soldat im Ersten Weltkrieg

Zunächst sah es so aus, als würden die sogenannten Mittelmächte (Deutschland, Österreich, Osmanisches Reich, Bulgarien) erfolgreich sein. Dann blieb jedoch der deutsche Vormarsch in Frankreich stecken und wurde zu einem Stellungskrieg: Millionen von Soldaten starben, ohne dass sich der Frontverlauf nennenswert änderte. Dass es im Ersten Weltkrieg so viele Tote gab wie nie zuvor, lag aber vor allem an den modernen Waffen wie Maschinengewehr, Panzer und Flugzeug. Sogar Giftgas wurde von beiden Seiten eingesetzt.

Im November 1918 waren die Mittelmächte dann derart geschwächt, dass sie einem Waffenstillstand zustimmten. Im Juni 1919 unterschrieben sie den Vertrag von Versailles. Darin stand, dass Deutschland und die Mittelmächte die Alleinschuld am Ersten Weltkrieg trugen, obwohl die Siegermächte am Ausbruch des Krieges mitschuldig gewesen waren. Die Konsequenzen für Deutschland waren gravierend: Deutschland musste hohe Wiedergutmachungszahlungen (Reparationen) leisten, durfte nur noch ein kleines Heer haben und musste einige Gebiete an die Siegermächte abtreten.

Russische Revolution

Zu Beginn des 20. Jahrhunderts wurde Russland von Zar Nikolaus II. streng regiert: Die Polizei überwachte die Bürger, die Bauern hatten kaum Rechte. Nach dem Ausbruch des Ersten Weltkriegs (1914) verschlechterte sich die Lage der Bevölkerung noch mehr, denn die Lebensmittel wurden knapp. Außerdem musste Russland im Krieg viele Niederlagen

Lenin und Stalin

gegen Deutschland einstecken. Im Februar 1917 kam es zu Aufständen gegen den Zaren und seine Regierung. Die Aufständischen hatten das Glück, dass die Soldaten auf ihrer Seite waren: Sie weigerten sich, gegen das Volk vorzugehen. So kam es, dass im März der Zar abdanken musste. An seine Stelle trat eine Regierung aus Bürgern und Arbeitern.

Welche Herrscher regierten rund 300 Jahre lang Russland?

A die Tataren
B die Kanaren
C die Zaren
D die Barbaren

119

Doch dieser Schritt ging den russischen Kommunisten unter Führung von Lenin (1870 – 1924) nicht weit genug. Im Oktober 1917 rissen sie in einer Revolution die Macht in vielen Städten an sich. Im ganzen Land durchsetzen konnten sie sich aber erst in einem Bürgerkrieg, der bis zum Jahr 1922 dauerte. Dann wurde die Sowjetunion, ein kommunistischer Staat, gegründet.

Weimarer Republik

Als der Erste Weltkrieg (1914 – 1918) zu Ende war, war auch Deutschland am Ende. Kaiser Wilhelm II. musste zurücktreten und ging ins niederländische Exil. Aufstände und Revolutionen erschütterten das Land. Arbeiter und Soldaten forderten die Gründung eines neuen, demokratischen Staates. Am 9. November 1918 rief dann der Sozialdemokrat Philipp Scheidemann in Berlin die Republik aus. Aber die Sozialisten unter der Führung von Karl Liebknecht und Rosa Luxemburg verlangten, dass Deutschland ein sozialistischer Staat werden sollte. Erst 1919 konnten sich die Sozialdemokraten mithilfe der Reichswehr durchsetzen.

Karl Liebknecht bei einer Rede

Die wichtigsten Versammlungen fanden damals nicht in Berlin, sondern in Weimar statt. Darum bekam der neu gegründete deutsche Staat den Namen „Weimarer Republik“. An der Spitze des Staates stand der Reichspräsident. Er besaß sehr viel Macht: Er konnte sogar den Kanzler entlassen und das Parlament auflösen.

Von Anfang an hatte der demokratische Staat viele Gegner im eigenen Land. Auf der politisch linken Seite kämpfte die Kommunistische Partei (KPD) für eine Revolution. Auf der rechten Seite stand die Nationalsozialistische Deutsche Arbeiterpartei (NSDAP) und suchte nach Wegen, um eine Diktatur zu errichten. Nur ein Teil der Parteien, darunter die SPD und die Zentrumspartei, vertrat tatsächlich demokratische Grundsätze.

Was zahlte Deutschland an die Siegermächte?

- **A** Attraktionen
- **B** Dublonen
- **C** Reparationen
- **D** Sensationen

120

Hinzu kam, dass es dem Land schlecht ging: Viele Menschen litten unter den Folgen des Ersten Weltkriegs und der schlechten wirtschaftlichen Lage in den 1920er-Jahren. Es gab viele Arbeitslose. Darüber hinaus hatten die Siegermächte Deutschland im Vertrag von Versailles harte Bedingungen auferlegt: Hohe Reparationszahlungen mussten geleistet werden. All das führte mit dazu, dass die demokratischen Kräfte in den 1930er-Jahren im Reichstag an Macht verloren. Stattdessen konnte sich die NSDAP unter Führung von Adolf Hitler durchsetzen. Der Reichspräsident Paul von Hindenburg ernannte ihn 1933 zum Reichskanzler. Damit war die erste deutsche Republik am Ende, denn Hitler errichtete eine Diktatur.

Wer besaß in der Weimarer Republik die größte Machtfülle?

- **A** Adolf Hitler
- **B** Reichspräsident
- **C** Albert Einstein
- **D** Bundeskanzler

121

Nationalsozialismus

Der Nationalsozialismus ist eine politische Ideologie, die in der ersten Hälfte des 20. Jahrhunderts entwickelt wurde – mit schrecklichen Folgen für die ganze Welt. Denn einer ihrer Anhänger war Adolf Hitler (1889 – 1945), der 1933 zusammen mit seiner Partei, der Nationalsozialistischen Deutschen Arbeiterpartei (NSDAP), die Macht in Deutschland übernahm und eine Schreckensherrschaft errichtete.

Adolf Hitler stand als Führer an der Spitze des Staates und traf alle wichtigen Entscheidungen. Gegner wurden von der Geheimen Staatspolizei (Gestapo) gnadenlos verfolgt und oft zum Tode verurteilt. Trotzdem glaubte

Hindenburg und Hitler

damals ein Großteil der Deutschen den Lügen und Versprechen der Nationalsozialisten und verehrte Hitler wie einen Heiligen. Es gab aber auch Widerstandskämpfer, die mit Flugblättern und Attentaten gegen den Nationalsozialismus kämpften und dabei ihr Leben riskierten.

Was gab es in der Zeit des Nationalsozialismus nicht?

- **A** Politische Aufmärsche
- **B** Rüstungsprogramme
- **C** Meinungsfreiheit
- **D** Rundfunkansprachen

122

Der Nationalsozialismus ist eine menschenverachtende Überzeugung, die weiße Menschen, vor allem aber Deutsche, für eine „hochwertige Herrenrasse" hält, „Arier" genannt. Juden, Farbige und Osteuropäer werden dagegen als „minderwertig" angesehen. Meinungsfreiheit, Demokratie und religiöse und politische Überzeugungen, die von den herrschenden abweichen, werden abgelehnt und gewaltsam bekämpft.

Deportation von Juden

Das Ziel der Nationalsozialisten war die Ermordung der Juden, die sie für alles Schlechte in der Welt verantwortlich machten. Die Nationalsozialisten richteten Konzentrationslager ein, in denen sie Juden, aber auch Roma, Sinti und Homosexuelle einsperrten und ermordeten. Bis 1945 wurden in diesen Lagern 6 Millionen Menschen umgebracht.

Angriff auf Polen

Doch nicht nur im eigenen Land wüteten die Nationalsozialisten: Am 1. September 1939 überfiel die deutsche Wehrmacht Polen. Das war der Beginn des Zweiten Weltkriegs. Hitlers Ziel war zunächst, die Herrschaft über große Teile Europas zu erlangen – und danach die Weltherrschaft. Dieser größenwahnsinnig angelegte Krieg war jedoch nicht zu gewinnen. 1945 konnten die Alliierten unter der Führung Englands und der USA Deutschland besiegen. Damit ging auch der Nationalsozialismus unter.

Wie nannten die Nazis die angebliche „Herrenrasse"?

A Arier
B Berier
C Cerier
D Derier

123

Leider gibt es aber auch heute Menschen, die Neonazis, die noch immer an diese menschenverachtende Ideologie glauben.

Zweiter Weltkrieg

Der Zweite Weltkrieg war mit Abstand der größte Krieg der Weltgeschichte. Er dauerte von 1939 bis 1945. Begonnen wurde er vom Deutschen Reich unter der Führung von Adolf Hitler. Sein Ziel war es, zuerst große Teile Europas zu erobern und dann die ganze Welt zu beherrschen. Zu diesem Zweck verbündete Deutschland sich mit Japan und Italien. Diese drei bildeten die Achsenmächte. Ihre Gegner waren die Alliierten, die von Großbritannien und den USA angeführt wurden.

Hitlers Kriegszug begann zunächst erfolgreich für die Achsenmächte: Deutsche Truppen marschierten in Polen, den Niederlanden, in Luxemburg, Belgien und Frankreich ein. Dänemark und Norwegen wurden ebenfalls besetzt. Und in den Gebieten, die die deutsche Wehrmacht besetzte, wurde sofort mit der Verfolgung und der Ermordung der jüdischen Bevölkerung begonnen.

Deutscher Soldat

Mit der Sowjetunion hatte Hitler einen Nichtangriffspakt geschlossen. Dann versuchte er, England zu erobern, aber dieser Versuch schlug fehl. Dafür dehnte Hitler den Krieg nach Süden aus und fiel in Jugoslawien und Griechenland ein. Und trotz des Nichtangriffspaktes überfiel Deutschland im Juni 1941 auch die Sowjetunion. Als Deutschlands Verbündeter Japan im Dezember 1941 einen Überraschungsangriff auf Pearl Harbor unternahm, eine amerikanische Marinebasis auf Hawaii, traten auch die USA in den Krieg ein.

Wie wurden Deutschland und seine Verbündeten genannt?

A Achsenmächte
B Büchsenmächte
C Supermächte
D Finstere Mächte

124

Nach anfänglichen Erfolgen blieb der deutsche Angriff im Osten schließlich bei der Stadt Stalingrad stecken. Die deutsche Armee wurde eingeschlossen, die Sowjetunion ging zum Gegenangriff über und konnte die Wehrmacht schließlich zurückschlagen. Anfang des Jahres 1945 erreichte die Rote Armee ihrerseits deutsches Staatsgebiet.

Wie hieß die Armee der Sowjetunion?

A Blauhelme
B Braune Armee
C Rote Armee
D Schnelle Eingreiftruppe

125

Im Juni 1944 landeten alliierte Truppen in der Normandie und begannen mit der Rückeroberung Frankreichs. Die Wehrmacht musste nun an zwei Fronten kämpfen. Gleichzeitig konnten die USA im Pazifik die Japaner zurückdrängen.

Im April 1945 schließlich erreichte die Rote Armee Berlin, wo Adolf Hitler am 30. April

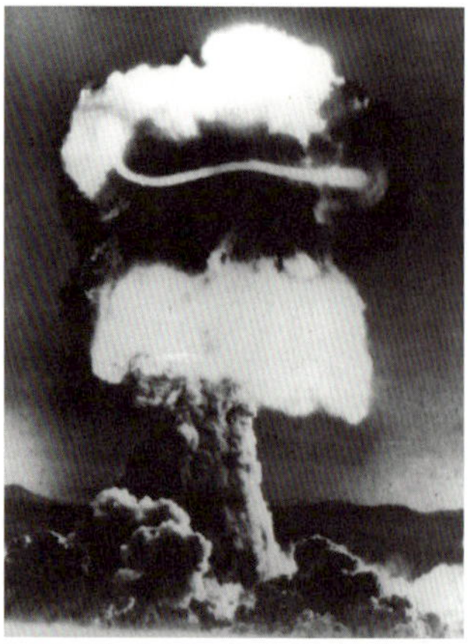

Explosion einer Atombombe

1945 Selbstmord beging. Die deutsche Wehrmacht kapitulierte am 8. Mai 1945 und damit war der Zweite Weltkrieg in Europa zu Ende. Im Pazifik dauerte der Krieg jedoch noch bis zum August 1945. Er endete erst mit dem Abwurf von zwei amerikanischen Atombomben auf die japanischen Städte Nagasaki und Hiroshima. Insgesamt verloren im Zweiten Weltkrieg fast 60 Millionen Menschen ihr Leben.

Kalter Krieg

Nach dem Ende des Zweiten Weltkriegs verschärfte sich der Konflikt zwischen den USA, den anderen westlichen Ländern und der Sowjetunion um die Vorherrschaft in der Welt. Denn während Amerika und seine Verbündeten demokratische Staatsformen hatten und marktwirtschaftlich organisiert waren, war die Sowjetunion ein kommunistischer Staat mit einer Planwirtschaft.

Welcher amerikanische Präsident regierte 1962 während der Kuba-Krise?

A Jimmy Carter
B Bill Clinton
C John F. Kennedy
D Theodore Roosevelt

126

Nach dem Sieg über das nationalsozialistische Deutschland versuchten alle Siegermächte, ihren Einfluss auf andere Staaten zu vergrößern. Und sie begannen mit einem Wettrüsten, bei dem es darum ging, dem jeweils anderen Block militärisch überlegen zu sein.

Mittelstreckenrakete

Neben konventionellen Waffen setzten sie dabei vor allem auf Atombomben. Als die Sowjetunion 1962 Mittelstreckenraketen auf Kuba stationierte, in der Karibik ganz in der Nähe der USA, wurde der Kalte Krieg fast zu einem heißen. Erst in letzter Minute zogen die Sowjets ihre Raketen zurück.

In den 1970er-Jahren kam es zu einer Entspannung der Lage. Das war nicht zuletzt dem deutschen Bundeskanzler Willy Brandt mit seiner Ostpolitik zu verdanken.

Nahostkonflikt

Bis zum Jahr 1947 gab es keinen eigenen jüdischen Staat: Die Juden lebten in der ganzen Welt verstreut, die meisten in Europa und in den USA. Ende des 19. Jahrhunderts jedoch wanderten viele von ihnen in Palästina ein. Zu biblischen Zeiten, vor mehr als 2500 Jahren, hatte dort das Königreich Israel existiert und die Einwanderer wollten hier einen neuen israelischen Staat gründen. Nach dem Ersten und vor allem nach dem Zweiten Weltkrieg, in dem viele Millionen Juden verfolgt und ermordet worden waren, kamen viel mehr jüdische Einwanderer nach Palästina, das damals von Großbritannien verwaltet wurde.

Im November 1947 beschlossen die Vereinten Nationen (UNO) die Gründung eines israelischen und eines palästinensischen Staates. Doch die beiden Seiten konnten sich weder über die Grenzen noch über andere Bedingungen einigen. Vereinzelt brachen sogar Kämpfe zwischen Juden und Palästinensern aus. Die jüdische Seite setzte sich dabei durch und gründete 1948 den Staat Israel.

Jüdische Einwanderer in Israel

Daraufhin griffen mehrere arabische Nachbarländer den jungen Staat an. Israel aber konnte die Angriffe abwehren und zusätzlich große Teile Palästinas erobern. Dabei wurden mehr als 750 000 Palästinenser vertrieben. Die meisten lebten und leben noch in Flüchtlingslagern im Gazastreifen und im Westjordanland.

Seither bekämpfen sich beide Seiten. Tausende von Zivilisten und Soldaten sind mittlerweile Anschlägen und Kriegen zum Opfer gefallen. Trotz vieler Vermittlungsversuche der USA und europäischer Staaten konnte der Konflikt bis heute nicht gelöst werden. Viele Politiker hoffen, dass die Gründung eines Palästinenserstaates bald den ersehnten Frieden bringt.

Bundesrepublik Deutschland

Am 8. Mai 1945 endete der Zweite Weltkrieg mit der Kapitulation der deutschen

Wehrmacht. Die vier Siegermächte (USA, Großbritannien, Sowjetunion und Frankreich) hatten schon vorher beschlossen, Deutschland nach dem Krieg in vier Zonen aufzuteilen. Die Sowjetunion erhielt Ostdeutschland und die westlichen Siegermächte unterteilten Westdeutschland in drei Zonen. Die Hauptstadt Berlin wurde ebenfalls in vier Sektoren geteilt. Dadurch, so hofften die Siegermächte, sollte das Land besser kontrollierbar sein.

Gründungsväter der BRD

Doch sehr bald schon verschärfte sich der Kalte Krieg und das führte dazu, dass die westlichen Länder ihre drei Zonen vereinten. In dieser sogenannten Trizone wurde am 24. Mai 1949 die Bundesrepublik Deutschland gegründet. Zuvor hatte ein eigens dafür ins Leben gerufener Parlamentarischer Rat das Grundgesetz erarbeitet. Bonn wurde zur neuen Hauptstadt des demokratischen Landes.

Im August 1949 fanden dann die ersten Bundestagswahlen statt, aus denen die CDU als Wahlsieger hervorging. Ihr Spitzenkandidat Konrad Adenauer wurde der erste Bundeskanzler des jungen Staates, Theodor Heuss wurde zum ersten Bundespräsidenten. Adenauer band die Bundesrepublik in den Westblock ein, gründete die Bundeswehr und legte zusammen mit Frankreich den Grundstein für die spätere Gründung der Europäischen Union. Dank der amerikanischen Wirtschaftshilfe erlebte die Bundesrepublik Deutschland in dieser Zeit auch einen großen wirtschaftlichen Aufschwung, das „Wirtschaftswunder".

Wie hieß die Hauptstadt der BRD bis zur Wiedervereinigung?

- **A** Berlin
- **B** Braunschweig
- **C** Bamberg
- **D** Bonn

127

Dass die Deutschen jedoch Mitverantwortung am Krieg und an der Massenvernichtung der Juden im Dritten Reich trugen, wurde von vielen verdrängt. Die junge Nachkriegsgeneration wollte das nicht hinnehmen: Sie empörte sich über das Schweigen ihrer Eltern und über die mangelnde Vergangenheitsbewältigung. Ende der 1960er-Jahre gingen viele junge Menschen auf die Straße und protestierten deswegen – und auch gegen neue Kriege, vor allem gegen den Vietnamkrieg, den die USA in dieser Zeit führten. Die Demonstrationen und Straßenschlachten erreichten 1968 ihren Höhepunkt, deshalb wurden die Beteiligten bald „68er" genannt.

Studentenrevolte

Die jungen Wähler sorgten auch dafür, dass bei der Bundestagswahl 1969 SPD und FDP die Mehrheit der Stimmen erhielten. Willy Brandt (SPD) wurde Bundeskanzler. Er begründete eine neue Ostpolitik, die einen „Wandel durch Annäherung" erreichen sollte. Sein Nachfolger Helmut Schmidt, ebenfalls SPD, konnte diese Politik bis 1982 fortsetzen.

Dann jedoch kündigte die FDP die Koalition mit der SPD auf und bildete mit der CDU eine neue Regierung mit Helmut Kohl als Kanzler. Er setzte sich vor allem für die Einigung Europas und die Einführung des Euros ein. Die wichtigsten Ereignisse in Helmut Kohls Regierungszeit waren jedoch der Zusammenbruch des Ostblocks und die friedliche Revolution in der DDR, die schließlich auch zur Wiedervereinigung Deutschlands führte: Am 3. Oktober 1990 endete die deutsche Teilung. Seitdem ist auch Berlin wieder deutsche Hauptstadt.

Von 1998 bis 2005 regierte Gerhard Schröder (SPD) als Bundeskanzler zusammen mit den Grünen. Durch die Bundestagswahl 2005 wurde dann Angela Merkel (CDU) zur Bundeskanzlerin; sie regierte zusammen mit der SPD in einer großen Koalition. Bei der Bundestagswahl 2009 ging die CDU als Sieger hervor und bildete eine Koalition mit der FPD.

Welcher Bundeskanzler erhielt den Friedensnobelpreis?

- **A** Helmut Schmidt
- **B** Konrad Adenauer
- **C** Willy Brandt
- **D** Helmut Kohl

128

DDR

→ Knapp fünf Monate nach der Gründung der Bundesrepublik Deutschland entstand am 7. Oktober 1949 in der sowjetischen Zone die Deutsche Demokratische Republik (DDR).

Fall der Berliner Mauer

Damit gab es nun zwei deutsche Staaten. Im Gegensatz zur Bundesrepublik war die DDR jedoch kein demokratischer Staat, denn die Sozialistische Einheitspartei Deutschlands (SED) traf alle wichtigen Entscheidungen. Zwar gab es Wahlen, doch hatten die Bürger keine echten Wahlmöglichkeiten, da die Kandidaten vorgegeben waren. Die Hauptstadt der DDR war der Ostteil Berlins, in dem sich alle wichtigen Regierungseinrichtungen befanden. Der mächtigste Mann der Deutschen Demokratischen Republik war zu Beginn Walter Ulbricht. Er wurde 1971 von Erich Honecker abgelöst, der die DDR bis zur Wende 1989 regierte.

Wie wird das Ministerium für Staatssicherheit genannt?

- **A** Trabi
- **B** Stasi
- **C** Ossi
- **D** Wessi

129

Die Wirtschaft der DDR war eine zentral von Ostberlin aus gesteuerte Planwirtschaft. Das bedeutet, dass alle wirtschaftlichen Entscheidungen, etwa über die Produktion von Lebensmitteln, im Voraus getroffen und festgelegt wurden. Einen freien Markt wie im Westen gab es nicht. Die Planwirtschaft war schwerfälliger und nicht so erfolgreich wie die Marktwirtschaft. Und die Bürger der DDR hatten weniger Rechte und Freiheiten als die der Bundesrepublik. Deshalb verließen immer mehr Menschen die DDR.

Aufstand am 17. Juni 1953

Am 17. Juni 1953 erreichte der Widerstand gegen die Repressalien des Regimes der DDR seinen Höhepunkt: Es kam zu einem Volksaufstand. Doch dieser wurde von sowjetischen Soldaten blutig niedergeschlagen.

Die Abwanderung in den Westen konnte die DDR schließlich nur noch mit Gewalt verhindern: Im August 1961 wurden starke Grenzbefestigungen und die Berliner Mauer gebaut. Wer danach noch bei dem Versuch, die Mauer oder die Grenzanlagen zu überwinden, gefasst wurde, musste oft viele Jahre ins Gefängnis. Und über hundert Menschen starben in den folgenden Jahren bei Fluchtversuchen.

Doch trotz aller Einschüchterungen wurde immer wieder Kritik laut: an den Verhältnissen in der DDR und auch am Ausreiseverbot. Um diese Kritik zu unterbinden und die Kritiker zu verfolgen, richtete die SED das Ministerium für Staatssicherheit, die sogenannte Stasi, ein. Die Agenten und Mitarbeiter dieser Behörde kontrollierten das Volk und bespitzelten es.

Kommunistischer Bruderkuss

Doch unter der Führung von Michail Gorbatschow änderte sich in den 1980er-Jahren die Politik der Sowjetunion grundlegend. Und bald forderten auch immer mehr Bürger der DDR ihre Freiheitsrechte ein. Sie demonstrierten zu Hunderttausenden – und erreichten schließlich durch ihre friedlichen Proteste 1990 die Wiedervereinigung mit der Bundesrepublik.

Wie hieß die Wirtschaftsform der DDR?

- **A** Hauswirtschaft
- **B** Betriebswirtschaft
- **C** Planwirtschaft
- **D** Schankwirtschaft

130

USA

Im Jahr 1492 wurde Amerika von Christoph Kolumbus entdeckt. Er war zwar nicht der erste Entdecker, doch erst nach seinen Fahrten und Berichten wurde Nordamerika von europäischen Auswanderern besiedelt. Die Indianer, die über eine Landbrücke von Asien her vor rund 15 000 Jahren nach Amerika gelangt waren, wurden dabei rücksichtslos vertrieben oder getötet. Viele von ihnen starben auch durch Krankheiten, die von den Europäern eingeschleppt wurden und gegen die sie keinerlei Abwehrkräfte besaßen.

Nach und nach gründeten Engländer, Franzosen, Holländer und Schweden Kolonien in Nordamerika. Dabei kam es immer wieder zu Kriegen zwischen den Niederlassungen und Staaten. Am Ende konnten sich die Engländer durchsetzen – deswegen wird in den USA heute noch vor allem Englisch gesprochen.

Im 18. Jahrhundert wollten die Kolonien dann allmählich keine Kolonien mehr sein, sondern einen eigenen unabhängigen Staat gründen. Angeführt von George Washington, kämpften sie 1775 im Unabhängigkeitskrieg – und konnten die Briten besiegen. Ein Jahr später gründeten 13 Kolonien die Vereinigten Staaten von Amerika (USA).

Nach und nach wurde der amerikanische Westen erobert und erschlossen. Es war vor allem das Gold, das ab 1848 in Kalifornien und anderen Regionen gefunden wurde, das die Menschen in den Westen zog. Durch Kriege und durch Kauf kamen im Laufe der Zeit immer mehr Bundesstaaten dazu, 37 ingesamt.

Welcher Präsident hat die Sklaverei abgeschafft?

A Abraham Lincoln
B George Washington
C George W. Bush
D Gerald Ford

131

1861 kam es zum amerikanischen Bürgerkrieg. Der Auslöser dafür war, dass der neu gewählte Präsident Abraham Lincoln die Sklaverei abschaffen wollte. Die Südstaaten wollten die Sklaverei jedoch auf jeden Fall beibehalten und so gründeten sie kurzerhand einen eigenen Staatenbund. Das wollte der Norden nicht einfach mit ansehen, und so kam es zum Krieg. Vier Jahre dauerte es, dann hatten die Nordstaaten gesiegt.

Flugzeugträger

Im 20. Jahrhundert nahmen die USA an beiden Weltkriegen teil. Dadurch wurden sie zur größten wirtschaftlichen und militärischen Macht der Welt. Sie standen bald im Kalten Krieg mit der Sowjetunion und kämpften in weiteren Kriegen, zum Beispiel im Koreakrieg und im Vietnamkrieg.

Seit 2001 kämpfen amerikanische Truppen auch in Afghanistan und seit 2003 im Irak. Die USA rechtfertigen das damit, dass sie gegen den Terrorismus vorgehen wollen. Diese Einsätze werden jedoch immer wieder heftig kritisiert.

Am 4. November 2008 wurde mit Barack Obama zum ersten

Mal ein Afroamerikaner zum Präsidenten der USA gewählt. Auf ihn richten sich große Hoffnungen: Man verspricht sich von seiner Regierungszeit, dass die Kriege beendet werden und die USA einen wirtschaftlichen Aufschwung erleben.

Internationaler Terrorismus

Terroristen sind Menschen, die aus politischen oder religiösen Gründen Anschläge verüben, um die Ordnung eines Staates zu verändern. Dabei gehen sie rücksichtslos vor und töten auch Unbeteiligte und Unschuldige. Im Gegensatz zu Freiheitskämpfern, die sich gegen Unterdrückung oder eine Diktatur wehren, bekämpfen Terroristen auch demokratische Staaten. Menschen, die einen anderen Glauben oder eine andere Weltanschauung haben, zählen auch zu ihren Opfern. Mit Attentaten und Morden versuchen Terroristen, die Menschen eines Landes zu verunsichern und eine Situation herbeizuführen, in der sie die Macht übernehmen und ihre politischen Ziele durchsetzen können.

Genau das versuchte die Rote Armee Fraktion (RAF) in den 1970er-Jahren in der Bundesrepublik Deutschland. Die linksradikalen Täter entführten und ermordeten mehrere Politiker und Wirtschaftsführer. Aber die Regierung ließ sich nicht von ihnen erpressen, deshalb erreichte die RAF ihre Ziele nicht.

Angriff auf das World Trade Center

Das bislang schwerste Terrorattentat verübte am 11. September 2001 die islamistische Terrorgruppe Al Kaida in den USA. Die Terroristen entführten mehrere Flugzeuge und lenkten sie in die beiden Türme des World Trade Centers und in das Pentagon. Bei diesen Anschlägen starben fast 3000 Menschen. Die Terroristen erreichten jedoch nicht, dass die USA ihre Politik in ihrem Sinne änderten – die Folge war stattdessen, dass ein weltweiter Kampf gegen den Terrorismus ausgerufen wurde, bei dem viele Staaten mit zusammenarbeiten.

In welcher Stadt stand das World Trade Center?

A London
B Paris
C Rom
D New York

132

Politik und Wirtschaft

Im Grundgesetz der Bundesrepublik Deutschland heißt es: „Alle Staatsgewalt geht vom Volke aus." Denn Deutschland ist ein demokratisches Land und Demokratie heißt übersetzt „Herrschaft des Volkes". Das bedeutet: Die Bürger entscheiden bei Wahlen darüber, welche Politiker sie in den Parlamenten vertreten sollen. Zwar wird der Bundeskanzler bei uns nicht direkt gewählt, aber die Wähler bestimmen indirekt trotzdem, wer dieses Amt erhält. Denn die Parteien benennen vor der Wahl nicht nur ihr Programm, sondern auch ihren Kanzlerkandidaten.

Auf die Wirtschaft haben wir Bürger ebenfalls Einfluss, denn wir alle sind Teil des Marktes. Kaufen wir viel Schokolade, steigt aufgrund der großen Nachfrage der Preis. Essen wir weniger, sinkt der Preis. Auf dieser Grundlage von Angebot und Nachfrage funktioniert unsere Marktwirtschaft. Die deutsche Wirtschaft ist jedoch nicht unabhängig, sondern ein Teil der Weltwirtschaft. Mittlerweile sorgt die Globalisierung längst dafür, dass alle sich gegenseitig stark beeinflussen. Da muss auch die Politik internationaler sein denn je: Die Politiker kommen regelmäßig bei Gipfeltreffen zusammen und besprechen gemeinsam Fragen der Politik und der Wirtschaft.

Börse

Wer Lebensmittel kaufen will, geht in einen Supermarkt, und Autos gibt es beim Autohändler. Aber man kann auch Dinge kaufen, die man nicht anfassen kann: Anteile an Unternehmen zum Beispiel.

Wer sein Geld in Aktien und anderen Wertpapieren anlegen möchte, muss eine Börse aufsuchen, beispielsweise die Frankfurter Börse. Oder vielmehr: Man beauftragt einen Makler, der sich dort auskennt und das für einen erledigt.

Frankfurter Börse

Und auskennen sollte man sich: Der Preis einer Aktie ist nämlich nicht für längere Zeit festgelegt wie der eines Autos oder einer Packung Eis, sondern ändert sich ständig. Er richtet sich zwar ebenfalls nach Angebot und Nachfrage, aber an der Börse geht es hektischer zu als im Lebensmittelhandel und dort wird viel schneller reagiert: Bei Aktien, die viele kaufen, steigt der Preis – bei Aktien, die viele verkaufen wollen, sinkt er. Die Entwicklung des Aktienpreises nennt man „Kurs“. Er ändert sich ständig.

Wie nennt man die Gewinnbeteiligung bei einer Aktie?

A Devisen
B Dividende
C Division
D Dimension

133

Doch warum kaufen Leute überhaupt Aktien? Aktien sind Anteilscheine an einer Firma. Wer eine Aktie besitzt, dem gehört also ein kleiner Teil des Unternehmens. Macht dieses Unternehmen Gewinn, erhält man als Aktionär am Ende des Geschäftsjahres auch etwas davon: die Dividende.

Wie heißen die Leute, die an der Börse mit Aktien handeln?

A Zocker
B Rapper
C Makler
D Hacker

134

Wer genügend Geld zum Aktienkauf hat, möchte deshalb unbedingt Aktien von Firmen kaufen, die erfolgreich sind und Gewinne erzielen: Der Kurs dieser begehrten Aktien steigt. Umgekehrt fällt er, wenn die Aktionäre erfahren, dass es einem Unternehmen schlecht geht und dass es Verluste macht.

So weit, so einfach. Aber es gibt einen Haken: Nicht immer ist bekannt, wie es einem Betrieb wirklich geht, und das macht den Kauf von Aktien zu einem Risiko. Im schlimmsten Fall geht eine Firma pleite und dann sind die Aktien oft nichts mehr wert. Wenn es vielen Unternehmen schlecht geht, kann daraus sogar eine weltweite Wirtschaftskrise entstehen, so wie es zuletzt in den Jahren 2008/2009 geschehen ist.

Bundeskanzler

Die Person mit der größten Macht in der Bundesrepublik ist der Chef der Regierung: der Bundeskanzler. Er kann für vier Jahre die Richtung der Politik in Deutschland entscheidend mitbestimmen. Er trifft Entscheidungen und verhandelt mit den Regierungschefs anderer Länder. Im Kriegsfall hat er den Oberbefehl über die Bundeswehr.

Kanzler der Bundesrepublik

Vor einer Bundestagswahl stellen die großen Parteien – und manchmal auch die kleinen – einen Kanzlerkandidaten auf. Mit ihm werben sie im Wahlkampf, und er wird Bundeskanzler, wenn diese Partei eine Mehrheit bekommt. Sollte es eine Koalition geben, bekommt der Kanzlerkandidat des kleineren Koalitionspartners zumindest einen wichtigen Posten in der Regierung.

Wie hieß der dritte Bundeskanzler der Bundesrepublik?

A Konrad Röntgen
B Konrad Duden
C Kurt Julian Weill
D Kurt Georg Kiesinger

135

Die Bundestagswahl entscheidet darüber, wie viele Abgeordnete jede Partei in den Bundestag nach Berlin schicken darf. Die Partei – oder die Koalition aus mehreren Parteien –, die die meisten Stimmen erhalten hat, stellt dann im Bundestag ihren Kanzlerkandidaten zur Wahl, wo er von den Abgeordneten für eine Amtszeit von vier Jahren gewählt wird.

Hast du das gewusst?

Das waren die Bundeskanzler der Bundesrepublik und ihre Regierungszeiten:
Konrad Adenauer . . . . . .(1949 – 1963)
Ludwig Erhardt . . . .(1963 – 1966)
Kurt Georg Kiesinger . . .(1966 – 1969)
Willy Brandt . . . .(1969 – 1974)
Helmut Schmidt . . . .(1974 – 1982)
Helmut Kohl . . . .(1982 – 1998)
Gerhard Schröder . . . . . .(1998 – 2005).
Angela Merkel wurde 2005 zur ersten Bundeskanzlerin gewählt.

Der Bundeskanzler stellt danach sein Kabinett zusammen. Es besteht aus den Ministern, die jeweils für einen wichtigen Bereich der Politik zuständig sind: Wirtschaft, Finanzen, Gesundheit, Umwelt etc.

Wer wählt den Bundeskanzler?

A das Volk
B der Bundesrat
C der Bundestag
D die Bundesregierung

136

Vier Jahre hat der Bundeskanzler nun Zeit, das Land zu regieren und die Entwicklung nach seinen Überzeugungen und denen seiner Partei zu lenken. Wird er in dieser Zeit krank oder hat er große politische Probleme, kann er zurücktreten. Dann wählt der Bundestag einen neuen Bundeskanzler oder es findet eine vorgezogene neue Bundestagswahl statt. Der Bundeskanzler kann auch vom Parlament abgesetzt werden, wie es Helmut Schmidt 1982 passiert ist. Dazu ist eine Abstimmung erforderlich, die „konstruktives Misstrauensvotum“ genannt wird.

Bundespräsident

Viele Länder haben ein Staatsoberhaupt. Es vertritt den Staat bei Feiern und wichtigen öffentlichen Anlässen, hat aber kaum politische Macht. In das politischen Tagesgeschehen darf sich das Staatsoberhaupt nicht einmischen.

Villa Hammerschmidt

Wo es, wie in Großbritannien oder Schweden, eine Königin oder einen König gibt, ist sie oder er automatisch auch Staatsoberhaupt, ohne gewählt worden zu sein. In den USA hingegen ist der gewählte Präsident zugleich auch das Staatsoberhaupt.

Wie heißt der Bonner Amtssitz des Bundespräsidenten?

A Villa Kunterbunt
B Villa Hammerschmidt
C Villa Eswerden
D Villa Massimo

137

Das Staatsoberhaupt in Deutschland heißt Bundespräsident. Im Gegensatz zum Bundeskanzler hat er jedoch fast keine Macht. Seine Aufgabe ist es vor allem, Staatsgäste zu empfangen und in andere Länder zu reisen, um dort Deutschland zu repräsentieren. Er spricht mit Politikern, aber auch mit Künstlern und Wissenschaftlern. Er nimmt

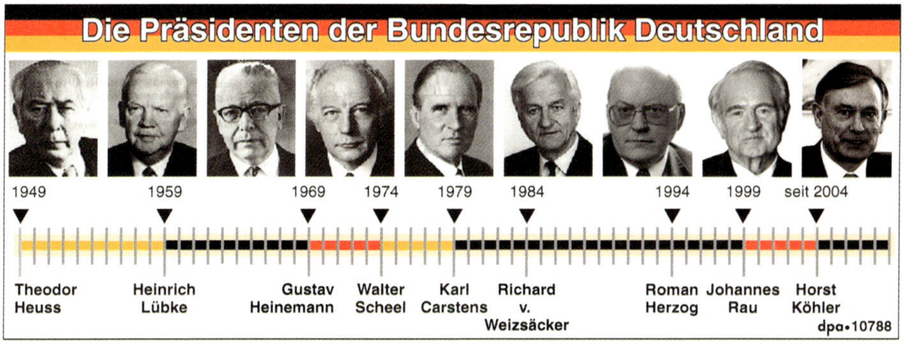

an Trauerfeiern teil oder eröffnet Ausstellungen und neue Gebäude. Wichtige Verträge mit anderen Staaten unterschreiben jedoch Minister oder der Bundeskanzler.

Wer wählt den Bundespräsidenten?

A Bundesrat
B Bundestag
C Bundeskanzler
D Bundesversammlung

138

Trotzdem können Bundespräsidenten Einfluss haben, denn oft melden sie sich nachdrücklich zu Wort, wenn es um Entwicklungen in unserer Gesellschaft geht, und sagen ihre Meinung dazu.

Der Bundespräsident wird übrigens nicht vom Volk gewählt, sondern von der Bundesversammlung. Sie setzt sich aus Abgeordneten des Bundestages und der 16 Landtage und Personen des öffentlichen Lebens zusammen. Der Bundespräsident amtiert fünf Jahre lang und kann nur einmal wiedergewählt werden. Horst Köhler, der jetzige Bundespräsident, ist seit 2004 im Amt und wurde 2009 wiedergewählt. Zwei Amtssitze stehen dem Bundespräsidenten zur Verfügung: das Schloss Bellevue in Berlin und die Villa Hammerschmidt in Bonn.

Bundestag

Alle demokratisch regierten Länder haben ein Parlament mit frei gewählten Abgeordneten. Das israelische Parlament heißt „Knesset", das polnische Parlament „Sejm". Das deutsche Parlament ist der Bundestag, der in Berlin im Reichstagsgebäude zusammenkommt.

Wie werden die Gehälter der Abgeordneten genannt?

A Gage
B Honorare
C Diäten
D Heuer

139

Die Abgeordneten des Bundestags, es sind mindestens 598, werden alle vier Jahre von den volljährigen Bundesbürgern gewählt.

Die Sitzungen des Bundestags werden vom Bundestagspräsidenten geleitet. Er achtet darauf, dass alle wichtigen Regeln eingehalten werden. Der Bundestag hat viele wichtige Aufgaben. Eine seiner ersten Handlungen ist die Wahl des Bundeskanzlers. Ansonsten diskutiert und verabschiedet (= beschließt) er neue Gesetze und auch den Bundeshaushalt. Damit wird festgelegt, wie viel Geld die verschiedenen Ministerien ausgeben können. Auch Verträge mit anderen Ländern und der Einsatz der Bundeswehr werden vom Parlament beschlossen.

Bundestag

Bei ihren Abstimmungen sind die Abgeordneten übrigens nicht ihren Wählern verantwortlich, sondern allein ihrem Gewissen!

Hast du das gewusst?

Nach dem Staatsprotokoll ist der Präsident des Bundestags das zweithöchste Staatsamt nach dem Bundespräsidenten. Damit steht der Bundestagspräsident protokollarisch vor dem Bundeskanzler, dem Präsidenten des Bundesrates und dem Präsidenten des Bundesverfassungsgerichts.

Die Parteien, die nicht an der Regierung beteiligt sind, bilden die Opposition. Ihre Aufgabe ist es, die Arbeit der Regierung genau zu beobachten und zu kritisieren. Außerdem macht die Opposition Gegenvorschläge zu Gesetzen.

Wo tagt der Bundestag?

A im Landtag
B im Kreisrat
C im Bezirkstag
D im Reichstag

140

Um besser arbeiten zu können, bilden die Abgeordneten Gruppen, die man Fraktionen nennt. Fast immer gehören die Mitglieder einer Partei auch einer Fraktion an. Für ihre Arbeit werden die Abgeordneten natürlich auch bezahlt – und das nicht schlecht, obwohl der Name ihrer Gehälter anders klingt: Diäten.

Bundesrat

16 Bundesländer wie Bayern, Niedersachsen oder Brandenburg gibt es in der Bundesrepublik. Und die Länder haben auch Einfluss auf die Beschlüsse des Bundestags: Im Bundesrat treffen sich regelmäßig die Ministerpräsidenten der Bundesländer und Vertreter der Landtage, um über neue Gesetze und Entscheidungen zu beraten. Und der Bundesrat kann Gesetze,

die vom Bundestag bereits beschlossen wurden, ablehnen und ändern. So wird dafür gesorgt, dass der Bundestag auch die Interessen der Bundesländer berücksichtigt.

Bundesrat

Wie viele Stimmen ein Bundesland im Bundesrat hat, richtet sich nach der Einwohnerzahl. Ein kleines Land wie Bremen hat nur drei Stimmen, ein großes wie Bayern sechs.

Der Sitz des Deutschen Bundesrats ist das Preußische Herrenhaus in Berlin. Die Sitzungen werden vom Bundesratspräsidenten geleitet, der jeweils für ein Jahr gewählt wird.

Bundesregierung

Die Bundesregierung besteht aus dem Bundeskanzler und den Ministern seines Kabinetts. Sie bestimmen gemeinsam, wie Deutschland regiert wird. Dabei werden sie von den Abgeordneten des Bundestags kontrolliert. Die Mitglieder der Bundesregierung gehören der Partei oder den Parteien an, die die letzte Bundestagswahl gewonnen haben.

Wo tagt der Bundesrat in Berlin?

A Fränkisches Fachwerkhaus
B Preußisches Herrenhaus
C Britisches Oberhaus
D Bayerisches Landhaus

141

Derzeit gibt es 14 Ministerien: das Ministerium des Innern; der Justiz; der Finanzen; für Wirtschaft und Technologie; für Arbeit und Soziales; der Verteidigung; für Gesundheit; für Ernährung, Landwirtschaft und Verbraucherschutz; für Familie, Senioren, Frauen und Jugend; für Bildung und Forschung; für Verkehr, Bau und Stadtentwicklung; für Umwelt, Naturschutz und Reaktorsicherheit; für wirtschaftliche Zusammenarbeit und Entwicklung sowie das Auswärtige Amt.

Wie wird die Bundesregierung noch genannt?

A Minarett
B Kabarett
C Spinett
D Kabinett

142

Weil jeder Minister sein Ministerium und seine Aufgaben in den Vordergrund stellt, sind sich die Minister nicht immer einig: Der Finanzminister möchte beispielsweise sparen, während die Familienministerin mehr Geld für Kindertagesstätten ausgeben will. Wenn die Minister sich gar nicht einigen können, hat der Bundeskanzler das letzte Wort.

Bundesrepublik Deutschland

Nach dem Ende des Zweiten Weltkriegs teilten die alliierten Siegermächte das damalige Deutschland in vier Zonen auf. In den drei westlichen Zonen wurde 1949 die Bundesrepublik Deutschland gegründet, in der östlichen Zone die Deutsche Demokratische Republik.

Kuppel des Reichstages

Die Bundesrepublik ist ein demokratischer Staat. Alle wichtigen politischen Ämter vom Bundestagsabgeordneten bis zum Dorfbürgermeister werden besetzt, indem die volljährigen Bürger wählen gehen.

Das Zusammenleben in unserem Staat wird durch das Grundgesetz geregelt. Darin ist auch festgelegt, wie politische Entscheidungen zustande kommen und welche Rechte und Pflichten die Bürger haben.

Deutschland ist ein freies Land, in dem jeder Bürger politisch aktiv werden kann. Dank der Religionsfreiheit kann sich auch jeder für eine Religion entscheiden und seinen Glauben frei ausüben.

Wann wird der deutsche Nationalfeiertag gefeiert?

A 24. Dezember
B 1. April
C 17. Juni
D 3. Oktober

143

Von 1949 bis 1990 war Bonn die Hauptstadt der Bundesrepublik, Ostberlin war die Hauptstadt der DDR. Seit 1990 ist nun Berlin die Hauptstadt des wiedervereinten Deutschlands. Dort tagen Bundestag und Bundesrat und auch das Bundeskanzleramt befindet sich dort.

Für die Verteidigung des Landes ist die Bundeswehr zuständig. Heute wird sie auch wieder im Ausland eingesetzt: Seit 2001 kämpfen deutsche Truppen zum Beispiel in Afghanistan gegen Terroristen.

In der Bundesrepublik leben 82 Millionen Menschen – mehr als in jedem anderen Land der Europäischen Union –, darun-

Richter am Bundesverfassungsgericht

ter etwa 7 Millionen Bürger aus anderen Ländern. Die meisten davon, nämlich rund 1,7 Millionen, stammen aus der Türkei. Aber nicht nur aufgrund der Einwohnerzahl, sondern auch wirtschaftlich ist Deutschland das stärkste Land Europas.

Der deutsche Nationalfeiertag ist der 3. Oktober. An diesem Tag gedenken die Bürger der Wiedervereinigung.

Bundesverfassungsgericht

Regelmäßig werden von der Bundesregierung neue Gesetze erlassen. Dabei kann es vorkommen, dass ein Bürger oder eine Gruppe von Bürgern sich ungerecht behandelt fühlt und glaubt, dass das neue Gesetz die Rechte verletzt, die ihnen vom Grundgesetz zugesichert sind. In diesem Fall kann man sich an das Bundesverfassungsgericht in Karlsruhe wenden. Dieses Gericht überprüft, ob Gesetze mit dem Grundgesetz übereinstimmen. Es besteht aus zwölf erfahrenen Richtern, doch sechs reichen für eine Urteilsfindung aus. Stellen diese Richter fest, dass ein neues Gesetz oder eine andere Entscheidung der Regierung tatsächlich gegen das Grundgesetz verstößt, dann muss das Gesetz noch einmal überarbeitet werden. Jeder Bürger darf sich an dieses Gericht wenden, und sogar der Bundeskanzler ist an sein Urteil gebunden.

Was gehört zur Arbeitskleidung der Verfassungsrichter?

A gelbe Krawatte
B schwarze Aktentasche
C grüner Mantel
D rote Robe

144

Bürgerrechte

Bürgerrechte und Menschenrechte – das ist nicht dasselbe! Bürgerrechte gelten nur für die Staatsbürger eines Landes, die Menschenrechte hingegen – zum Beispiel Meinungs-, Religions- und Versammlungsfreiheit – gelten für alle Menschen. Für die Menschenrechte spielt es keine Rolle, ob man deutscher Staatsbürger ist oder als Ausländer in Deutschland lebt. Das Wahlrecht jedoch gilt nur für Bundesbürger. Menschen mit einem ausländischen Pass beziehungsweise einer ausländischen Staatsangehörigkeit dürfen deshalb nicht an Bundestagswahlen teilnehmen. Auch die Wehrpflicht gilt nur für Bundesbürger. Nur sie dürfen als Soldaten zur Bundeswehr einberufen werden.

Für welchen Job muss man deutscher Staatsbürger sein?

A Bundestagsabgeordneter
B Unternehmer
C Taxifahrer
D Pilot

145

Bürgerrechte gehören zu den Grundrechten, die in einer Verfassung oder vom Grundgesetz festgelegt sind.

Demokratie

Demokratie – übersetzt „Herrschaft des Volkes" – ist eine Herrschaftsform, bei der das Volk eines Staates alle wichtigen Entscheidungen trifft. Dies geschieht entweder durch Volksabstimmungen – dabei stimmen alle direkt ab – oder durch Wahlen. Dann entscheiden die gewählten Abgeordneten für das gesamte Volk, bis zur nächsten Wahl. Die Abgeordneten vertreten das Volk in einem Parlament, in dem alle wichtigen Entscheidungen ebenfalls durch demokratische Abstimmungen getroffen werden.

Wahlzettel

Ein Land ist nur demokratisch, wenn Wahlen frei und ungehindert stattfinden und die Wähler unter mehreren Kandidaten verschiedener politischer Richtungen wählen können. Außerdem müssen die Stimmen aller Wähler gleich viel zählen. Männer und Frauen aus allen gesellschaftlichen Bereichen müssen gleichermaßen stimmberechtigt sein.

Wer hat erste Formen der Demokratie erfunden?

A die Amerikaner
B die Deutschen
C die Griechen
D die Chinesen

146

Vor der Wahl müssen sich die Bürger darüber hinaus ungehindert über die Kandidaten und

Parteien informieren können. Nur in einer Demokratie haben die Menschen die Möglichkeit, die Regierung und ihre Zukunft selbst zu bestimmen.

Schon die alten Griechen haben in ihren Stadtstaaten einfache demokratische Formen ausprobiert. Allerdings zählte vor rund 2500 Jahren nur zum Volk, wer ein Mann war und das Bürgerrecht hatte – Frauen und Sklaven waren damit von den Wahlen ausgeschlossen.

Wer darf in Deutschland wählen?

- **A** nur Männer
- **B** Männer und Frauen
- **C** Bürger über 25 Jahre
- **D** nur Frauen

147

Erst im 20. Jahrhundert entstanden die ersten echten Demokratien. Heute sind rund die Hälfte aller 190 Staaten der Erde Demokratien, darunter auch die Bundesrepublik Deutschland. Trotz ihres Namens war die Deutsche Demokratische Republik keine Demokratie, sondern eine Form der Diktatur.

Hast du das gewusst?

In Westeuropa gibt es nur einen Staat, der keine Demokratie ist: der Vatikanstaat. Sobald der Papst von den Kardinälen gewählt worden ist, finden keine weiteren Abstimmungen statt. Der Papst trifft alle Entscheidungen allein.

Diktatur

Eine Diktatur ist sozusagen das Gegenteil eines demokratischen Staates. In einer Diktatur steht ein König, ein Diktator oder eine Gruppe von Machthabern an der Spitze des Staates und trifft alle wichtigen politischen Entscheidungen im Alleingang. Das Volk hat kein Mitspracherecht und wird nicht nach seiner Meinung gefragt. Schlimmer noch: Menschen, die in einer Diktatur leben, dürfen ihre Meinung nicht frei äußern. Wenn sie dennoch gegen ihre Unterdrückung demonstrieren oder sich auf andere Art wehren, werden sie meist von den Sicherheitsorganen des Diktators verfolgt, ins Gefängnis geworfen oder sogar ermordet.

Adolf Hitler

Bis ins 20. Jahrhundert wurden fast alle Staaten diktatorisch regiert – mal strenger, mal milder. Kriege, Revolutionen und Bürgerproteste führten dann in den letzten hundert Jahren dazu, dass viele Herrscher abgesetzt wurden.

Stattdessen errichteten die Bürger Demokratien. Aber es entstanden auch neue Diktaturen, zum Beispiel das nationalsozialistische „Dritte Reich“ von Adolf Hitler und das kommunistische Regime von Josef Stalin. Auch heute gibt es noch zahlreiche Diktaturen, beispielsweise in Nordkorea, in Myanmar und in Saudi Arabien.

Wie heißt der Diktator des arabischen Landes Libyen?

A Alhambra
B Al Capone
C al-Gaddafi
D Algerien

148

Dienstleistung

Die wichtigsten Wirtschaftsgüter eines Landes, das waren früher landwirtschaftliche Erzeugnisse und Produkte wie Autos und Möbel, die in Fabriken hergestellt wurden. Fast die gesamte Wirtschaftskraft eines Landes hing von den Waren und Produkten ab, die produziert wurden. Diese Situation hat sich in den letzten 50 Jahren stark verändert, denn immer mehr Menschen arbeiten und erbringen Leistungen, obwohl sie nichts produzieren: Sie sind Dienstleister.

Das ist nichts grundsätzlich Neues: Lehrer, Verwaltungsbeamte, Ärzte und Anwälte gab es schon immer. Doch nach und nach sind immer mehr Vermögensberater, Hoteliers, Sicherheitsbeauftragte, Lieferanten, Übersetzer, Forscher, Designer, Versicherungskaufleute etc. hinzugekommen. Die Dienstleistungen machen heute einen großen Teil unserer Wirtschaft aus.

Lehrerin mit Schüler

In den Medien wird deshalb schon seit Jahren von einer „Dienstleistungsgesellschaft“ gesprochen.

Welcher dieser Berufe ist kein Dienstleistungsberuf?

A Müllmann
B Maurer
C Verkäufer
D Bankangestellter

149

Ein Dienstleister hat meist eine besondere Ausbildung und „verkauft“ sein spezielles Wissen an die Kunden, die es brauchen. Ein Versicherungsvertreter weiß über Versicherungsverträge Bescheid, ein Übersetzer über fremde Sprachen. Und auch ein Quizmaster im Fernsehen ist ein Dienstleister!

Europäische Union

Als der Zweite Weltkrieg zu Ende war, suchten Politiker nach einem Weg, um weitere Kriege auf Dauer zu verhindern. Ihre Lösung lautete: Die Staaten sollen näher zusammenrücken und Partner werden. Vor allem der Bergbau und die Schwerindustrie, ohne die keine Waffen gebaut werden können, sollten europaweit miteinander verzahnt werden. Zu diesem Zweck gründete man 1951 die *Europäische Gemeinschaft für Kohle und Stahl*, zu der die Beneluxstaaten, Italien, die Bundesrepublik und Frankreich gehörten. Aus dieser Gemeinschaft, auch *Montanunion* genannt, entwickelte sich dann die Europäische Union (EU).

Europäisches Parlament in Straßburg

Im Laufe der Zeit traten ihr immer mehr Länder bei. Heute sind es bereits 27. Und weitere Länder wie Island und die Türkei haben Aufnahmeanträge gestellt. Die Zahl der Mitglieder wird also noch weiter wachsen.

Seit 1951 hat sich viel getan. 1979 wurde das Europäische Parlament geschaffen, in dem Entscheidungen für ganz Europa getroffen werden. Es wird alle fünf Jahre gewählt und tagt in Brüssel und Straßburg. Auch die Gesetze der verschiedenen Mitgliedsländer wurden angeglichen und die Polizeibehörden arbeiten eng zusammen. Die Zölle wurden abgeschafft und inzwischen gibt es sogar eine einheitliche Währung: Im Jahr 2002 löste der Euro in 16 Mitgliedsstaaten die alten Währungen ab. Wer heute nach Frankreich oder Österreich fährt, braucht sein Geld nicht mehr in französische Franc oder Schillinge zu wechseln.

Wie hieß Portugals Geld vor der Euro-Einführung?

A Denar
B Escudo
C Peso
D Inti

150

Heute wird auch an keiner Grenze mehr kontrolliert – die Grenzkontrollen sind weitgehend abgeschafft worden. Der gemeinsame Wirtschaftsraum ohne Grenzen hat für alle Länder große Vorteile.

Ziel dieser politischen Entwicklung sind die „Vereinigten Staaten von Europa“, die ihre Außenpolitik und andere Bereiche der Politik gemeinsam vertreten. Ein rie-

Polizisten in Thüringen

siges politisches Gebilde, denn in den Ländern der EU leben rund 500 Millionen Menschen, also mehr als in den USA (305 Millionen)! Auch eine Hymne hat die EU: das Lied *Ode an die Freude* von Ludwig van Beethoven.

Föderalismus

Es gibt verschiedene Möglichkeiten, einen Staat zu organisieren.

In Frankreich zum Beispiel wird zentral von der Hauptstadt Paris aus regiert. Alle wichtigen Ministerien und Verwaltungsbehörden liegen in der Hauptstadt und dort werden auch alle Entscheidungen getroffen. Die Behörden in den Regionen führen nur die Anweisungen aus der Hauptstadt aus und haben keine eigene Entscheidungsbefugnis.

Anders ist es zum Beispiel in Deutschland: Hier gibt es neben der Bundesregierung in Berlin auch noch die Regierungen und die Länderparlamente der 16 Bundesländer, die viele Entscheidungen selbst treffen können. In einigen Bereichen, vor allem in der Bildung und bei der Polizei, können sie sogar frei entscheiden. Das ist auch der Grund, warum es in jedem deutschen Bundesland einen anderen Lehrplan gibt und warum die Polizisten unterschiedliche Uniformen tragen.

Wie heißen die Bundesländer in der Schweiz?

A Kantine
B Kantone
C Kantate
D Kandidaten

151

Diese Art der Organisation eines Landes nennt man Föderalismus. Föderalistische Staaten bestehen aus Bundesländern, Kantonen oder Bundesstaaten, die an der Staatsmacht beteiligt

Hast du das gewusst?

Der berühmteste Polit-Skandal, der je von der Presse aufgedeckt wurde, war die Watergate-Affäre. Die Journalisten Bob Woodward und Carl Bernstein fanden heraus, dass US-Präsident Richard Nixon seine Gegner mit illegalen Methoden sabotiert hatte. 1974 musste er deshalb zurücktreten.

sind. Die Bürger haben dadurch mehr Möglichkeiten zur Mitbestimmung als in zentralistischen Staaten. Außerdem wird auf diese Weise verhindert, dass eine zentrale Regierung zu viel Macht bekommt.

Gewaltenteilung

In Diktaturen liegen Gesetzgebung (Legislative), Rechtsprechung (Judikative) und der Vollzug von Recht und Gesetzen (Exekutive) in einer Hand. Alle wichtigen Organe eines Staates werden vom Diktator und seinen Vertrauten kontrolliert. Um eine solch starke Bündelung von Macht und den damit in der Regel einhergehenden Machtmissbrauch zu vermeiden, wurde die Gewaltenteilung erfunden. Das bedeutet: Gesetzgebung, Rechtsprechung und Vollzug sind unabhängig voneinander und können sich gegenseitig überwachen. In Demokratien ist das die bewährte Form der Organisation staatlicher Macht. In Deutschland funktioniert sie so: Die Gesetzgebung ist Aufgabe des Bundestags. Dort werden neue Gesetze beschlossen. Aber für die Rechtsprechung sind nicht die Politiker zuständig, sondern die Gerichte, also eine andere Instanz. Und die Richter können selbstverständlich auch gegen Politiker ermitteln. Die Polizeigewalt liegt wieder woanders: Für Fahndungen und Verhaftungen ist die Polizei zuständig. Und bei Verdacht darf sie natürlich auch einen Richter verhaften. Die Polizei muss ihrerseits streng die Gesetze einhalten: Wenn sie ein Haus durchsuchen will, muss sie beim Staatsanwalt einen Durchsuchungsbefehl beantragen.

Gerichtssaal

So wird dafür gesorgt, dass kein Bereich über zu viel Macht verfügt oder seine Macht missbrauchen kann. Diese Gewaltenteilung hat sich in der Bundesrepublik Deutschland seit dem Zweiten Weltkrieg sehr bewährt.

Wie wird die Gesetzgebung noch genannt?

A Initiative
B Lokomotive
C Konjunktive
D Legislative

152

Es gibt aber noch eine „vierte Gewalt“ im Staat: Die freie und unabhängige Presse wird oft so bezeichnet, weil sie über die anderen drei Gewalten berichtet und Missstände anprangert. Auf diese Weise übt auch die Presse Kontrolle aus. Zeitungen und politische Magazine haben schon so manchen Skandal aufgedeckt.

Gewerkschaften

Einer allein kann nichts bewirken, nur gemeinsam kann man Forderungen durchsetzen. Diese Erkenntnis führte Ende des 19. Jahrhunderts dazu, dass Arbeiter die ersten Gewerkschaften gründeten. Denn mit der Industrialisierung hatten sich die Arbeitsbedingungen grundlegend geändert: Die ersten großen Fabriken waren entstanden und die Arbeiter mussten dort oft unter sehr schlechten Bedingungen für wenig Lohn über 10 Stunden am Tag und 6 Tage die Woche arbeiten. Deshalb schlossen sich bald die ersten von ihnen zusammen, um gemeinsam für mehr Lohn und bessere Arbeitsbedingungen zu kämpfen.

Wie werden die Unternehmer noch genannt?

- A Arbeitnehmer
- B Arbeitsbeschaffer
- C Arbeitgeber
- D Arbeitsvermittler

153

Die Gewerkschaften vertreten die Arbeitnehmer, auf der anderen Seite stehen die Vertreter der Unternehmen. Gewerkschaften

Streik

und Arbeitgeber handeln gemeinsam Löhne und Arbeitsbedingungen aus. Und es herrscht Tarifautonomie, das heißt: Der Staat darf sich in diese Verhandlungen nicht einmischen. Häufig werden aber Politiker als Vermittler zwischen den Streikparteien eingesetzt. Sie dürfen dafür allerdings zurzeit kein politisches Amt innehaben.

Von der Politik unabhängige Lohnverhandlungen heißen …?

- A Tarifautonomie
- B Automation
- C Tarifliste
- D Autotarif

154

Bieten die Unternehmer den Arbeitnehmern zu wenig, dürfen die Gewerkschaften zum Streik aufrufen. Das ist das Druckmittel der Arbeitnehmer, denn während des Streiks wird nichts produziert beziehungsweise gibt es keine Dienstleistungen. Damit sich die Gewerkschaftsmitglieder einen Streik aber überhaupt leisten können, bekommen sie während des Streiks Streikgeld. Es wird laufend aus den Mitgliedsbeiträgen in die Streikkasse einbezahlt und steht dann bei einem Streik zur Verfügung.

Die Arbeitgeber dürfen während eines Streiks ihre Betriebe schließen und alle Arbeiter aussperren – auch die, die sich nicht am Streik beteiligen. So können sie ihrerseits Druck ausüben. Beide Seiten treffen sich zu Verhandlungen und einigen sich irgendwann – auch wenn das manchmal sehr lange dauert.

Globalisierung

Früher waren Firmen und Unternehmen nur in ihrer Region oder höchstens in ihrem Heimatland aktiv: Hamburger-Restaurants gab es nur in den USA, deutsche Autos bekam man nur in Deutschland. Die Wirtschaft war also hauptsächlich auf die Bedingungen eingestellt, die im Inland herrschten. Maßgeblich waren die Preise, Löhne und Steuern vor Ort.

Das hat sich seit dem Zweiten Weltkrieg immer schneller und umfassender verändert. Aus der Wirtschaft der einzelnen Länder ist eine Weltwirtschaft geworden. Unternehmen sind heute auf dem ganzen Globus aktiv – deswegen wird diese Entwicklung auch Globalisierung genannt. Längst gibt es amerikanische Hamburger-Restaurants bei uns und ebenso kann man deutsche Autos in den USA kaufen. Musik wird global vermarktet, Literatur zum Teil auch: Fast überall auf der Welt können Leser die Harry-Potter-Bücher kaufen – im englischen Original oder in der jeweiligen Landessprache.

Öffnung der Grenzen in Europa

Dass die einst getrennten Märkte der Welt zu einem einzigen Markt zusammenwachsen, liegt auch am Internet. Dadurch können Waren auf der ganzen Welt bestellt und an jeden Ort geliefert werden.

Diese Globalisierung bringt große Vorteile, eben weil Produkte weltweit zur Verfügung stehen. Aber die Firmen können nun auch weltweit auf Arbeitskräfte zurückgreifen und das bringt neue Probleme. Denn die Löhne sind in vielen Ländern niedriger als beispielsweise in Deutschland und deshalb verlagern viele Firmen ihre Produktionsstätten nach Osteuropa oder Asien. In Deutschland und anderen westlichen Ländern steigt dadurch die Arbeitslosigkeit.

Produktion in Asien

Außerdem befürchten Kritiker der Globalisierung, dass die kulturelle Vielfalt der Länder verloren gehen könnte, weil nur einige wenige Sänger, Kinofilme etc. den Weltmarkt beherrschen, während nationale und regionale Künstler an Bedeutung verlieren.

Grundgesetz

Bevor 1949 die Bundesrepublik Deutschland gegründet wurde, machten sich die Politiker viele Gedanken über den neuen Staat. Man wollte auf jeden Fall in Zukunft die Fehler vermeiden, die 1933 zur Errichtung der nationalsozialistischen Diktatur geführt hatten.

In dem neuen Staat sollten die Menschen- und die Bürgerrechte umfassend geschützt werden. Zu diesem Zweck wurde das Grundgesetz geschaffen. Und es trat am 24. Mai 1949 in Kraft. Darin sind die wichtigsten Regeln für die Bürger und den Staat festgelegt. Alle anderen Gesetze der Bundesrepublik, auch die, die neu erlassen werden, dürfen dem Grundgesetz nicht widersprechen. Dass das so bleibt, darüber wacht das Bundesverfassungsgericht. Außerdem ist das Grundgesetz so eingerichtet, dass nur wenige Paragrafen vom Bundestag nachträglich geändert werden können, die wesentlichen Grundrechte jedoch nicht: Sie gelten, solange es die Bundesrepublik gibt.

Hast du das gewusst?

Das Grundgesetz, das im Jahr 1949 für die westlichen Besatzungszonen in Kraft trat, war nicht als dauerhafte Verfassung gedacht, deshalb heißt es auch nicht so. Der Parlamentarische Rat ging damals davon aus, dass alle Zonen schon bald wieder vereinigt sein würden, mit einer gemeinsamen Verfassung ...

Wer überwacht die Einhaltung des Grundgesetzes?

A Bundesverfassungsgericht
B Bundestag
C Bundeswehr
D Sozialamt

155

Der Kern des Grundgesetzes sind Grundrechte wie der Schutz der Menschenwürde, Meinungsfreiheit, Glaubensfreiheit, Gleichberechtigung von Mann und Frau, Schutz des Eigentums und Pressefreiheit.

Handwerk

Schreiner, Maurer, Glaser, Bäcker, Elektriker: All das sind traditionelle Handwerksberufe. Handwerker stellen Produkte her, verlegen Leitungen und reparieren Autos. Oft sind sie spezialisiert auf Waren oder Tätigkeiten, die nicht von einem Industriebetrieb angeboten werden können.

Meister und Lehrling

Ohne Handwerker würden unsere Wirtschaft und unser Leben nicht funktionieren. Wer sollte sonst unsere Heizung reparieren oder eine neue Tür einsetzen? Da es in Deutschland sehr viele Handwerksbetriebe gibt, ist das Handwerk auch ein wichtiger Wirtschaftsfaktor. Und weil die Betriebe kleiner sind als Industrieunternehmen, zählen Handwerker zum Mittelstand. Auch bei der Ausbildung von Fachkräften spielt das Handwerk eine wichtige Rolle: Dort werden mehr Gesellen ausgebildet als in der Industrie. Meist erhalten die Lehrlinge einen umfassenden Einblick in alle Bereiche ihres zukünftigen Berufes.

Industrie

Ohne Industrie gäbe es keine bezahlbaren Autos, Waschmaschinen, Küchengeräte oder Computer. Industrieprodukte werden in großen Fabriken oder Montagehallen in hohen Stückzahlen von vielen Arbeitern, Angestellten und Industrierobotern hergestellt. Und nur dank dieser Massenproduktion können die Produkte so preisgünstig abgegeben werden, dass ein normal verdienender Bürger sie sich leisten kann. Denn würde jedes Auto einzeln und von Hand zusammengebaut werden, wäre es nämlich nur für wenige Millionäre bezahlbar.

Was verhalf der Industrieproduktion zum Durchbruch?

- A Gummiband
- B Fließband
- C Klebeband
- D Tonband

156

Entstanden ist die Industrie im 19. Jahrhundert aus größeren Handwerksbetrieben, den Manufakturen. Auch dort versuchte man schon, möglichst viele Waren gleichzeitig preiswert herzustellen. Aber erst die Dampfmaschine und später der elektrische Strom lieferten die Energie für große Maschinen und Fließbänder und damit für eine Massenproduktion.

Autoproduktion

Die Industrie ist ein wichtiger Bereich der Wirtschaft. Allerdings werden dort immer weniger Menschen beschäftigt. Das hat mehrere Gründe: Die Arbeit wird durch Computer und Roboter immer weiter automatisiert. Und die großen Unternehmen verlagern ihre Produktion immer häufiger ins Ausland, wo die Lohnkosten viel niedriger sind als bei uns. Unsere Industriegesellschaft verwandelt sich daher immer mehr in eine Dienstleistungs- und Wissensgesellschaft: Das Angebot an Dienstleistungen und die Zahl der Erfindungen und Neuentwicklungen steigen permanent. Statt Waren zu produzieren und zu verkaufen, handeln wir inzwischen vor allem mit Wissen – zum Beispiel mit dem, das man braucht, um Industrieroboter zu bauen und zu steuern.

Landwirtschaft

Der älteste Bereich der Wirtschaft ist – neben dem Handwerk – die Landwirtschaft: Es gab sie schon in der Steinzeit vor rund 13 000 Jahren! Und trotz der Entwicklung der Industrie und der modernen Dienstleistungsgesellschaft ist die Landwirtschaft nach wie vor ein wichtiger Wirtschaftsfaktor. Allerdings hat sie ihre vorherrschende Position inzwischen verloren. In einigen Bereichen ist die Landwirtschaft sogar selbst ein Teil der Industrie geworden: Landwirtschaftliche Großbetriebe haben mit ihren Maschinen und riesigen Feldern, Gewächshäusern und Ställen industrielle Arbeitsweisen übernommen.

Wie nennt man einen Betrieb, der Geflügel züchtet?

- A Vogelwarte
- B Falknerei
- C Geflügelhort
- D Hühnerfarm

157

Vor 200 Jahren war noch ein Großteil der Bevölkerung in der Landwirtschaft beschäftigt – heute arbeiten in Deutschland nur noch 1,2 Millionen Menschen dort. Aber auch diese wenigen reichen aus, um in der Europäischen Union einen Lebensmittelüberschuss zu produzieren: „Butterberge“ und „Milchseen“ sind die Folge. Diese Überproduktion ist möglich durch moderne Maschinen, die Massentierhaltung von Rindern, Schweinen und Hühnern und die Erfindung des Kunstdüngers.

Massenproduktion von Gemüse in Spanien

Wenn zu viel produziert wird, sinken die Preise. Milchprodukte beispielsweise werden durch die Überproduktion immer billiger, sodass Landwirte keinen Gewinn mehr erwirtschaften können. Das führt dann auch dazu, dass die Zahl der landwirtschaftlichen Betriebe geringer wird.

Ein Bereich der Landwirtschaft allerdings wächst immer weiter: die Bio-Landwirtschaft. Mit Bioprodukten werden auch höhere Preise erzielt als mit herkömmlichen Produkten. Denn immer mehr Menschen achten auf eine gesunde Ernährung.

Laizismus

In manchen islamischen Staaten gibt es keine Trennung zwischen Religion und Staat: Die Religionsführer sind dort, wie im Iran, gleichzeitig die politischen Führer des Landes. Auch die Gesetzgebung des Staates stützt sich auf die religiösen Gesetze des Islam.

In Ländern wie Frankreich, Portugal oder Japan gilt hingegen der Laizismus, das ist die strikte Trennung von Staat und Religion. In diesen Ländern werden Glaubensfragen als Privatsache angesehen, die mit den Zielen und der Organisation des Staates nichts zu tun haben. Daher gibt es in diesen Ländern auch keinen Religionsunterricht in den Schulen.

Bundespräsident A.D.und Papst

Durch die festgeschriebene Trennung von Staat und Religion versuchen laizistische Staaten, den Einfluss von Kirchen auf die Staatsführung zu verhindern. Sie wollen einen rein weltlichen

Hast du das gewusst?

Auch die Türkei ist ein laizistischer Staat: Dort dürfen Frauen in öffentlichen Gebäuden, also auch in Schulen und Universitäten, kein Kopftuch tragen!

Staat, der sich nicht nach Glaubensfragen richtet.

Deutschland ist kein laizistischer Staat, aber die Kirchen bestimmen auch nicht die Politik. Kirchliche Würdenträger nehmen aber an politischen Diskussionen im Land teil und äußern sich zu politischen Fragen. Und es gibt Religionsunterricht in den Schulen. Wer keinen konfessionellen Religionsunterricht besuchen will, muss stattdessen das Fach Ethik belegen.

Hast du das gewusst?

Französische Schüler dürfen in einer staatlichen Schule keine Halsketten mit einem Kreuzanhänger tragen. So streng ist man auch in Frankreich mit der Trennung von Staat und Religion.

Liberalismus

„Liberal" kommt von dem lateinischen Wort „liber", das „frei" oder „freiheitlich" bedeutet. Der Liberalismus ist eine politische Weltanschauung, die sich auf Freiheit beruft: Der Mensch soll frei von Bevormundung sein und sein Leben so frei wie möglich führen können.

Vor allem in der Wirtschaft wird der Begriff „Liberalismus" verwendet. Liberale Politiker lehnen Eingriffe des Staates in die Wirtschaft ab. Sie wollen möglichst wenige Gesetze und Verordnungen, die das Marktgeschehen regeln, denn für sie sind ein freier Markt und ein freier Wettbewerb die besten Garanten für eine funktionierende Wirtschaft. Dafür nehmen liberale Politiker auch Nachteile wie Arbeitslosigkeit und hohe Preise in Kauf. Abgesehen davon ist ihnen das Recht auf Privateigentum sehr wichtig, das für sie die Grundlage unserer Gesellschaft darstellt. In Deutschland wird der Liberalismus vor allem von der Freien Demokratischen Partei (FDP) vertreten.

Bundeskartellamt

Was halten Liberale für besonders wichtig?

- A strenge Gesetze
- B Privateigentum
- C viele Beamte
- D viele Verordnungen

158

Marktwirtschaft

Wie der Name schon sagt, wird die Marktwirtschaft vom Markt bestimmt. Das bedeutet, dass alle Produkte und Dienstleistungen auf dem

Markt angeboten werden, wo die Kunden sie kaufen können.

Der Markt funktioniert im Wesentlichen so: Wenn die Nachfrage groß ist, steigt der Preis. Wenn die Nachfrage gering oder das Angebot zu groß ist, sinkt er. Stehen beispielsweise bei den Gebrauchtwagenhändlern viele Autos zum Verkauf, gehen die Händler mit dem Preis runter. Sind hingegen viele Käufer an einem einzigen Wagen interessiert, kann der Händler einen höheren Preis verlangen. Nach diesem Prinzip funktioniert die Marktwirtschaft. Sie wird „Freie Marktwirtschaft" genannt, wenn der Staat nicht oder kaum eingreift.

Wer überwacht, dass es auf dem Markt Konkurrenz gibt?

A Katasteramt
B Kartellamt
C Kontrollamt
D Katastrophenschutz

159

Bei einer „Sozialen Marktwirtschaft", wie es sie in Deutschland gibt, sorgt der Staat mit Gesetzen dafür, dass große Konzerne keine Monopole bilden und dadurch zum einzigen Anbieter eines Produktes werden können. Denn ohne Konkurrenz könnten sie den Markt ausschalten, das Angebot künstlich verknappen und die Preise diktieren. Wenn eine Firma alle Konkurrenzfirmen aufkaufen will, muss das deshalb bei uns immer vom Kartellamt genehmigt werden. Das Kartellamt wird darum auch „Wettbewerbshüter" genannt.

Warteschlange in der DDR

Das Gegenteil der Marktwirtschaft ist die Planwirtschaft, wie sie beispielsweise in der DDR üblich war. Politische Kommissionen legten lange im Voraus (Fünfjahresplan) fest, welche und wie viele Dinge produziert werden sollten. Die Erfüllung des Plans war wichtig und auch die Preise wurden vorher festgelegt. Da die Nachfrage aber oft größer war als das Angebot, konnte nicht jeder alles bekommen, was er brauchte. Es konnte also sein, dass es keine Schuhe gab, obwohl Schuhe benötigt wurden. Die Planwirtschaft wird daher auch „Mangelwirtschaft" genannt.

Partei

→ Wenn man politisch aktiv sein will, braucht man Gleichgesinnte, mit denen man sich zusammenschließen kann. Oder man wird Mitglied einer bereits bestehenden Partei – natürlich geht das nur, wenn man mit dem Programm dieser Partei einverstanden ist.

Eine Partei ist also eine Gruppe von Leuten, die die gleichen politischen Ziele vertreten und durchsetzen wollen. Damit eine Partei erfolgreich arbeiten kann, werden die leitenden Posten auf verschiedene Personen verteilt:

Parteitag der Grünen

An der Spitze der Partei steht der Parteivorsitzende, der bei einer demokratischen Partei auf einem Parteitag von den Mitgliedern gewählt wird. Der Parteisekretär oder Generalsekretär ist eine Art Assistent des Vorsitzenden. Er vertritt die Partei nach außen, gibt viele Interviews und setzt sich mit den anderen Parteien kritisch auseinander. Der Geschäftsführer kümmert sich um die Mitglieder und die Organisation der Partei. Für die Gelder – eine Partei finanziert sich durch Mitgliedsbeiträge und Spenden – ist der Schatzmeister verantwortlich.

Die großen Treffen der Parteimitglieder nennt man Parteitage. Dort werden politische Ziele diskutiert und die Programme entworfen, mit denen sich die Parteien zur Wahl stellen.

Welche Partei nahm 2009 erstmals an der Bundestagswahl teil?

A Die Grauen
B ÖDP
C Die Linke
D Piratenpartei

160

Die älteste Partei Deutschlands ist die Sozialdemokratische Partei Deutschlands (SPD), die es schon seit 1863 gibt. Alle anderen Parteien im Bundestag – die CDU, die CSU, die FDP, Bündnis 90/Die Grünen und Die Linke – wurden erst nach dem Zweiten Weltkrieg gegründet.

Soziale Sicherungssysteme

Wer in Deutschland nicht (mehr) arbeiten kann, für den sorgt der Staat: Wenn ein Arbeitnehmer in den Ruhestand geht, bekommt er statt seines Lohns jeden Monat eine Rente. Die ist zwar nicht ganz so hoch wie sein bisheriges Gehalt, reicht aber in der Regel zum Leben aus. Wenn ein Arbeiter seinen Job verliert, bekommt er Arbeitslosengeld. Sollte er krank werden, erhält er weitere sechs

Wochen sein Gehalt. Und ein mittelloser Mensch, der schon lange keine Arbeit mehr hat, bekommt Geld vom Sozialamt. Dieses Geld heißt derzeit „Hartz IV".

Bundesagentur für Arbeit

Soziale Sicherungssysteme sorgen also dafür, dass niemand alles verliert, wenn er krank oder arbeitslos wird oder aus Altersgründen nicht mehr arbeiten kann.

Ein Beamter bekommt im Alter keine Rente, sondern …?

A Pernod
B Portion
C Pension
D Position

161

Die Rente gibt es inzwischen seit mehr als hundert Jahren. Damals hat der Reichskanzler Otto von Bismarck sie erfunden und im Laufe der Zeit wurde sie immer wieder den Bedürfnissen angepasst. Neben der Rentenkasse gibt es heute auch noch die Krankenkassen und die Arbeitslosenversicherung, in die die Bürger regelmäßig Beiträge einzahlen müssen. Darüber hinaus werden aber auch Steuergelder benutzt, um die Sozialen Sicherungssysteme zu finanzieren.

Sozialismus

Der Sozialismus oder Kommunismus ist eine politische Weltanschauung und ein gesellschaftliches System. Er wurde im 19. Jahrhundert von verschiedenen Philosophen entwickelt. Die bekanntesten sind Karl Marx und Friedrich Engels. Sie wollten die Lage der Arbeiter verbessern und ein System schaffen, in dem die Fabriken und der Handel nicht einzelnen Menschen gehören, sondern der gesamten Gesellschaft. Auch die Gewinne sollten gerecht verteilt werden, sodass nicht nur die Unternehmer, sondern auch die Arbeiter am Wohlstand teilhaben.

Karl Marx

Die Gleichheit der Menschen und ihre Freiheit betont der Sozialismus auch in anderen Bereichen. Dem Einzelnen wird dabei das Recht abgesprochen, alleine ein großes Vermögen oder auch ganze Fabriken zu besitzen, während andere in Armut leben.

Wer gilt als wichtigster Begründer des Sozialismus?

A Karl Moik
B Karl Marx
C Karl Dall
D Karl May

162

Im 20. Jahrhundert entstanden zahlreiche Bewegungen und Parteien mit sozialistischen und kommunistischen Zielen. Nach der Oktoberrevolution von 1917 wurde in Russland erstmals ein sozialistisches System errichtet. Auch in der DDR entstand ein sozialistischer Staat, im Jahr 1949. Allerdings zeigte sich bald, dass es mit der Umsetzung der Ideale nicht weit her war. Sowohl in der Sowjetunion als auch in der DDR übernahmen die kommunistischen Parteien die Macht. Aber oft durften nur die Führungskader der Parteien Freiheiten und Wohlstand genießen – der normale Bürger nicht.

Die Machthaber bauten außerdem einen großen Polizeiapparat auf, der die Bürger bespitzelte und unterdrückte. Menschen- und Bürgerrechte wurden missachtet. Politisch Andersdenkende wurden oft jahrelang schikaniert, mit Berufsverbot belegt oder ins Gefängnis gesperrt.

Das sozialistische Experiment scheiterte: Ende der 1980er-Jahre brachen die sozialistischen Staaten Osteuropas zusammen, 1989 auch die DDR. Trotzdem hegen viele noch immer den Wunsch, dass es eines Tages möglich sein werde, einen gerechteren und besseren Sozialismus zu schaffen.

Vereinte Nationen

Die Vereinten Nationen, englisch „United Nations“ (UN), wurden 1945 gleich nach Ende des Zweiten Weltkriegs gegründet. 51 Staaten taten sich mit dem Ziel zusammen, eine internationale Organisation zu schaffen, die in Zukunft Kriege verhindern und ein friedliches Zusammenleben der Nationen ermöglichen sollte.

UN-Gebäude in New York

Heute sind fast alle Staaten der Erde Mitglieder der UN. Regelmäßig finden Versammlungen der Mitgliedsländer statt, um über wichtige Fragen zu beraten. Der

Hauptsitz der UN ist in New York. Aber auch in anderen Ländern gibt es Vertretungen. Geleitet wird die UN von ihrem Generalsekretär. Diesen Posten hat seit 2007 der Koreaner Ban Ki Moon inne.

Wie heißt das mächtigste Organ der UN?

- **A** Sicherheitsrat
- **B** Sondereinsatzkommando
- **C** Eingreiftruppe
- **D** Beratungsausschuss

163

Für sehr schwierige Fragen ist der Sicherheitsrat der UN da. Dieser besondere Rat besteht aus fünf festen und zehn wechselnden Mitgliedern. Sie beraten über Maßnahmen gegen Länder, die den Frieden gefährden.

UN-Blauhelme

Obwohl die UN über einige Sanktionsmöglichkeiten und zudem über die UN-Truppen, die Blauhelme, verfügt, kann sie nicht jeden Krieg verhindern. Dazu hat sie zu wenig Macht. In vielen Fällen aber hat sie doch Erfolg: Die UN-Soldaten sorgen an zahlreichen Grenzen für Ruhe und Ordnung, vor allem in Afrika und Asien. Außerdem bekämpft die UN mit ihren Hilfsprogrammen weltweit Krankheiten und den Hunger.

Viele Politiker fordern, dass die UN in Zukunft mehr Macht erhält, damit sie sich noch besser für den Frieden einsetzen kann. Aber das bedeutet, dass die einzelnen Staaten Macht abgeben müssen – deshalb sind solche Bemühungen bislang gescheitert.

Wahlen

→ In allen demokratischen Staaten finden regelmäßig Wahlen statt. Das ist wichtig, denn mit ihren Stimmen entscheiden die Bürger darüber, wer als Abgeordneter in ein Parlament einzieht und dort mitregiert. Eine Demokratie ohne Wahlen ist deshalb nicht vorstellbar. Aber es muss auch verschiedene politische Richtungen geben, damit die Bürger eine echte Wahl haben.

In welchem Gefäß landen die Stimmzettel?

- **A** im Wahlsarg
- **B** in der Wahlurne
- **C** im Wahleimer
- **D** in der Wahlkiste

164

Vor den Wahlen findet ein Wahlkampf statt, in dem die Kandidaten und Parteien den

Bürgern ihre Ziele erklären. Dann kann der Bürger entscheiden, welche Partei mit seinen eigenen Überzeugungen und Zielen am besten übereinstimmt.

In Deutschland gibt es viele Wahlen, zum Beispiel Landtags- und Kommunalwahlen. Am wichtigsten sind aber die Bundestagswahlen, die alle vier Jahre stattfinden. Wählen darf jeder Bundesbürger, also jeder Deutsche, der über 18 Jahre alt ist. Um sich für eine Partei zur Wahl zu stellen, muss man ebenfalls volljährig sein.

Briefwahl

Die Wahl findet bei uns immer an einem Sonntag zwischen 8:00 und 18:00 Uhr statt. Wer am Wahlsonntag keine Zeit hat, kann vorher per Briefwahl abstimmen. Die meisten Bürger gehen jedoch in ein Wahllokal. Dort bekommen sie einen Stimmzettel, mit dem sie in eine Wahlkabine gehen. Da kann niemand beobachten, wo sie ihr Kreuz machen, denn demokratische Wahlen müssen frei und geheim sein.

Mit welcher Stimme wählt man die Partei?

- A mit der Erststimme
- B mit der Parteistimme
- C mit der Ersatzstimme
- D mit der Zweitstimme

165

Auf dem Wahlzettel stehen verschiedene Kandidaten und Parteien zur Wahl. Mit der Erststimme gibt der Wähler einem bestimmten Kandidaten seine Stimme, mit der Zweitstimme wählt er eine Partei. Die Zweitstimme ist also wichtiger, denn sie entscheidet darüber, wie viele Abgeordnete für eine Partei in den neuen Bundestag einziehen.

Nach der Wahl wird der Stimmzettel in einen Umschlag gesteckt, verschlossen und in die Wahlurne geworfen. Wenn alle Wahllokale geschlossen sind, werden die Umschläge geöffnet und unabhängige Wahlhelfer zählen die Stimmzettel aus. Im Laufe des Abends stehen die Ergebnisse der Bundestagswahl dann meist schon fest.

Wirtschaftskriminalität

→ Wenn ein neues Schwimmbad gebaut werden soll und eine Baufirma unbedingt diesen Auftrag bekommen will, muss sie, wie alle anderen Baufirmen, ein Angebot abgeben. Die Firma, die das günstigste Angebot abgibt, wird dann von der Stadt den Auftrag erhalten. Das ist der normale Ablauf.

Es kommt aber immer wieder vor, dass ein Manager der Baufirma zu dem Beamten der Stadt geht, der für die Auftragsvergabe zuständig ist, und ihm heimlich einen Umschlag mit Geld gibt. Dafür will der Manager wissen, wie hoch die bisherigen Angebote waren. Nun kann die Baufirma des Managers die Angebote unterbieten und erhält den Auftrag. Das ist Bestechung und ein typischer Fall von Wirtschaftskriminalität.

Wirtschaftskrimineller

Während andere Verbrechen wie Mord, Entführung oder Diebstahl gleich zu sehen sind, finden Wirtschaftsverbrechen meist im Verborgenen statt. Statt mit Waffen und Brechstangen arbeiten die Täter mit dem Computer und gut gefüllten Geldkoffern. Sie fälschen Zahlen auf Abrechnungen und in den Bilanzen von Firmen. Buchhalter von Firmen betrügen das Finanzamt, während Sachbearbeiter die Daten von Kunden an andere Firmen verkaufen.

Weitverbreitet ist auch die Produktpiraterie. Dazu werden meist in asiatischen Ländern Produkte wie Jeans oder Handtaschen aus billigen Materialien gefertigt und mit dem Firmenlogo einer Nobelmarke versehen. Ein kleines, grünes Krokodil ziert dann ein Billig-T-Shirt. Der Verkauf bringt Millionen, schädigt aber die Markenfirmen. Raubkopien von CDs und DVDs herzustellen, gehört zur Produktpiraterie. Auch Insidergeschäfte an der Börse sind verboten. Wenn Manager großer Konzerne von wichtigen Entscheidungen wie dem bevorstehenden Verkauf von Firmen wissen, können sie bestimmte Aktien kaufen, bevor die Entscheidung allgemein bekannt wird. Innerhalb von Stunden können sie Millionen ergaunern.

Wirtschaftsspionage ist ebenfalls ein Verbrechen. Statt selbst ein neues Produkt zu entwickeln, was viel Geld kostet, schicken manche Unternehmen ihre Spione los, die bei anderen Firmen wichtige Pläne, Daten oder Muster stehlen. Allein in Deutschland wird der Schaden, der so jährlich entsteht, auf rund 6 Milliarden Euro geschätzt.

Technik und Naturwissenschaft

Warum fließt Wasser? Warum fällt ein Apfel zu Boden, statt in der Luft zu schweben? Wer bewegt Sonne, Mond und Sterne? Und warum macht eine Explosion im Weltall kein Geräusch?

Die Menschen waren schon immer neugierig. Und es gab schon immer welche unter ihnen, die versuchten, Fragen wie diese mit wissenschaftlichen Methoden zu beantworten. So haben sich nach und nach die modernen Naturwissenschaften entwickelt. Heute erforschen Physiker, Astronomen, Chemiker oder Geologen mit ausgefeilter Technik unsere Welt und den Weltraum.

Dabei sind sie immer auch auf der Suche nach Möglichkeiten, wie man die neuen Erkenntnisse in der Technik nutzbar machen kann. Technik, das ist die praktische Anwendung der Ergebnisse der Forschung. Neue Computerchips oder Klebstoffe sind keine Zufallserfindungen, sondern die Ergebnisse intensiver Forschungsarbeit in Universitäten und den Labors der Industrie.

Eine spannende Arbeit, die täglich unser Leben verändert – und auch unsere Vorstellung von der Welt und vom All.

Akustik

Wer schon einmal einen Science-Fiction-Film gesehen hat, kennt die Szene: Ein Raumschiff wird von einem Laser getroffen und explodiert mit einem lauten Knall. Ein eindrucksvoller Effekt – aber das geht nur im Film. Denn selbst wenn eine ganze Flotte von Raumschiffen im Weltraum explodieren würde, könnte man keinen einzigen Ton hören!

Das liegt daran, dass Schall ein Medium braucht, um sich auszubreiten – das kann ein Gas, eine Flüssigkeit oder feste Materie sein. Diese Substanz bewegt sich von der Quelle des Schalls weg wie eine Welle, die entsteht, wenn man einen Stein ins Wasser wirft. Im All gibt es nichts, was den Schall transportieren könnte: Dort herrscht ein Vakuum.

Wie nennt man einen luftleeren Raum?

A Vakuum
B Unikum
C Basilikum
D Plutonium

166

Wenn allerdings ein Medium da ist, kann man Töne aller Art hören: Viele Wellen in kurzer Zeit ergeben einen hohen Ton, wenige Wellen einen tiefen.

Es gibt aber sehr viel mehr Töne, als wir Menschen hören können – wie jeder weiß, der schon mal in eine Hundepfeife geblasen hat. Sehr hohe Töne und sehr tiefe Töne, die für viele Tiere innerhalb ihres Wahrnehmungsbereichs liegen, können wir nicht hören – ihre Frequenz ist für uns zu hoch oder zu niedrig.

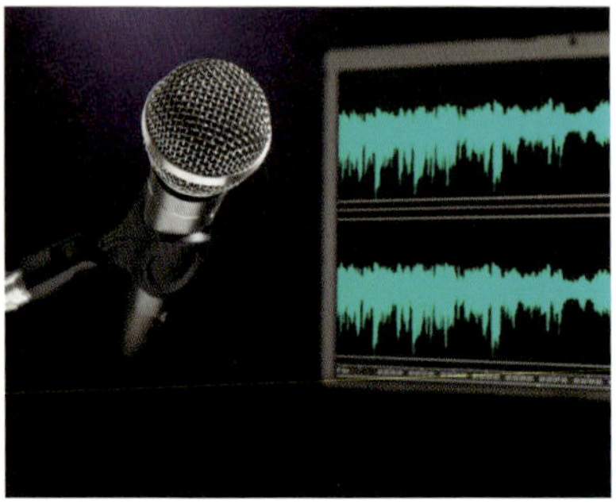

Schallwelle

Frequenz, so nennt man die Tonhöhe. Sie wird in der Einheit Hertz (Hz) gemessen. Der Frequenzbereich, den das menschliche Ohr wahrnehmen kann, der Hörschall, liegt zwischen 16 und 20 000 Hz.

Wie Wellen auf dem Wasser haben auch Schallwellen eine bestimmte Geschwindigkeit, und die hängt entscheidend vom Medium ab. In der Luft bewegen sich Schallwellen mit 343 Metern pro Sekunde, das sind 1234,8 Kilometer in der Stunde. Im Wasser erreichen sie mehr als die vierfache Geschwindigkeit: 1500 Meter pro Sekunde. In der dünnen Atmosphäre des Mars sind Schallwellen deutlich langsamer. Das hat den Effekt, dass ein Ton dort viel tiefer klingt und nicht besonders weit zu hören ist. Den Knall eines Luftballons könnte man nur etwa 15 Meter weit hören!

Die Wissenschaft, die die Eigenschaft des Schalls untersucht, ist die Akustik. Den Akustikern geht es einerseits darum, Schall besser hörbar zu machen. Sie erfinden im medizinischen Bereich Hörgeräte für schwerhörige Menschen. Andererseits kann Schall auch krank machen, deshalb entwickeln Akustiker zusammen mit Materialforschern Schallschutzwände für Autobahnen und Schallschutzfenster.

Elektrizität

Ohne Elektrizität wäre unsere moderne Industriegesellschaft mit ihren Maschinen und Computern unvorstellbar. Um Strom zu nutzen, brauchen wir eigentlich nur zu wissen, wo die nächste Steckdose ist. Damit Strom uns jederzeit und fast überall zur Verfügung steht, ist allerdings eine Menge an Material, Technik und Knowhow nötig.

Um Strom zu bekommen, braucht man erst einmal andere Energien. Zum Beispiel die Energie, die in Steinkohle gespeichert ist. Sie wird in einem Kohlekraftwerk verbrannt und setzt ihre Energie dabei in Form von Hitze frei. Diese Hitze bringt Wasser zum Kochen. Der Wasserdampf strömt unter hohem Druck durch eine Turbine, ein großes Schaufelrad, und setzt es in Bewegung. Die Turbine wiederum treibt einen Generator an, der wie der Dynamo am Fahrrad arbeitet. Darin dreht sich eine Spule in einem Magnetfeld, das von festen Magneten erzeugt wird. Und dadurch wird letztendlich die elektrische Spannung hergestellt, die dann als Strom über Kabel in unsere Haushalte fließt.

Elektrisch erleuchtetes Europa

Aber wir betreiben nicht nur Kohlekraftwerke, für die es immer weniger Ressourcen auf unserer Erde gibt, sondern auch Atomkraftwerke, die wegen des radioaktiven Abfalls und der extremen Gefahr von Unfällen problematisch sind. Immer öfter werden darum heute auch erneuerbare Energien genutzt, wie sie in Wind-, Wasser- und Solarkraftwerken erzeugt werden.

Aber egal wie der Strom entsteht: Damit wir ihn überall nutzen können, muss er gespeichert werden. Das erreicht man in Batterien und Akkus mithilfe von Chemikalien.

Welche drehbare Schraube treibt einen Generator an?

A Honigbiene
B Turbine
C Killerbiene
D Kabine

167

Energie

Um ein Auto bewegen zu können, braucht man Energie, die im Benzin gespeichert ist. Wenn man den Motor anstellt und auf das Gaspedal tritt, verbrennt das Benzin im Motor und die Energie wird freigesetzt: Das Auto fährt, bis der Tank leer und die Energie verbraucht ist. So sagt man jedenfalls. Physikalisch stimmt das aber nicht: Energie lässt sich weder erzeugen noch verbrauchen – sie kann lediglich von einer Form in eine andere umgewandelt werden.

Welcher Stoff hat chemische Energie gespeichert?

A Wasser
B Gold
C Erdgas
D Eisen

168

Die im Benzin gespeicherte Energie nennt man chemische Energie. Im Motor wird sie in thermische Energie (Wärme) und dann in mechanische Energie (Bewegung des Autos) umgewandelt. Die mechanische Energie wird daraufhin wieder in thermische Energie umgewandelt und an die Luft abgegeben, die sich dadurch erwärmt. Dort verteilt sich die Energie. Sie ist immer noch vorhanden, auch wenn der Tank längst leer ist – nur an einem anderen Ort und in anderer Form.

Benzin ist ein Speicher für chemische Energie – Kohle und Holz, aber auch Batterien und Akkus sind weitere. Auch ein Akku kann ja ein Auto antreiben, allerdings muss das ein Elektroauto sein.

Wasserkraftwerk

Ein Akku bekommt seine Energie aus einem Kraftwerk. Dort wird die Energie aber auch nur umgewandelt. Bei einem Kohlekraftwerk benutzt man dazu chemische Energie. Ein Windkraftwerk hingegen nutzt die Energie, die in der Bewegung des Windes enthalten ist, die kinetische Energie. Bei einem Wasserkraftwerk

Planeten

kommt wieder eine andere Energieform zum Einsatz, die Energie der Lage, auch potenzielle Energie genannt: Das Wasser wird dank der Schwerkraft von der Erde angezogen und stürzt nach unten – und dabei treibt es Turbinen und Generatoren an. In einem Atomkraftwerk schließlich wird nukleare Energie in thermische Energie (Wasserdampf) umgewandelt und dann in elektrische Energie.

Auch unser Körper braucht Energie. Unser eigenes „Kraftwerk" funktioniert so: Wir nehmen Energie in Form von Nahrung zu uns, in der sie als chemische Energie gespeichert ist. Unser Körper nutzt diese Energie unter anderem für Bewegung und wandelt sie teilweise auch in thermische Energie um: unsere Körperwärme.

Grundkräfte

→ Warum bleiben die Planeten bei ihrem Weg um die Sonne eigentlich auf ihren Bahnen und fliegen nicht einfach weg? Darüber soll um das Jahr 1660 herum der englische Forscher Isaac Newton in seinem Garten nachgedacht haben. Plötzlich, so wird erzählt, fiel ihm ein Apfel von einem Baum direkt auf den Kopf. Und der brachte Newton auf die Idee, dass es vielleicht eine besondere Kraft war, die den Apfel hatte fallen lassen: die Anziehungs- oder Schwerkraft. Und vielleicht, so sagte er sich, reicht diese Kraft sogar so weit, dass sie auch die Planeten daran hindert, einfach ins All zu fliegen. Seine Schlussfolgerung: Die Schwerkraft der Sonne hält die Planeten fest.

Die Schwerkraft, das ist eine von vier Grundkräften oder Wechselwirkungen, die das Universum zusammenhalten und Raum und Zeit erzeugen. Die Schwerkraft ist die schwächste dieser Grundkräfte. Dafür reicht sie aber unendlich weit ins All und kann auch nicht abgeschirmt werden. Wie stark sie ist, das hängt von der Masse eines Objekts ab. Deshalb haben große Sonnen viel Schwerkraft, kleine Planeten oder Monde hingegen nur wenig.

Die stärkste Grundkraft ist die „Starke Kernkraft". Sie hält die

Elementarteilchen zusammen, aus denen die Neutronen und Protonen bestehen, die wiederum Atomkerne bilden. Ohne diese Kraft gäbe es gar keine Materie, also auch keine Sterne, Planeten und Lebewesen!

Wofür ist die Elektromagnetische Kraft verantwortlich?

A für das Licht
B für die Schwerkraft
C für die Kernfusion
D für die Atomkraft

169

Die „Schwache Kernkraft" ist für den Zerfall von Neutronen verantwortlich, bei dem Elektronen als Strahlung frei werden. Sie sorgt zum Beispiel in der Sonne für die Kernfusion, die uns mit Wärme und Licht versorgt.

Starke und Schwache Kernkraft haben nur eine sehr kurze Reichweite: Sie reichen kaum weiter, als ein Atom groß ist!

Die vierte Grundkraft ist die „Elektromagnetische Wechselwirkung". Sie ist für alle elektromagnetischen Wellen verantwortlich, das sind Magnetfelder, Röntgenstrahlen, Elektrizität und das Licht. Ihre Reichweite ist wie die der Schwerkraft unbegrenzt: Ein Lichtstrahl kann durch das ganze Universum reisen! Ob es vielleicht noch mehr Grundkräfte gibt? Das konnte die Wissenschaft bislang nicht klären. Aber möglich wär's.

Kerntechnologie

Als der Physiker Otto Hahn 1938 in Berlin mit radioaktiven Materialien experimentierte, bekam er Ergebnisse heraus, die er sich nicht erklären konnte. Seine Assistentin Lise Meitner – sie war vor den Nationalsozialisten nach Schweden geflohen – hatte glücklicherweise die passende Idee: Otto Hahn hatte die Kernspaltung entdeckt.

Atomkraftwerk

Bei dem Zerfall radioaktiver Elemente wird eine Menge Energie frei. Die Energie nutzten Wissenschaftler in den USA zum Bau der ersten Atombomben, die am Ende des Zweiten Weltkriegs über den japanischen Städten Hiroshima und Nagasaki abgeworfen wurden. Gleichzeitig arbeiteten sie daran, den Vorgang der Kernspaltung langsam und kontrolliert ablaufen zu lassen, um damit einmal einen Atomreaktor zu betreiben. Schon 1942 hatten die Amerikaner Erfolg, indem sie das Metall Uran als radioaktives Material verwendeten.

Atom-U-Boot

Seitdem wurden weltweit über 200 Kernkraftwerke gebaut. In ihnen findet eine gesteuerte Kernspaltung statt. Sie erzeugt Hitze, mit deren Hilfe Wasser verdampft – und der Wasserdampf treibt dann die Stromgeneratoren an. Auch Flugzeugträger und Atom-U-Boote werden von Atomreaktoren angetrieben.

Welches radioaktive Metall wird in der Kerntechnik verwendet?

A Aluminium
B Gold
C Blei
D Uran

170

Diese Technologie ist äußerst umstritten, denn radioaktive Strahlung ist sehr gefährlich. Welche katastrophalen Folgen eine Panne in einem Kernkraftwerk haben kann, hat die Explosion des Atomkraftwerks in Tschernobyl in der Ukraine 1986 gezeigt. Abgesehen davon ist noch nicht klar, wie man die abgebrannten Brennstäbe eines Reaktors sicher und auf Dauer entsorgen kann. Aus all diesen Gründen ist es fraglich, wie die Zukunft der Atomenergie aussieht: Vielleicht wird sie noch lange genutzt – oder durch alternative Stromerzeugungskonzepte ersetzt.

Welcher Forscher hat die Kernspaltung entdeckt?

A Albert Einstein
B Otto Hahn
C Galileo Galilei
D Isaac Newton

171

Luftfahrt

Einmal wie ein Vogel fliegen ... Davon haben Menschen schon immer geträumt. Und sie haben einiges unternommen, um diesen Traum wahr werden zu lassen. Schon in der Antike hat man Flugapparate und Flügel gebaut, aber fliegen konnte damit niemand. Bis Otto Lilienthal aus Anklam 1889 untersuchte, wie Vögel das mit dem Fliegen eigentlich machen. Und dadurch kam er dem Geheimnis des Fliegens auf die Spur. Er stellte nämlich fest, dass der Flügel eines Storches im Querschnitt eine gewölbte Form hat. Dieses besondere Profil sorgt dafür, dass der Weg der Luft über dem Flügel weiter ist als der unter dem Flügel. Die Luft wird also etwas dünner über dem Flügel und erzeugt einen Unterdruck, und der zieht den Flügel nach oben.

Gleitflugzeug von Otto Lilienthal

Mit diesem Wissen baute Otto Lilienthal ab 1891 Gleitflugzeuge und unternahm die ersten Flüge. Bald fand er viele Nachahmer, zum Beispiel die Amerikaner Wilbur und Orville Wright. Sie bauten 1903 bereits ein Motorflugzeug, das man sicher lenken konnte. Denn es besaß im Gegensatz zu denen anderer Flugpioniere ein Seitenruder, ein Höhenruder und ein Querruder.

Was sorgt bei einem Flugzeug für den Auftrieb?

A das Flügelprofil
B die Luft in den Flügeln
C das Fahrwerk
D das Leitwerk

172

Innerhalb weniger Jahrzehnte nach der Erfindung des Flugzeugs war die Luftfahrt schon zu einem bedeutenden Industriezweig geworden, und das ist sie heute noch. Die drei wichtigsten Bereiche sind militärische Flugzeuge, Passagierflugzeuge und Transportflugzeuge.

Bis heute fliegen Flugzeuge übrigens nach den Grundlagen, die Otto Lilienthal und die Brüder Wright entdeckt haben: Auch der Airbus A 380, das größte Passagierflugzeug der Welt, hat ein gewölbtes Flügelprofil und Höhen-, Seiten- und Querruder.

Fahrzeugbau

Zu Fuß die USA durchwandern oder auf dem Pferd über die Alpen? Wenn wir auf diese Weise reisen müssten, würden wir uns das wohl zweimal überlegen. Aber glücklicherweise gibt es Fahrzeuge: Sie transportieren Menschen und Waren von Ort zu Ort, versorgen unsere Dörfer und Städte, machen Bergwerke und Fabriken erst rentabel – und ermöglichen uns Reisen in ferne Länder, die wir sonst nur schwer oder gar nicht erreichen könnten. Die modernen Fahrzeuge haben die Welt schrumpfen lassen. Kein Wunder, dass der Fahrzeugbau einer der wichtigsten Bereiche der Industrie ist. Für Länder wie Deutschland, Japan und die USA ist die Automobil-Produktion von herausragender wirtschaftlicher Bedeutung.

Moderne Hersteller von Autos, Zügen oder Flugzeugen stellen meist nur einen Teil der Fahrzeuge her: Die Blechteile für die Karosserien stammen aus Presswerken. Dort werden die Stahlbleche unter großem Druck in die benötigten Formen gepresst.

Motoren, elektrische und Kunststoffteile kommen von kleineren Zulieferbetrieben. Sie werden erst dann angeliefert, wenn sie benötigt werden (Just-in-time-Produktion). Das ist billiger für die Fahrzeughersteller, als selbst riesige Lagerhallen zu bauen und zu verwalten. Erst auf dem Fließband werden schließlich alle Elemente montiert. Menschen werden dabei kaum noch gebraucht: Längst übernehmen Industrieroboter viele Aufgaben, vom Schweißen bis zum Lackieren.

Flugzeugbau

Flugzeuge entstehen anders: Man montiert sie nicht am Fließband, sondern einzeln in großen Montagehallen, die Flugzeugwerften genannt werden. Da Flugzeuge sehr leicht sein müssen, kommen dabei auch kaum noch Bleche zum Einsatz, stattdessen immer mehr Teile aus Kohlefaser, einem leichten Kunststoff.

Schiffe hingegen werden auf Schiffswerften gebaut. Ein Schiff ist meist ein Einzelstück. Das bedeutet, dass alle Teile einzeln angefertigt und zusammengeschweißt werden müssen! Die Maschinen und die Innenausstattung stammen aber von Zulieferfirmen. Und auf den Werften entstehen auch die größten Fahrzeuge überhaupt. In manche Kreuzfahrtschiffe werden nicht nur Hunderte von Passagierkabinen eingebaut, sondern sogar ganze Theater!

Aus welchem Material bestehen heute Flugzeugteile?

A Blei
B Holz
C Glas
D Kohlefaser

173

Anorganische Chemie

Ein Chemiker untersucht die Eigenschaften und die Zusammensetzung von Stoffen. Er will außerdem wissen, wie man bestimmte Stoffe in andere Stoffe umwandeln kann. Dabei unterscheidet er zwei große Gruppen: die Stoffe, die unser Körper bilden kann, und diejenigen, die unsere Organe nicht erzeugen können.

Die Untersuchung der letzten Gruppe nennt man deshalb anorganische Chemie. Dazu gehören fast alle Stoffe, die keinen Kohlenstoff enthalten. Denn alles Leben auf der Erde besteht zum großen Teil aus Kohlenstoff – nicht aber Salze und Metalle. Sie gehören deshalb ebenso zur anorganischen Chemie wie viele Verbindungen mit Sauerstoff, Stickstoff und Wasserstoff. Zum Beispiel Wasser: Wir brauchen es unbedingt, können es aber in unserem Körper nicht bilden. Auch Salze, zum Beispiel Kochsalz, müssen wir zu uns nehmen – unsere Organe können es nicht selbst bilden.

Welcher Stoff spielt in der anorganischen Chemie keine Rolle?

A Aluminium
B Germanium
C Silizium
D Kohlenstoff

174

Metalle wie Eisen, Aluminium, Kupfer, Blei oder Natrium können wir ebenfalls nicht selbst herstellen. Und das gilt auch für Halbmetalle, die sowohl metallische als auch nicht metallische Eigenschaften haben. So wie Silizium und Germanium – zwei ganz wichtige Elemente, denn aus ihnen stellt man Chips für Computer her.

Organische Chemie

In Pflanzen, Tieren und Menschen laufen chemische Prozesse ab – das wissen die Menschen schon lange. Aber erst im 19. Jahrhundert erkannte man, dass es ein Element ist, das die Grundlage allen Lebens bildet: Kohlenstoff. Jedes uns bekannte Lebewesen besteht aus Kohlenstoffverbindungen, hinzu kommen fast immer noch Wasserstoff, Sauerstoff und Stickstoff.

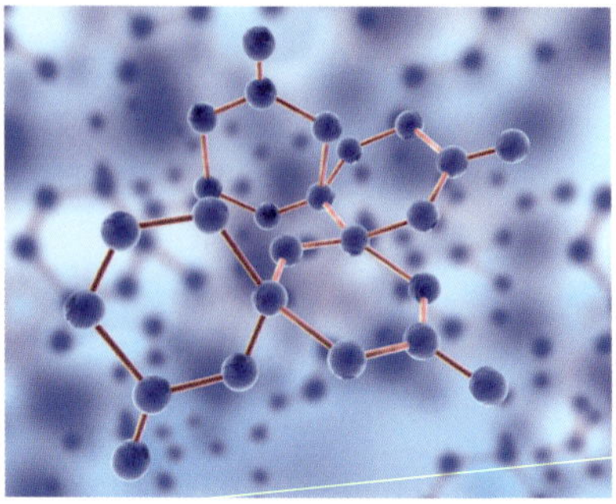

Moleküle im Modell

Die Chemie dieser Kohlenstoffverbindungen nennt man „organische Chemie“. Bei weiteren Forschungen fand man dann heraus, dass einige Mineralien wie Kohle, Erdgas und Erdöl ebenfalls Kohlenstoffe enthalten – also auch organischen Ursprungs sind. Sie sind ja tatsächlich die Reste von Bäumen, Plankton und anderen Lebewesen.

Welcher Stoff wird aus Erdöl gewonnen?

A Alleskleber
B Margarine
C Papier
D Baumwolle

175

Aus Erdöl stellt man Diesel, Heizöl und Benzin her, außerdem Farben, Klebstoffe, Kunstfasern und Kunststoffe. Kunststoffe sind also in Wirklichkeit gar nicht so künstlich!

Elemente

Elemente – dieses Wort hat viele Bedeutungen. In der Chemie bezeichnen sie chemische Grundstoffe, aus denen alle anderen Stoffe zusammengesetzt sind, zum Beispiel Eisen, Wasserstoff, Sauerstoff, Kohlenstoff, Kupfer und Blei. Wasser besteht aus den Elementen Wasserstoff und Sauerstoff, kurz: H_2O. Chemiker bezeichnen alle Elemente mit Buchstaben. Das Gas Wasserstoff hat den Buchstaben H, Sauerstoff den Buchstaben O. Und weil Wasser aus zwei Wasserstoffatomen und einem Sauerstoffatom besteht, lautet seine chemische Formel H_2O.

Wie heißt das leichteste Element mit einem Elektron?

A Kohlenstoff
B Wasserstoff
C Sauerstoff
D Stickstoff

176

Bis heute haben Forscher 118 Elemente entdeckt. Obwohl „entdeckt“ nicht immer das richtige Wort ist: Mehr als 20 Elemente wurden künstlich hergestellt und kommen so in der Natur gar nicht vor. Damit man jederzeit den Überblick über alle Elemente und ihre Eigenschaften hat, wurden sie in eine besondere Tabelle eingetragen, das „Periodensystem der Elemente“. Elemente mit ähnlichen Eigenschaften stehen dort in derselben Gruppe.

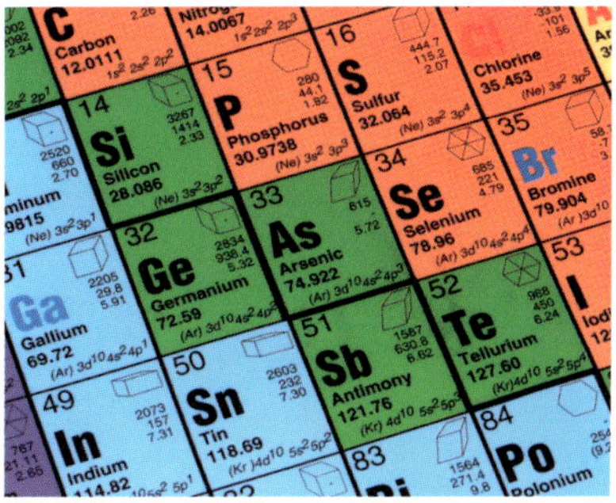

Periodensystem

Geordnet sind sie nach ihrer Ordnungszahl, die die Anzahl der Protonen im Atomkern angibt. Jedes Element setzt sich nämlich aus Atomen mit den gleichen chemischen Eigenschaften zusammen. Die Atome wiederum bestehen aus einem positiv geladenen Atomkern aus Protonen und Neutronen und einer negativ geladenen Elektronenhülle. Diese Hülle hat mehrere Schalen, die eine genaue Anzahl von Elektronen aufnehmen können: Wasserstoff, das leichteste Element, besitzt nur eine Schale mit einem Elektron. Das nächste Element im Periodensystem, das Gas Helium, hat zwei Elektronen auf seiner Schale. Silber (abgekürzt „Ag“ vom lateinischen Wort „argentum“) hat gleich fünf Schalen mit insgesamt 47 Elektronen.

Die unterschiedlichen Eigenschaften der Elemente hängen vor allem von der Anzahl der Elektronen ab, die um den Atomkern kreisen.

Gentechnologie

„Ganz die Mama!" Schon vor Jahrtausenden war klar, dass Kinder ihren Eltern ähneln. Aber warum das so ist, wusste man lange nicht. Dann begannen die Menschen, Haustiere zu halten – und dabei fiel ihnen auf, dass die Nachkommen von Tieren ebenfalls einige der Eigenschaften ihrer Eltern hatten: Das Fohlen eines schnellen und kräftigen Hengstes war oft ebenso schnell und kräftig. Und die Kälber von Kühen, die viel Milch gaben, lieferten später meist auch viel Milch.

Die gentechnische Kopie eines Lebewesens heißt ...?

A Mutant
B Klon
C Cyborg
D Golem

177

Um gewünschte Eigenschaften zu verstärken, wählte man die Tiere entsprechend aus und züchtete sie. Das funktionierte übrigens auch bei Pflanzen: Statt kleiner Getreidekörner erhielt man im Laufe der Zeit immer größere Körner, und statt für bestimmte Krankheiten anfällige Pflanzen bekam man gesündere. All das lernten die Menschen aus Erfahrung – aber warum das so funktionierte, wussten sie immer noch nicht.

Erst im 20. Jahrhundert kamen Forscher dem Geheimnis der Vererbung auf die Spur, als sie fadenförmige Gebilde in den Kernen von Zellen entdeckten. Das sind die Chromosomen, die Träger des Erbgutes. Sie bestehen aus großen Molekülen, der Desoxyribonukleinsäure (DNA), die die eigentlichen Erbinformationen enthält. Das ist ein Code, der aus vier verschiedenen chemischen Verbindungen gebildet wird – so wie Wörter aus Buchstaben bestehen.

Die DNA enthält den Bauplan für jedes einzelne Lebewesen. Wenn sich eine Zelle teilt, dann wird auch dieser Bauplan geteilt und kopiert und ist danach in beiden Zellen enthalten. Auch bei der Fortpflanzung wird der Bauplan weitergereicht – aber dabei werden die Baupläne der Eltern kombiniert.

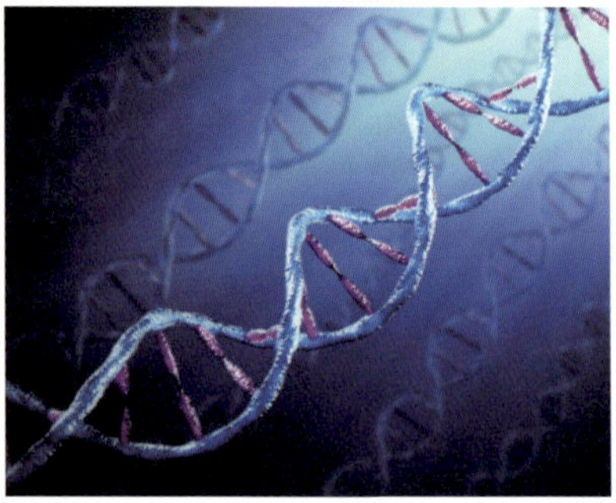

Desoxyribonukleinsäure (DNA)

Genforscher haben in den letzten Jahren viele dieser genetischen Baupläne entschlüsselt. Sie wissen also in vielen Fällen, welche Kombinationen welcher Gen-Buchstaben welche Eigenschaften

Geklonter Mensch

hervorrufen. Dadurch ergeben sich ganz neue Möglichkeiten für gezielte Züchtungen: In Genlaboren hat man bei Pflanzen und Tieren schon einige dieser Buchstaben entfernt und durch andere ersetzt, damit sie neue Eigenschaften erzeugen. So hat man beispielsweise einer Maispflanze, die sehr anfällig für einen Pilz war, ein Gen eingepflanzt, das sie widerstandsfähig gegen diesen Pilz macht.

Ein großer Fortschritt – aber die Gentechnologie birgt auch Gefahren. Zum Beispiel sind die Nebenwirkungen solcher gentechnisch veränderten Pflanzen noch weitgehend unbekannt.

Wo ist die Erbinformation gespeichert?

A im Kopf
B in den Haaren
C unter der Haut
D im Zellkern

178

Auch die Nebenwirkungen des Klonens sind noch nicht gut erforscht. Bei Tieren können nämlich seit einigen Jahren Nachkommen gezüchtet werden, die genau dasselbe Erbgut wie Mutter oder Vater haben: Klone, die eine exakte Kopie eines Elternteils sind. Weitere Forschungen werden zeigen, wie und ob wir diese neue Technologie nutzen können oder ob sie zu viele Gefahren birgt. Hinzu kommen ethische Fragen – spätestens dann, wenn es um die Möglichkeit geht, Menschen zu klonen.

Hirnforschung

Die Hirnforschung ist zurzeit eines der spannendsten wissenschaftlichen Gebiete. Denn fast täglich finden Forscher etwas Neues über unser Gehirn heraus und damit auch über Fragen wie: Was ist Bewusstsein? Wie funktioniert Erinnerung? Wie lernen wir? Wie entstehen Gefühle? Warum sind manche Menschen extrem aggressiv und andere besonders mitfühlend?

Früher konnte man über solche Fragen nur philosophieren und spekulieren – heute kann man mithilfe neuester Techniken Gedanken und Gefühle im Gehirn sichtbar machen, ohne den Schädel öffnen zu müssen.

Die modernste dieser neuen Techniken ist die funktionelle Magnetresonanztomografie (fMRT), die man auch Kernspintomografie nennt. Sie arbeitet mit einem starken Magnetfeld und Radiowellen und zeigt ohne schädliche Strahlung den Sauerstoffverbrauch im Gehirn an – und damit zugleich jene Regionen, die aktiv sind, wenn die untersuchte Person an etwas Bestimmtes denkt oder etwas fühlt oder auch eine bestimmte Aufgabe löst.

Nach wem oder was wurde die Alzheimer Krankheit benannt?

A Kurort Alzheim
B Alois Alzheimer
C Alzheimer See
D Alzheimer Gebirge

179

Die Hirnforschung soll uns aber nicht nur helfen, mehr über unser Bewusstsein, unsere Gefühle und den Zusammenhang zwischen Körper und Seele zu lernen. Sie ist auch von großer Bedeutung für die Medizin. Denn mithilfe der Hirnforschung will man Krankheiten wie Alzheimer, Parkinson, Schizophrenie und Depressionen genauer verstehen, sodass sie bald auch besser behandelt werden können.

Geologie

Ein Geologe klettert einen Hang hinauf und schlägt mit einem Hämmerchen einige Steine aus einer Schicht, die sich vom übrigen Gestein abhebt. Und er findet ... eine Muschel! Ist dieses Gebirge vor langer Zeit einmal der Boden eines Meeres gewesen? Und wann könnte das gewesen sein? Vor 50 oder vor 100 Millionen Jahren?

Versteinerung

Geologen untersuchen die Erde und ihre Schichten. Dadurch wollen sie herausfinden, wie die Erde entstanden ist und wie sie sich dann weiterentwickelt hat. Darüber wurde lange gerätselt, viele Theorien wurden aufgestellt und wieder verworfen. Erst im 20. Jahrhundert wurde beispielsweise klar, dass die Erdkruste noch immer in Bewegung ist und ständig neue Gebirge aufgefaltet werden, während ältere Gebirgsformationen durch Erosion – also durch Niederschläge, Frost, Eis, Hitze und Wind – wieder abgetragen werden.

Geologen versuchen herauszufinden, wie die Erde vor Millionen von Jahren ausgesehen hat. Dazu sammeln sie Steine und Fossilien, die sie miteinander vergleichen. Auch dem Vulkanismus sind sie auf der Spur. Sie helfen bei der Suche nach Erzen, Erdöl und anderen Bodenschätzen.

Tropfsteinhöhle

Bei ihrer Arbeit schrecken sie weder vor großen Höhen und Tiefen noch vor Höhlen zurück: In Tropfsteinhöhlen vermessen sie die Stalaktiten, die von der Höhlendecke nach unten wachsen, und die Stalagmiten, die vom Boden nach oben wachsen.

Wie nennt man versteinerte Pflanzen und Tiere?

A Fossilien
B Antiquitäten
C Gebeine
D Sedimente

180

Durch Tiefenbohrungen holen sie Gesteinsproben aus mehreren Tausend Metern Tiefe und erforschen auf diese Weise tiefere Erdschichten. Nicht einmal der Boden der Ozeane ist vor ihnen sicher: Sie erkunden ihn mit Greifbaggern und U-Booten. In ferner Zukunft wollen Geologen noch weiter hinaus: Sie wollen den Mond, den Mars und andere Planeten erforschen.

Wie nennt man den natürlichen Zerfall eines Gebirges?

A Invasion
B Korrosion
C Erosion
D Infektion

181

Kartografie

Wie finde ich den Weg in eine Stadt, in der ich noch nie war? Wie weit ist es bis zum nächsten Hafen? Oder zur nächsten Kneipe? Antworten auf diese Fragen finden wir auf Landkarten.

Schon Mitte des 3. Jahrtausends v. Chr. zeichneten die Menschen erste Karten. Dabei stießen sie schnell auf verschiedene Probleme: Damit man die Karten praktisch nutzen konnte, mussten die Entfernungen richtig angegeben werden und auch die Größenverhältnisse sollten stimmen. Außerdem war ein geeigneter Maßstab wichtig. Genaue Angaben waren damals aber nicht so einfach zu bekommen, deshalb verließen sich die ersten Kartenzeichner auf die Auskünfte von

Reisenden und Seeleuten, die Entfernungen meist in Tagesreisen angaben.

Vor rund 2500 Jahren wurden von den alten Griechen die ersten Weltkarten gezeichnet. Die Welt war damals allerdings noch recht klein: Die Karten zeigten nur den Mittelmeerraum – der Rest der Welt war in Europa unbekannt.

Wie heißen die Höhenlinien vieler Karten?

A Isohypsen
B Isomatten
C Isolatoren
D Isotope

182

Die Griechen wussten aber schon, dass die Erde eine Kugel ist, und darum kannten sie auch das Problem der Projektion: Auf einer Kugel sind die Größenverhältnisse und Entfernungen anders als auf einer flachen Karte. Und die Griechen erfanden die Längengrade von 360 Grad. Die heute übliche Einteilung in Längen- und Breitengrade wurde erst 1884 endgültig festgelegt.

Den ersten Globus baute 1492 Martin Behaim in Nürnberg. Auch darauf fehlte allerdings noch so einiges: Amerika, Australien und die Antarktis kannte man noch nicht.

Einen riesigen Fortschritt brachte die Weltkarte des Kartografen Gerhard Mercator. Er rollte gewissermaßen seine Karte wie einen Zylinder um den Erdball und übertrug anschließend die Punkte des Globus auf die Karte. Das machte ihn unsterblich: Die nach ihm benannte Mercator-Projektion wird noch heute genutzt. Obwohl die Flächen dabei verzerrt dargestellt sind – anders geht es nicht –, ist diese Art der Wiedergabe gut geeignet, um mit Schiff oder Flugzeug den richtigen Kurs zu bestimmen.

Seit den 1960er-Jahren können auch Satelliten für die Kartografie genutzt werden. Dabei überträgt man Satellitenfotos von der Erde auf Karten, die heute jeder bei Internetanbietern aufrufen und vergleichen kann.

Satellit

Aber nicht alle Karten sind gleich, denn für verschiedene Zwecke braucht man auch verschiedene Karten: Seekarten zeigen vor allem die Küsten mit Angaben über Wassertiefe und Strömungen – Wanderkarten enthalten auch Wege, die auf einer Straßenkarte für Autofahrer fehlen. Auf vielen Karten findet man auch Höhenangaben in Form von

Höhenlinien, Isohypsen genannt. Und mit Farben werden unterschiedliche Höhen oder die Vegetation angezeigt.

Mathematik

Schon die alten Ägypter verwendeten Mathematik, um ihre Pyramiden zu bauen. Ohne mathematische Berechnungen wären solche Bauwerke gar nicht möglich gewesen! Aber wie macht man das genau mit dem Berechnen? Wie legt man Maße und Winkel fest? Vor diesem Problem standen schon die allerersten Mathematiker. Glücklicherweise hatten sie gute Ideen.

Welches Längenmaß benutzten die alten Ägypter?

A Meter
B Zoll
C Elle
D Daumen

183

Für das Maß brauchte man ein allgemeingültiges Muster. Man nahm dafür den Unterarm des Königs, die königliche Elle (ca. 52 cm lang). Außerdem brauchte man für alle Einheiten Zeichen – dafür erfanden die Mathematiker die Zahlen. Zahlen sind die Hilfsmittel, mit denen die Mathematik genaue Aussagen über unsere Welt machen kann. Und die Zahlen sind nicht nur für die Architektur einsetzbar, sondern für alle Wissenschaften: Mathematiker versuchen, jedes System – ob Haus oder Universum – mithilfe von Zahlen und Formeln zu beschreiben.

Zahl Pi

Was wir uns heute kaum noch vorstellen können: Die Mathematik gehörte ursprünglich zur Philosophie! Heute wird sie als Strukturwissenschaft gesehen und hat verschiedene Teilgebiete, zum Beispiel Arithmetik, Geometrie und Algebra: Die Arithmetik ist das Rechnen mit natürlichen Zahlen (von 1 bis 10), dazu gehören Addition, Subtraktion, Multiplikation und Division. Die Geometrie berechnet Figuren und Körper. Und bei der Algebra geht es darum, Gleichungen aller Art zu lösen.

Mechanik

Warum fliegt ein Pfeil? Wie schwimmt ein Schiff? Mit diesen Fragen befassten sich griechische Forscher wie der berühmte Archimedes bereits vor mehr als 2200 Jahren. Einige Antworten fanden sie damals schon – doch erst im 16. und 17. Jahrhundert entdeckten Galileo Galilei und Isaac Newton die grundlegenden Gesetze der Mechanik und beschrieben sie.

Galilei nutzte für seine Forschungen schiefe Ebenen – und sogar den schiefen Turm von Pisa: Von oben ließ er Kugeln fallen und beobachtete ihre Bewegung und Beschleunigung. Außerdem entzog er Röhren die Luft und ließ dann in diesem Vakuum Gegenstände fallen. Dabei stellte er fest, dass im Vakuum vom Stein bis zur Feder alle Dinge gleich schnell fallen – weil der Luftwiderstand fehlt. Er entdeckte auch, dass sich Gegenstände beschleunigen, wenn sie fallen. All das fasste er in den Fallgesetzen zusammen.

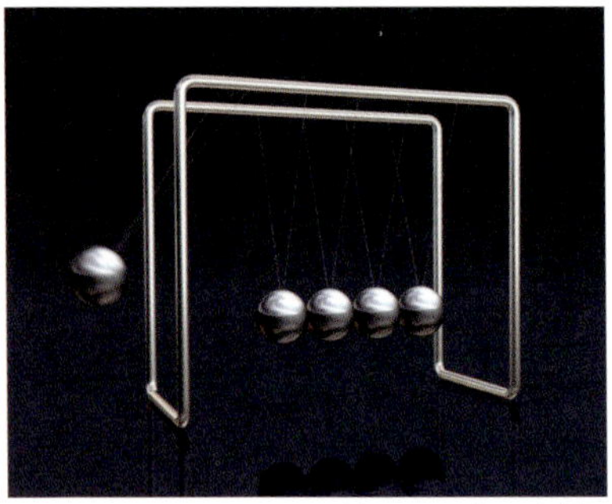

„Newton-Pendel"

Isaac Newton entdeckte das Trägheitsprinzip. Es bringt einen Körper dazu, denselben Zustand beizubehalten – ob das nun ein Ruhezustand oder eine Bewegung ist. Die Entdeckung der Bedeutung der Schwerkraft geht ebenfalls auf sein Konto. Und er wusste auch, dass sich Kräfte gegenseitig aufheben können.

Welchen Turm nutzte Galilei für seine Fallversuche?

A Pariser Eiffelturm
B Turm zu Babel
C Schiefen Turm von Pisa
D Berliner Funkturm

184

Raum und Zeit hielt er allerdings für feste und im ganzen All gültige Größen. Und bis ins 20. Jahrhundert war das auch die allgemeine wissenschaftliche Meinung. Doch dann entdeckte Albert Einstein, dass Newtons Gesetze der Mechanik nur für ganz bestimmte Gebiete unserer Welt gelten, nicht aber für das Universum als Ganzes! In seiner Relativitätstheorie stellte Einstein darum neue Gesetze auf.

Relativitätstheorie

→ Der Physiker Isaac Newton glaubte im 17. Jahrhundert, dass alle physikalischen Gesetze im gesamten Weltall gelten und dass Raum und Zeit feste Größen seien. Zum Beispiel lassen sich Geschwindigkeiten auf der Erde einfach addieren: Wenn ein Schiff mit 15 Kilometern pro Stunde fährt und ein Seemann mit 5 Kilometern in der Stunde auf dem Deck des Schiffes in gleicher Richtung rennt – dann ist der Seemann, vom Land aus gesehen, mit insgesamt 20 Kilometern in der Stunde unterwegs.

Albert Einstein

Im 19. Jahrhundert fanden Wissenschaftler wie der Holländer Hendrik Lorentz heraus, dass diese Addition von Geschwindigkeiten keineswegs immer und überall gilt. Die Eigenschaften von elektromagnetischen Wellen, zu denen auch das Licht gehört, stimmen nämlich nicht mit den Newton'schen Gesetzen überein: Die Geschwindigkeit des Lichts ist im Weltraum immer gleich und addiert sich auch dann nicht, wenn beispielsweise ein Lichtstrahl von einer fliegenden Rakete abgeschossen wird.

Die Lösung für dieses und andere physikalische Probleme fand 1905 der deutsche Physiker Albert Einstein. Er kam zu dem Schluss, dass Raum und Zeit keine festen Größen sind. Doch sie hängen so eng miteinander zusammen, dass sie nicht zu trennen sind. Einstein beschrieb sie daher mit dem Wort „Raumzeit". Die Zeit ist relativ, also nicht überall im Weltraum gleich. Deshalb nannte Einstein seine Theorie, die das Universum völlig neu beschreibt, Relativitätstheorie. Damit konnte er auch nachweisen, dass schwere Körper wie die Sonne die Raumzeit beeinflussen: Sie krümmen sie gewissermaßen. Auch die Geschwindigkeit verändert die Raumzeit. Ein Astronaut, der mit sehr hoher Geschwindigkeit ins All fliegt und nach vielen Jahren zurückkehrt, wird seinen Zwillingsbruder auf der Erde als alten Mann antreffen, während er selbst noch jung ist. Im fast lichtschnellen Raumschiff vergeht die Zeit nämlich viel langsamer als auf der Erde.

Was bewegt sich im All mit 299 792 458 m/s?

A das Raumschiff Enterprise
B das Licht
C der Schall
D die Kometen

185

Mit Einsteins Relativitätstheorie ließen sich endlich viele Vorgänge im Universum erklären und besser berechnen, zum Beispiel Schwarze Löcher im Zentrum von Galaxien. Ihre Masse ist so groß, das sie alles in ihrer Umgebung verschlingen, sogar das Licht. Die Raumzeit wird von ihnen besonders stark beeinflusst.

Quantenphysik

Am Anfang des 20. Jahrhunderts gelang es Physikern, Messgeräte zu bauen, mit denen sie das Verhalten von Atomen untersuchen konnten. Im Grunde erwarteten sie keine Sensationen – sie vermuteten, dass sich Atome, Elektronen und andere atomare Teilchen genauso verhielten wie große Körper. Darum wollten sie zum Beispiel die Bahnen von Elektronen ebenso berechnen wie die der Planeten. Aber das erwies sich als unmöglich. Denn atomare Teilchen verhalten sich keineswegs so, wie es die Gesetze der Mechanik vorschreiben! Bei einer Gewehrkugel oder einem Ball ist es zum Beispiel überhaupt kein Problem, die Flugbahn zu berechnen. Aber die Bahn eines Elektrons kann man nicht vorausberechnen – und man weiß auch nicht, wo es auftreffen wird.

Noch dazu zeigten Experimente, dass man Elektronen nicht nur als Teilchen beobachten kann, sondern auch als Welle. Spätestens zu diesem Zeitpunkt war klar, dass die atomare Welt eigenen Gesetzen gehorcht.

Für Atome konnten die bekannten Berechnungen und Formeln also nicht verwendet werden, darum entwickelten die Quantenphysiker neue mathematische Modelle. Mit ihrer Hilfe konnten im 20. Jahrhundert viele Rätsel des Weltalls und der Atomphysik geklärt werden.

Atom-Modell

Aber Quantenphysik ist sehr schwer zu verstehen, weil ihre Prinzipien dem „gesunden Menschenverstand“, also unseren Vorstellungen von der Welt oft überhaupt nicht entsprechen. Der Physiknobelpreisträger und Begründer der Quantenphysik Werner Heisenberg sagte sogar: „Wer behauptet, die Quantenphysik verstanden zu haben, der hat sie nicht verstanden.“

Nanotechnologie

Unvorstellbar kleine Maschinen, aus einzelnen Atomen gebaut – davon träumten vor 50 Jahren Wissenschaftler wie der Computererfinder Konrad Zuse. Am Anfang wurden sie ausgelacht, aber inzwischen ist aus dieser Idee längst ein eigenes Forschungsgebiet geworden, die Nanotechnologie. Sie befasst sich mit Stoffen, die zwischen einem und 100

Nanometern groß sind. Und das ist wirklich klein: In einen Meter passen eine Milliarde Nanometer!

Richtige Maschinen, die so groß wie ein Blutkörperchen sind, kann man zwar noch nicht bauen – dafür hat die Nanotechnologie aber schon eine ganze Reihe anderer Dinge möglich gemacht, die sich vor einigen Jahren noch wie Science-Fiction anhörten. Mithilfe der Nanotechnologie kann man zum Beispiel Oberflächen so beschichten, dass sie weder Schmutz noch Wasser annehmen. Das kennt man aus der Natur von Blättern, zum Beispiel bei der Lotuspflanze, darum nennt man das „Lotuseffekt".

Forscher arbeiten auch an Textilien, die bei Regen absolut wasserdicht sind, sich bei Hitze aber öffnen und luftdurchlässig werden. Und Mediziner forschen an Nanopartikeln, die Medikamente im menschlichen Körper transportieren und gezielt in Krebszellen absetzen sollen, um sie zu töten.

Wie nennt man die winzigen Roboter der Zukunft?

A Nanobots
B Nanologen
C Nanokrabbler
D Nanohelfer

186

Und die Möglichkeiten der Nanotechnologie sind noch lange nicht ausgereizt. So sollen eines Tages winzige Roboter, Nanobots genannt, in der Blutbahn Jagd auf Viren machen und sogar kleine Operationen durchführen.

Optik

Die Geschichte der Optik begann mit einer Obduktion. Als der arabische Gelehrte Alhazen vor rund 1000 Jahren das Auge eines Toten untersuchte, fand er ein kleines durchsichtiges Ding, geformt wie eine Linse. Er vermutete sofort, dass sie beim Sehen eine große Rolle spielte. Und vielleicht ließen sich mit einer künstlichen Linse auch Sehschwächen beheben?

Teleskop

Alhazen schrieb seine Ideen in einem Buch auf, das rund 200 Jahre später einigen Mönchen in Europa in die Hände fiel. Sie nutzten seine Idee dafür, die ersten Lupen zu erfinden: Sie legten linsenartige Lesesteine aus Bergkristall auf Buchseiten, um die Buchstaben zu vergrößern.

Auf Dauer waren diese Lesesteine allerdings etwas unhandlich. Und so schliff man aus Beryll, einem klaren Kristall, kleinere Linsen und hielt sie sich direkt vor die Augen: Die „Brille“ (von: Beryll) war erfunden.

Wie hießen die ersten Sehhilfen?

A Glotzophone
B Mikroskope
C Vergrößerer
D Lesesteine

187

Holländische Linsenschleifer erkannten im 17. Jahrhundert, dass man mit besonders starken Linsen sogar winzige, bislang unbekannte Dinge sehen konnte. Das waren zum Beispiel Bakterien und Blutkörperchen, die sie mit den ersten Mikroskopen entdeckten. Zur selben Zeit baute der holländische Brillenmacher Hans Lipperhey das erste Fernrohr, mit dem Galileo Galilei dann seine bahnbrechenden Entdeckungen machte.

Mit der Natur des Lichts beschäftigte sich im 18. Jahrhundert der in England lebende deutsche Astronom Wilhelm Herschel. Als er einen Lichtstrahl mithilfe eines Prismas brach, entdeckte er, dass das Licht aus verschiedenen Spektralfarben besteht.

Im 19. Jahrhundert wurden immer bessere Linsen geschliffen – und heute stecken sie nicht nur in Mikroskopen, Brillen, Fernrohren und Kameras, sondern auch in jedem Handy mit Fotofunktion.

Raumfahrt

Als 1865 der Roman *Von der Erde zum Mond* von Jules Verne erschien, lasen auch Wissenschaftler das Buch. Denn es schilderte glaubhaft einen Flug zum Mond, und dieses Thema interessierte die Wissenschaft brennend: In Russland berechnete Konstantin Ziolkowski die Flugbahnen von Raketen, in Deutschland experimentierte Hermann Oberth mit kleinen Versuchsraketen, die zunächst nur wenige Meter hoch flogen.

Astronaut auf dem Mond

Seinem Schüler Wernher von Braun gelang es dann während der Nazi-Herrschaft, eine von flüssigen Treibstoffen angetriebene Rakete zu bauen. Sie erreichte 1942 zum ersten Mal den Weltraum. Allerdings wurde diese A4-Rakete nicht zur Erforschung des Alls eingesetzt, sondern von den Nazis als V2 (Vergeltungswaffe 2) benutzt, um London und andere Städte zu bombardieren.

Während des Kalten Krieges wollten Russen und Amerikaner dann Raketen entwickeln, die Atomwaffen tragen konnten, und sie wollten ihre technische Überlegenheit demonstrieren. Zuerst hatten die Russen die Nase vorn: Am 4. Oktober 1957 schossen sie Sputnik 1 in eine Umlaufbahn, den ersten Satelliten der Welt. Im April 1961 flog der Russe Juri Gagarin dann als erster Mensch ins All. Damit war das Wettrennen in vollem Gange: Amerikaner und Russen schickten Satelliten zum Mond, zur Venus und zum Mars. Beim Wettlauf um den Mond waren die Amerikaner schneller: Am 20. Juli 1969 betrat Neil Armstrong als erster Mensch den Mond.

Wie heißt der erste Satellit der Welt?

A Dominik
B Picknick
C Sputnik
D Spiderwick

188

Nach dem Ende des Kalten Krieges wurde die Raumfahrt internationaler. Amerikaner, Russen, Japaner, Kanadier und Europäer bauten gemeinsam die Internationale Raumstation ISS, die seit 1998 die Erde umkreist. Auf ihr werden Experimente durchgeführt und Erfahrungen für geplante Flüge zu Mond und Mars gesammelt: Noch in der ersten Hälfte des 21. Jahrhunderts wollen die Amerikaner einen bemannten Flug zum Mars starten. Und auch Flüge für Weltraumtouristen sollen ab dem Jahr 2010 regelmäßig stattfinden.

Internationale Raumstation ISS

Aber nicht nur Raketen und Raumstationen schießen die Menschen ins All. Ganz wichtig für unser alltägliches Leben sind auch die Satelliten in der Umlaufbahn der Erde. Die meisten dienen der Erforschung der Erde und des Klimas oder übertragen als Kommunikationssatelliten Telefongespräche und Fernsehprogramme. Wettersatelliten funken darüber hinaus wichtige Daten für die Meteorologen zur Erde. Und auch unsere Navigationsgeräte erhalten ihre Daten von besonderen Satelliten. Darüber hinaus gibt es natürlich auch Spionagesatelliten, die unter anderem Aufnahmen von Militärbasen anderer Länder machen.

ORNAVIT, ET PRETIOS

Literatur

Schon in der Steinzeit haben sich Menschen am Lagerfeuer Geschichten von Liebe, Tod und Abenteuer erzählt. Zunächst wurden sie mündlich überliefert – erst nach der Entstehung der Schrift konnten sie auch aufgeschrieben werden. Bis viele Menschen sie lesen konnten, dauerte es allerdings noch eine Weile. Erst als im 15. Jahrhundert der Buchdruck erfunden worden war, konnten Bücher in hohen Auflagen gedruckt werden. Und dann musste noch die Bildung der Bevölkerung verbessert werden, bis mehr Menschen in der Lage waren, die Bücher zu lesen. Damit waren die Voraussetzungen dafür geschaffen, dass „Schriftsteller" zu einem richtigen Beruf wurde: Immer neue Geschichten, Theaterstücke und Gedichte wurden geschrieben.

Im Laufe der Literaturgeschichte entstanden verschiedene Gattungen und Genres. Die Menschen interessierten sich – in der Literatur ebenso wie im Alltag – für unterschiedliche Themen. In der Klassik war zum Beispiel der Bildungsroman sehr beliebt, in dem es um die Entwicklung eines Menschen geht. Und auch wenn Film, Fernsehen und Internet ihm heute Konkurrenz machen: Das Buch ist und bleibt eines der wichtigsten Medien sowohl zur Unterhaltung als auch zur Information.

Klassik

Die Klassik war eine sehr kurze Literaturepoche: Sie begann 1786 mit Goethes Reise nach Italien und endete 1805 mit Schillers Tod. Diese beiden Dichter sind es auch, die diese Epoche geprägt haben. Zum weiteren Kreis der klassischen Dichter gehören noch Christoph Martin Wieland und Johann Gottfried von Herder.

Maria Stuart

Die Klassik entstand, als Johann Wolfgang von Goethe durch Bücher und durch eine Reise nach Italien auf die Kunst der Römer und Griechen aufmerksam wurde. Die Schriftsteller der Antike wurden zu seinem Vorbild und er eiferte ihnen in seinen Werken nach. Sein Freund Friedrich Schiller schloss sich ihm an. Und von da an schrieben die beiden Dichter Theaterstücke, die fast wie Dramen der Antike aufgebaut sind und sich für Bildung und Menschlichkeit einsetzen. *Iphigenie auf Tauris* von Goethe und *Maria Stuart* von Schiller sind typische Beispiele dafür.

Diese Zeit der Literaturgeschichte wurde übrigens erst später „Klassik“ genannt, weil sich die Dichter an den Werken der Antike – die man damals „klassisch“ nannte – orientierten.

Weltliteratur

Der Begriff „Weltliteratur“ stammt von Johann Wolfgang von Goethe. So nannte er Werke, die nicht nur für ein Land, sondern für die ganze Welt von Bedeutung sind, die Leser in Japan ebenso begeistern wie die in den USA oder Südafrika. Verständlich, dass das denjenigen Autoren gelingt, deren Romane oder Dramen von allgemein menschlichen Themen handeln. Denn Motive wie Liebe, Tod, Verrat, Trennung, Verfolgung oder Freude können auf der ganzen Welt nachempfunden werden.

Wer hat den Begriff Weltliteratur geprägt?

A Friedrich Schiller
B William Shakespeare
C Joanne K. Rowling
D J.W. von Goethe

189

Zu den Schriftstellern der Weltliteratur zählt der Erfinder des Begriffs selbst, Goethe, ebenso wie William Shakespeare. Autoren der Gegenwart, die weltweit gelesen werden, sind zum Beispiel Umberto Eco, Isabel Allende und Günter Grass.

Goethe und Schiller

Auch in der Jugendliteratur gibt es weltweit bekannte Autoren wie Astrid Lindgren oder Joanne K. Rowling – Pippi Langstrumpf und Harry Potter liebt man in den USA genauso wie in China.

Romantik

Die literarische Epoche, die man „Romantik" nennt, dauerte ungefähr von 1798 bis 1835. Die Schriftsteller der Romantik hatten großes Interesse am Mittelalter – und zugleich misstrauten sie der Aufklärung: Statt auf Vernunft setzten sie lieber auf das Unerklärliche und Übernatürliche. Sie glaubten nicht, dass die Welt von Wissenschaftlern erklärt werden kann, sondern sahen in ihr ein „großes Geheimnis", das nicht angetastet werden sollte.

Von wem stammt das Gedicht von der schönen Loreley?

A J.W. von Goethe
B Georg Büchner
C Heinrich Heine
D Novalis

190

Besonders für Märchen, von denen viele aus dem Mittelalter überliefert waren, begeisterten sich die Anhänger der Romantik. Wilhelm Hauff und Adelbert von Chamisso schrieben selbst Märchen. Andere Autoren wie Joseph von Eichendorff und E.T.A. Hoffmann verfassten Erzählungen, die sich an Märchen anlehnten.

Welche Pflanze ist in der Romantik ein wichtiges Symbol?

A der Gelbe Enzian
B die Blaue Blume
C der Rot-Klee
D der Violette Krokus

191

Das wichtigste Symbol der Romantiker war die „Blaue Blume". Sie steht für die Sehnsucht, die Natur, die Liebe und die Unendlichkeit. In vielen romantischen Werken spielt die Liebe eine große Rolle, zum Beispiel in dem Gedicht *Hymnen an die Nacht* von Novalis. Und auch heute noch nennen wir glückliche Momente zweier Menschen, die sich lieben, „romantisch".

Bürgerlicher Realismus

Der Bürgerliche Realismus ist eine Strömung in der deutschen Literatur, die von 1848 bis etwa 1900 andauerte. Den Schriftstellern dieser Zeit kam es darauf an, die Wirklichkeit genau zu beobachten und in ihren Werken möglichst realistisch wiederzugeben.

Wem angeln Max und Moritz die Brathühner aus dem Kamin?

A Lehrer Lämpel
B Witwe Bolte
C Schneider Böck
D Onkel Fritz

192

Theodor Fontane ist einer der wichtigsten Vertreter dieser Richtung. Sein bekanntester Roman, *Effi Briest*, erzählt die Geschichte einer Ehebrecherin. Weitere bedeutende Autoren sind Theodor Storm und Gottfried Keller.

Max und Moritz

Der bekannteste Dichter des Bürgerlichen Realismus ist jedoch Wilhelm Busch, der das Leben von Figuren wie der frommen Helene oder Tobias Knopp schildert. Seine populärsten Figuren – Max und Moritz – kennt jedes Kind.

Naturalismus

Ende des 19. Jahrhunderts sorgten die Evolutionstheorie von Charles Darwin und immer neue naturwissenschaftliche Entdeckungen für Aufregung. Ab 1880 hielten daher einige Schriftsteller die Zeit für gekommen, ebenfalls mit wissenschaftlicher Genauigkeit zu schreiben. Sie versuchten, die Wirklichkeit so genau und sachlich wie möglich zu beschreiben. Das bedeutete beispielsweise, dass das Schildern einer Bewegung genau so lange dauern sollte, wie die Bewegung selbst. Diese völlig neue Art zu schreiben nannte man „Sekundenstil". Und diese literarische Strömung erhielt die Bezeichnung „Naturalismus".

Welcher Stil ist typisch für den Naturalismus?

A der Stundenstil
B der Minutenstil
C der Sekundenstil
D der Minimalstil

193

Der Naturalismus verbreitete sich in ganz Europa. In Frankreich war Emile Zola sein bedeutendster Vertreter, in Norwegen war es Henrik Ibsen. In Deutschland sorgte vor allem Gerhart Hauptmann für Aufsehen. In seinen Dramen und Erzählungen schildert er die Lage von Arbeitern und einfachen Menschen. Sein wohl bekanntestes Stück *Die Weber* handelt vom Aufstand der völlig verarmten Weber gegen ihre Ausbeuter, der brutal niedergeschlagen wird.

Expressionismus

Der Expressionismus – das Wort bedeutet „Ausdruckskunst" – hatte von 1910 bis 1925 zahlreiche Anhänger und auch danach schrieben Schriftsteller noch vereinzelt expressionistische Werke.

Was wollten die Expressionisten ausdrücken?

A ihre Zufriedenheit
B ihre Unzufriedenheit
C ihre Freude
D ihre Trauer

194

Die expressionistischen Autoren waren mit der Gesellschaft der damaligen Zeit unzufrieden. Die Menschen erschienen ihnen als Opfer der Industriegesellschaft, deren Alltag von der eintönigen Arbeit und dem Leben in riesigen Städten wie Berlin geprägt war. Nach dem Ersten Weltkrieg beschrieben sie die Menschen auch als Opfer dieses Krieges, in dem Millionen von Soldaten zu Tode gekommen waren. Gleichzeitig forderten die Expressionisten in ihren Werken eine neue Gesellschaft. Sie waren der Ansicht, die alten gesellschaftlichen Regeln engten die Menschen ein und passten nicht mehr in die moderne, schnelllebige Zeit.

Berlin Alexanderplatz

Typisch für diese literarische Strömung ist der Roman *Berlin Alexanderplatz* von Alfred Döblin. Er schildert das Leben des Arbeiters Franz Biberkopf, der vergeblich versucht, in Berlin ein ehrliches und anständiges Leben zu führen.

Epos

Epen sind lange Heldengedichte, die schon vor Tausenden von Jahren von wandernden Erzählern in Dörfern und Städten vorgetragen wurden. Damit sich die Erzähler die Geschichten gut merken konnten, benutzten sie einen Trick: Sie erzählten sie in Versform.

Später wurden einige Epen von Dichtern aufgeschrieben. Aber

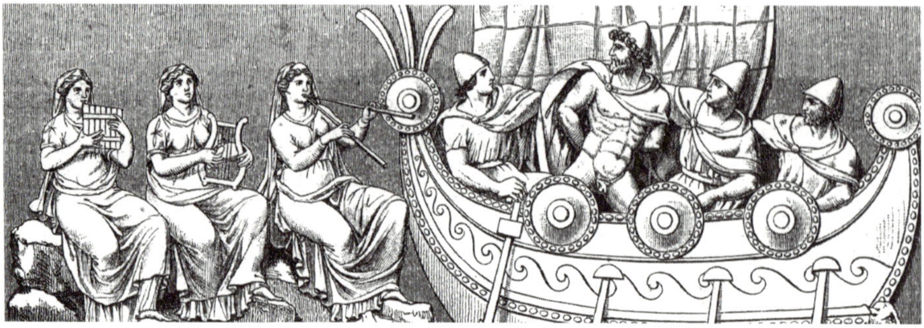
Odysseus und die Sirenen

originalgetreu sind sie nicht mehr, denn die Dichter haben sie ja auch immer überarbeitet.

Welche Stadt erobern die Griechen in der Ilias?

A Rom
B Athen
C Babylon
D Troja

195

Das älteste Epos, das wir heute noch kennen, ist das babylonische Gilgamesch-Epos: Es ist etwa 3800 Jahre alt! Darin wird die Geschichte von Gilgamesch erzählt, dem König der Stadt Uruk. Er macht sich auf die Suche nach der Unsterblichkeit und erlebt dabei viele Abenteuer – zum Beispiel muss er gegen Ungeheuer kämpfen und besucht die Insel der Toten.

Noch bekannter sind die Epen *Ilias* und *Odyssee* von dem griechischen Dichter Homer. Die *Ilias* erzählt die Geschichte des Trojanischen Krieges, der 10 Jahre lang dauerte. Der Held Odysseus braucht nach dem Krieg weitere 10 Jahre, um zu seiner Heimatinsel Ithaka zurückzukehren. Wie es sich für einen Helden gehört, erlebt er dabei viele Abenteuer, von denen Homer in der *Odyssee* erzählt. Unter anderem muss Odysseus gegen einen einäugigen Zyklopen kämpfen, dem Gesang der verführerischen Sirenen widerstehen und die heimtückische Medusa überlisten.

Wie heißt der Zyklop, der von Odysseus besiegt wird?

A Monopoly
B Polyphem
C Phantom
D Polyp

196

Das bekannteste deutsche Epos ist das *Nibelungenlied* aus dem 13. Jahrhundert – aber wer es geschrieben hat, wissen wir heute nicht mehr. Der Held in diesem Epos ist Siegfried, der gegen einen Drachen kämpfen muss. Später erbeutet er den Schatz von König Nibelung und heiratet die Königstochter Kriemhild. Doch dann fällt er einem Mordanschlag zum Opfer – und Kriemhild übt grausame Rache dafür.

Auch später lebende Dichter wie Johann Wolfgang von Goethe haben manchmal noch Epen geschrieben. Goethes bekanntestes Epos ist *Reinecke Fuchs*.

Wer sind Woglinde, Wellgunde, Floßhilde?

197

A die Wellküren
B die drei Grazien
C die Walküren
D die Rheintöchter

Drama

Ein Drama ist eine Geschichte, die auf einer Bühne aufgeführt wird. Schauspieler schlüpfen in die Rollen und sprechen die Monologe und Dialoge der Bühnenfiguren.

Hamlet

Die ersten Dramen wurden von griechischen Dichtern wie Aischylos oder Sophokles um das Jahr 500 v. Chr. geschrieben. Damals erzählten die Dramen in drei oder fünf Akten kurze Geschichten mit wenigen Personen, die an einem Ort und innerhalb kurzer Zeit spielten.

Aus der griechischen Antike stammt die Einteilung von Theaterstücken in Tragödien und Komödien: Dramen mit ernstem meist tragischem Inhalt hießen Tragödien. Sie zeigten das Leben griechischer Helden, deren Schicksal von den Göttern bestimmt wurde, wie man es in der Tragödie *König Ödipus* von Sophokles sieht. Lustige Stücke wie *Die Frösche* von Aristophanes nannte man Komödien.

Ein Gespräch zwischen zwei Schauspielern nennt man ...?

198

A Prolog
B Epilog
C Dialog
D Nekrolog

Im Mittelalter waren die meisten Schauspieler – Mönche! Sie führten Dramen mit Szenen aus dem Leben Christi auf.

In der Renaissance wurden die Theater in den Städten zu kulturellen Einrichtungen, denn die Bürger wollten unterhalten und belehrt werden.

Einer der bekanntesten und einflussreichsten Dramatiker war und ist der Engländer William Shakespeare. Seine Stücke wie *Hamlet, Macbeth, King Lear* oder *Romeo und Julia* begeisterten damals die Massen und stehen auch heute noch überall auf den Spielplänen der Theater. Shakespeares Dramen zeigen oft Ausschnitte aus dem Leben seiner Figuren, und sie spielen nicht nur an einem Ort. Auch zeitlich sind die Szenen nur lose verknüpft.

Faust

Die berühmtesten und bedeutendsten deutschen Dramatiker der Klassik waren Johann Wolfgang von Goethe (*Götz von Berlichingen*, *Faust*) und Friedrich Schiller (*Die Räuber*, *Maria Stuart*, *Wilhelm Tell*). Auch ihre Stücke sind heute noch, ebenso wie Shakespeares, aktuell und werden oft aufgeführt.

Wie heißen die Teile eines Theaterstücks?

A Chor
B Kulisse
C Akt
D Regieanweisung

199

Im 20. Jahrhundert erhielt das Theater neue technische Möglichkeiten wie drehbare Bühnen, und auch die Themen der Stücke änderten sich: Vor allem gesellschaftliche und politische Probleme standen für Dramatiker wie Bertolt Brecht (*Mutter Courage*, *Leben des Galilei*) oder Friedrich Dürrenmatt (*Besuch der alten Dame*, *Die Physiker*) auf dem Programm.

Lyrik

Das Wort „Lyrik" kommt von einem Saiteninstrument, einer Art Leier, die im antiken Griechenland sehr beliebt war. Die Liedtexte, die zur Musik der Lyra gesungen wurden, nannte man Lyrik. Bald schon wurde dieser Begriff auch auf Gedichte übertragen, weil sie sich – genau wie jene Liedtexte – reimen und aus Versen und Strophen bestehen.

Wie heißen die Liebesgedichte aus dem Mittelalter?

A Minnesang
B Singsang
C Vogelsang
D Meistersang

200

Im Laufe der Zeit sind sehr unterschiedliche Lyrikformen mit verschiedenen Reimen und Versarten entstanden. Im Mittelalter beispielsweise war der Minnesang sehr beliebt: Ritter trugen edlen Damen kunstvolle Gedichte vor. Während der Zeit des Barock liebte man das Sonett, das aus vier Strophen und 14 Verszeilen besteht. Einer der bekanntesten Dichter von Sonetten war der Engländer William Shakespeare. In Italien und Deutschland dagegen war die Stanze mit 8 Verszeilen besonders populär. Und seit dem 20. Jahrhundert gibt es überall auf der Welt auch Gedichte, die ohne Reime und Verse auskommen.

Lyra

Aber weil die Lyrik eine sehr kurze literarische Form ist, muss sich der Dichter auch in modernen Gedichten, die sich nicht reimen müssen, in wenigen, gut überlegten Worten mitteilen. Er muss eine verdichtete Sprache verwenden.

Lyrik ist in den letzten Jahren wieder verstärkt im Kommen, und das ist vor allem den Poetry Slams zu verdanken. Bei diesen Wettbewerben haben die Dichter nur wenige Minuten Zeit, um ihre Gedichte und Texte vorzutragen. Das Publikum kürt am Ende den Sieger und bewertet dabei nicht nur den Inhalt, sondern auch den Vortrag.

Sage

Eine Sage ist eine kurze Geschichte oder Erzählung, die von einem ungewöhnlichen Ereignis oder Abenteuer berichtet. Wie im Märchen spielen übernatürliche Wesen und Kräfte eine wichtige Rolle – aber während Märchen frei erfunden sind, gehen Sagen im Kern auf wahre Begebenheiten zurück.

Die Nachricht von einer solchen Begebenheit, zum Beispiel von der mutigen Tat eines Ritters, wurde zunächst mündlich überliefert. Dabei schmückten die verschiedenen Erzähler sie im Laufe der Zeit immer mehr aus, machten sie aufregender und spannender. Da konnte aus einem groß gewachsenen Krieger dann schon mal ein Riese werden – oder aus einem Schild, der mit einem Drachen bemalt war, ein echter Drache.

Wie wird das Schwert von König Artus genannt?

A Atlantis
B Lancelot
C Excalibur
D Camelot

201

Eine der bekanntesten deutschen Sagen handelt vom „Rattenfänger von Hameln“. Darin werden Kinder von einem Rattenfänger entführt. Auch diese Sage hat einen wahren Kern: Im Mittelalter gab es einmal eine große

Rattenplage und viele junge Bürger aus Hameln verließen ihre Stadt, um anderswo neue Ortschaften zu gründen. Daraus ist dann die großes Aufsehen erregende Geschichte geworden, die wir heute kennen.

Welcher Zauberer ist der beste Freund von König Artus?

A Merlan
B Merlin
C Meran
D Miraculix

202

Auch die deutsche Nibelungensage ist sehr bekannt, ebenso wie die Sage vom englischen König Artus. Als Kind soll er ein Schwert aus einem Felsen gezogen haben, das dort schon sehr lange feststeckte. Nur der, dem es bestimmt war, König zu werden, so hieß es, könne das Schwert aus dem Felsen ziehen. So wurde Artus König und schuf die berühmte Tafelrunde, an der sich alle seine Ritter versammelten.

Dass wir diese Sagen heute noch kennen, liegt übrigens daran, dass manche von ihnen schon im Mittelalter aufgeschrieben wurden.

Utopie

Schon vor vielen Hundert Jahren haben sich Menschen eine vollkommene Welt vorgestellt. Philosophen und Schriftsteller haben ihre Visionen oft auch aufgeschrieben: Utopie nennt man solche Schilderungen einer idealen Gesellschaft.

George Orwell

Eine der ersten Utopien stammt von dem Engländer Thomas Morus (1478 – 1535). Sein 1516 veröffentlichtes Werk gab der gesamten Gattung ihren Namen: Es heißt *Utopia* – griechisch für „Nicht-Ort" – und handelt von einer künstlichen Insel, auf der ein vollkommener und gerechter Staat errichtet wird. „Nicht-Ort", das sollte verdeutlichen, dass die ideale Gesellschaft nur ein Modell, eine Art Vorbild ist. Vor allem diente Thomas Morus seine Utopie dazu, die tatsächliche Gesellschaft zu kritisieren.

Wie heißt ein zweiter bekannter Roman von George Orwell?

A Follyfoot Farm
B Farm der Tiere
C Unsere kleine Farm
D Walton Farm

203

Seit dem Erscheinen von *Utopia* haben Autoren immer wieder

Utopien entworfen, um Kritik an den bestehenden Verhältnissen zu üben.

Im 20. Jahrhundert wurde natürlich ebenfalls kritisiert, aber nun warnte man vor allem vor Fehlentwicklungen, indem man keine ideale Gesellschaft beschrieb, sondern ganz im Gegenteil eine völlig misslungene, die dem Menschen alle Freiheiten nimmt: die Dystopie.

Das bekannteste Beispiel für eine Dystopie ist der 1949 erschienene Roman *1984* des Engländers George Orwell. Im Mittelpunkt der Handlung steht Winston Smith, Mitarbeiter eines Ministeriums, der – wie alle anderen Menschen auch – rund um die Uhr mit Kameras überwacht wird. Der Diktator dieses Staates trägt den Namen „Großer Bruder". Jede Form der Auflehnung wird von ihm brutal bestraft, und auch Winston Smith kann dem „Großen Bruder" nicht entkommen.

Märchen

Märchen sind kurze Erzählungen und fast immer frei erfunden. Anders als die verwandten längeren Gattungen Epos und Sage stellen Märchen nur wenige Figuren vor, und zwar Könige, Prinzen und Prinzessinnen oder Handwerker wie Holzfäller, Müller und Schneider.

Hänsel und Gretel

Diese Figuren haben entweder Allerweltsnamen wie Hans und Gretel oder sprechende Namen wie Aschenputtel und Schneeweißchen, die etwas über Charakter oder Aussehen der Figur verraten. Auch im Märchen gibt es, wie in der Sage, Zwerge, Drachen, Hexen und Zauberer. Und am Ende werden die Guten belohnt und die Bösen bestraft.

Die Märchen aus 1001 Nacht werden erzählt von ...?

A Scheherazade
B Ali Baba
C Sindbad
D Mardschana

204

Schon seit Jahrhunderten erzählen sich Menschen Märchen. Doch erst in der Epoche der Romantik haben die Literaturwissenschaftler Jakob und Wilhelm Grimm die in Deutschland mündlich überlieferten Märchen gesammelt und aufgeschrieben. Ihr Märchenbuch von 1812 enthält Märchen wie *Rotkäppchen*, *Dornröschen* und *Rapunzel*, die bis heute jedes Kind kennt.

Auch in anderen Ländern wurden die bis dahin mündlich überlieferten Märchen gesammelt. Weltbekannt ist zum Beispiel die arabische Sammlung *Märchen aus 1001 Nacht*.

Was sagt Kalif Storch, um sich in einen Menschen zu verwandeln?

A Abrakadabra
B Hokuspokus
C Mutabor
D Simsalabim

205

Volksmärchen heißen so, weil sie im Volk überall erzählt wurden. Es gibt aber auch Märchen, die Schriftsteller erfunden haben. Man nennt sie Kunstmärchen. Berühmt sind beispielsweise die von Wilhelm Hauff, wie *Zwerg Nase*, *Kalif Storch* und die *Geschichte vom kleinen Muck* – und jene des dänischen Dichters Hans Christian Andersen, zum Beispiel *Des Kaisers neue Kleider*, *Die Schneekönigin* und *Die kleine Meerjungfrau*.

Welches Mädchen schläft hundert Jahre?

A Rapunzel
B Goldmarie
C Allerleirauh
D Dornröschen

206

Auch in unserer Zeit sind Märchen beliebt und werden auch häufig verfilmt. Der Zeichentrickfilm *Schneewittchen und die sieben Zwerge* von Walt Disney ist der erfolgreichste Märchenfilm der Welt!

Roman

Ein Roman ist eine längere, erfundene Geschichte, die in Prosa (nicht in Versen) verfasst ist. Im Gegensatz zu einer Erzählung schildert ein Roman mehrere wichtige Ereignisse und stellt viele Figuren vor. Oft beschreibt er sogar das gesamte Leben eines Menschen oder den Aufstieg und Fall einer ganzen Familie. Dabei nimmt sich der Autor viel Zeit, um Einzelheiten, Gefühle, Erfahrungen und Abenteuer zu beschreiben.

Film „David Copperfield"

Eine Geschichte kann aus verschiedenen Blickwinkeln (Perspektiven) erzählt werden. Wenn der Schriftsteller die Perspektive der Hauptfigur einnehmen will, schildert er die Ereignisse aus der Ich-Perspektive, wie zum Beispiel in *Bekenntnisse des Hochstaplers Felix Krull* von Thomas Mann. Der Erzähler kann aber auch in der dritten Person („er") erzählen und sich dabei auf eine einzige Figur und ihr Wissen beschränken – oder als allwissender Erzähler auftreten, der abwechselnd über verschiedene Personen und unterschiedliche Orte berichten kann, weil er viel mehr weiß als jede einzelne der handelnden Personen.

In welcher Zeitform sind die meisten Romane geschrieben?

207

- A vollendete Vergangenheit
- B Gegenwart
- C Vergangenheit
- D Zukunft

Es gibt eine ganze Menge verschiedener Romanarten. Ein Bildungsroman wie *David Copperfield* (1849) von Charles Dickens erzählt von der Entwicklung und Erziehung eines Jungen.

Wie nennt man eine Romanfigur wie David Copperfield oder Harry Potter?

208

- A Titelheld
- B Superheld
- C Antiheld
- D Megaheld

Ein Kriminalroman dagegen schildert ein Verbrechen und oft auch seine Aufklärung. Ein Science-Fiction-Roman entführt den

Thomas Mann

Leser in die Zukunft, während ein Western wie *Winnetou* von Karl May den Leser in der Fantasie in den Wilden Westen reisen lässt. In jedem Fall erfindet der Autor eine ganze Welt. Sie kommt manchmal sehr nah an die Wirklichkeit heran, zum Beispiel bei einem historischen Roman, manchmal entfernt sie sich aber auch sehr weit davon, wie bei einem Fantasyroman. Immer jedoch sorgt ein guter Roman für spannende Unterhaltung und bietet dem Leser Einblicke in andere Welten und andere Bereiche unseres Lebens.

Erzählung

→ Eine Erzählung ist eine kürzere Geschichte, in der nur wenige Personen auftreten. Ihr Leben wird meist nicht über einen längeren Zeitraum verfolgt, sondern es wird nur eine Episode geschildert.

Die bekannteste Form der Erzählung ist die Novelle, in deren Mittelpunkt ein außergewöhnliches Ereignis steht.

Asterix

Bekannte Novellen sind *Der Schimmelreiter* von Theodor Storm und *Der Tod in Venedig* von Thomas Mann.

Eine Kurzgeschichte ist ebenfalls eine Erzählung, die nur wenige Seiten umfasst, aber sie kann auch von Ereignissen handeln, die nicht außergewöhnlich sind. Oft werden in einer Kurzgeschichte Gedanken geschildert, Begegnungen von Menschen oder Reisebeobachtungen.

Aber egal ob Novelle oder Kurzgeschichte: In einer Erzählung verzichtet der Autor auf umfangreiche Beschreibungen und die Figuren werden kurz und klar geschildert.

Comic

Bei einem Comic wird eine Geschichte nicht nur in Texten, sondern auch in Zeichnungen erzählt. Die einzelnen Zeichnungen, die Panels, sind in Zeilen angeordnet, die wie ein Buch von links nach rechts und von oben nach unten gelesen werden. Die erzählenden Texte befinden sich an den Rändern der einzelnen Zeichnungen, die wörtliche Rede oder die Gedanken der Figuren sind in Sprech- und Denkblasen untergebracht.

Eine große Bedeutung haben in einem Comic auch die Geräusche: Lautmalerische Ausdrücke wie „Päng“, „Zack“ und „Zisch“ werden vom Comiczeichner als Wörter in das Bild eingearbeitet.

Was ist die Lieblingsspeise des Galliers Obelix?

A Schweinebraten
B Wildente
C Wildschweinbraten
D Truthahn

209

Erfunden wurde der Comic als Comicstrip (komischer Streifen) Ende des 19. Jahrhunderts. Vorbilder waren Karikaturen, Illustrationen – und vor allem die Bildergeschichten von Wilhelm Busch. Die erste richtige Comicreihe wurde 1897 von Rudolph Dirks erfunden, der von Deutschland in die USA ausgewandert war: Für eine Tageszeitung schuf er *The Katzenjammer Kids* –

und dieser Comic erscheint noch heute! Die Vorbilder für die beiden Hauptfiguren, Hans und Fritz, waren Max und Moritz. Der Erfolg des Comics war so enorm, dass bald alle großen Zeitungen in den USA Comics abdruckten.

In den 1930er-Jahren entstanden dann die ersten eigenständigen Comic-Hefte. Erfolgreich waren in den USA *Donald Duck* und *Superman*, in Europa wurden *Tim und Struppi* von Hergé und *Asterix* von René Goscinny und Albert Uderzo berühmt.

Wie heißt ein einzelnes Comic-Bild?

A Manga
B Panel
C Strip
D Petzi

210

Auch Japan hat eine große Comic-Tradition. Die Comics werden dort Mangas genannt und sie unterscheiden sich im Stil deutlich von amerikanischen und europäischen Comics. Seit den 1980er-Jahren werden Mangas auch in Deutschland immer beliebter.

Abenteuerroman

Lebensgefährliche Abenteuer und außergewöhnliche Helden, das ist schon seit Jahrtausenden der Stoff, aus dem mitreißende Geschichten gemacht sind. Und in einem Abenteuerroman erlebt der Held gleich mehrere Abenteuer hintereinander.

Wie heißt der Gefährte von Robinson Crusoe?

A Montag
B Mittwoch
C Freitag
D Sonntag

211

Eine der berühmtesten Geschichten ist die *Odyssee*, die vor rund 2800 Jahren von dem Griechen Homer verfasst wurde. Dieses Epos handelt von den Abenteuern des Königs und Kriegers Odysseus, die er nach dem Krieg gegen Troja auf seiner Heimreise erlebt. Der griechische Held muss gegen Ungeheuer kämpfen und gegen Hexen, wird in die Irre geführt und verzaubert – und das 10 Jahre lang, bis er endlich wieder nach Hause findet!

Gregory Peck im Film „Moby Dick"

Seefahrer waren auch in späteren Jahrhunderten beliebte Helden in Abenteuerromanen. Ein großer Erfolg wurde der Roman

Robinson Crusoe von Daniel Defoe, der 1719 erschien. Er handelt von einem englischen Schiffbrüchigen, der 29 Jahre auf einer einsamen Insel verbringt und dort gegen Kannibalen und Meuterer kämpfen muss.

Harry Potter Bücher

Die Schatzinsel von Robert Louis Stevenson, 1881 erschienen, ist ebenfalls ein Klassiker der Abenteuerliteratur. Darin geht es um die spannende Suche nach einem Piratenschatz. Der Held der Geschichte ist der Junge Jim Hawkins, der eine Schatzkarte entdeckt und sich auf eine Reise mit äußerst zwielichtigen Gestalten einlässt ...

Welcher Kapitän macht Jagd auf Moby Dick, den weißen Wal?

- **A** Käpt'n Blaubär
- **B** Jack Sparrow
- **C** Kapitän Nemo
- **D** Käpt'n Ahab

212

Auch *Die drei Musketiere* von Alexandre Dumas, *Die Abenteuer des Tom Sawyer* von Mark Twain und *Moby Dick* von Herman Melville gehören zu den berühmten Abenteuergeschichten, die heute noch gelesen werden.

In anderen Romangattungen – zum Bespiel Western, Krimi oder Fantasy – erleben die Helden ebenfalls Abenteuer. Aber bei diesen Genres kommt hinzu, dass sie immer an besonderen gattungstypischen Orten spielen, zum Beispiel im Wilden Westen oder (wie *Harry Potter*) in einer Welt voller Magie.

Kriminalroman

Bei einem Kriminalroman steht ein Verbrechen oder die Aufklärung eines Verbrechens im Mittelpunkt der Handlung. „Erfunden" wurde diese Literaturgattung von dem amerikanischen Schriftsteller Edgar Allan Poe, der den allerersten Krimi schrieb: In der Erzählung *Der Doppelmord in der Rue Morgue* (1841) klärt sein Detektiv C. Auguste Dupin den Mord an zwei Frauen auf.

Diese neue Art von Geschichten begeisterte damals nicht nur das Publikum, sondern auch andere Schriftsteller. Einer war der Engländer Arthur Conan Doyle, der den wohl berühmtesten Detektiv der Welt erfand und ihn raffinierte Fälle lösen ließ: Sherlock Holmes. Er ist so berühmt und es gibt mittlerweile so viele Geschichten und Filme über ihn, dass viele Menschen ihn sogar für eine reale Person halten!

Wie heißt der Freund und Helfer von Sherlock Holmes?

- **A** Dr. Mabuse
- **B** Dr. Schiwago
- **C** Dr. Watson
- **D** Dr. No

213

England ist offenbar generell ein gutes Land für Krimiautoren. Auch Agatha Christie kommt aus England, und sie schuf gleich zwei weltberühmte Detektivfiguren: Miss Jane Marple und Hercule Poirot. Da es in ihren Krimis immer um die Aufklärung eines Verbrechens geht, das der Leser verfolgen kann, heißen sie „Whodunits“, was so viel bedeutet wie „Wer hat es getan?“.

Peter Ustinov als Hercule Poirot

Es gibt jedoch auch andere Krimis, in denen es nicht in erster Linie darum geht, den Täter zu finden. Im Mittelpunkt können auch die Motive für ein Verbrechen stehen oder die Umstände, die jemanden zum Verbrecher gemacht haben.

Amerikanische Kriminalschriftsteller wie Dashiell Hammett und Raymond Chandler halten im 20. Jahrhundert der modernen Gesellschaft gerne den Spiegel vor. Sie zeigen, dass auch Leute mit „weißer Weste“ wie Manager, Bankiers und Unternehmer kriminell sein können. In diesen „hardboiled“ Krimis (= hartgekocht) sind sogar Polizisten und Detektive nicht immer unschuldig und ehrlich.

Wie heißt der berühmte Detektiv von Astrid Lindgren?

- **A** Karlsson vom Dach
- **B** Kalle Blomquist
- **C** Michel aus Lönneberga
- **D** Tomte Tummetott

214

Heute gibt es eine noch breitere Palette an Kriminalromanen. In Deutschland ist der regionale Krimi sehr beliebt, in dem eine Landschaft oder Stadt den Hintergrund für ein Verbrechen liefern. Der Autor beschreibt die Landschaft, die Menschen oder die Gebäude dieser Region und bezieht sie in die Handlung ein. In Deutschland beliebt sind bei-

Hast du das gewusst?

Die Krimis mit Commissario Brunetti erscheinen in vielen Sprachen – nur nicht auf Italienisch. Die amerikanische Autorin, Donna Leon, lebt in Venedig und möchte, dass die Italiener sie weiterhin ganz normal behandeln.

spielsweise die Eifel-Krimis von Jacques Berndorf. International ist die Amerikanerin Donna Leon bekannt: Ihr Kommissar Guido Brunetti ermittelt in Venedig.

Western

Ist der Held in einem Roman ein Cowboy, ein Sheriff, ein Revolverheld oder ein Indianer, dann liest man wahrscheinlich einen Western. Denn Western spielen in der Zeit zwischen 1800 und 1890, als die weißen Siedler in den USA den Westen des Landes besiedelten.

Winnetou und Old Surehand

Der bekannteste amerikanische Western-Autor ist James Fenimore Cooper. Zwischen 1826 und 1841 schrieb er fünf Romane, die vom Jäger und Fallensteller Natty Bumppo, genannt Lederstrumpf, und seinem besten Freund, dem Indianer Chingachgook, handeln. Die beiden werden in viele Kämpfe zwischen weißen Siedlern und Indianern verwickelt und Cooper zeigt dabei, wie die Siedler nach und nach die Kultur der Indianer und ihre Lebensgrundlagen zerstören.

Wie heißt der bekannteste Roman von James F. Cooper?

A Das letzte Einhorn
B Der letzte Ritter
C Der letzte Elf
D Der letzte Mohikaner

215

Auch bei dem deutschen Schriftsteller Karl May geht es immer wieder um Konflikte zwischen Weißen und Indianern. Seine beiden bekanntesten Helden sind der Apachenhäuptling Winnetou und der deutsche Landvermesser Old Shatterhand.

Mays Romane wurden in mehr als 40 Sprachen übersetzt und erreichten eine Millionen-Auflage. Doch während Cooper den Westen genau kannte, hat May seine Romane geschrieben, ohne je in den USA gewesen zu sein! Sein Wissen hatte er aus Lexika und Büchern. Lange Zeit behauptete Karl May, selbst Old Shatterhand zu sein. Er ließ sogar Autogrammkarten drucken, die ihn im Kostüm des Westernhelden zeigen.

Science-Fiction

Die Welt verändert sich und die Literatur reagiert: Im Laufe des 19. Jahrhunderts begannen Wissenschaft und Technik, im Leben der Menschen eine immer größere Rolle zu spielen. Nach der Erfindung der Eisenbahn kamen Telegrafie, Telefon und schließlich auch noch das Luftschiff hinzu. Das beflügelte auch einige Schriftsteller, ihren Blick in die Zukunft zu richten. Sie stellten sich zukünftige Welten vor, in denen technische Neuerungen das Leben bestimmten, und schickten ihre Helden dorthin.

Wie heißt das berühmte U-Boot von Kapitän Nemo?

A Octopus
B Nautilus
C Amadeus
D Sirius

216

Einer der ersten Autoren dieser Art war der Franzose Jules Verne. Er schrieb über 100 Romane und Erzählungen, von denen viele in der Zukunft spielen. So fliegen in *Von der Erde zum Mond* (1865) drei Astronauten in einer gigantischen Kanonenkugel zum Mond. In anderen Romanen beschreibt Verne Atom-U-Boote, künstliche Inseln, Hubschrauber, Bildtelefone und andere Erfindungen, die es damals noch gar nicht gab!

Auch sein englischer Kollege Herbert George Wells schickte 1901 im Roman *Die ersten Menschen auf dem Mond* Astronauten ins All. In *Krieg der Welten* ließ er dann Marsianer auf der Erde landen, die sie fast zerstö-

Krieg der Welten

ren. In Deutschland war es vor allem Kurd Laßwitz, der erfolgreiche Zukunftsromane schrieb, darunter auch *Auf zwei Planeten* (1897), in dem ebenfalls Marsianer die Erde besuchen. Schon diese ersten Romane zeigten, dass die Leser sich für die Beschreibung von Welten begeistern konnten, die es so oder so ähnlich vielleicht irgendwann einmal geben könnte.

Wie nennt man ein Wesen, das halb Mensch, halb Roboter ist?

A Borger
B Unimog
C Cyborg
D Alien

217

Im 20. Jahrhundert entwickelte sich der Zukunftsroman zu einer eigenständigen und beliebten Literaturgattung, die seit 1926 Science-Fiction genannt wird, weil sie Wissenschaft (Science) mit Fiction (erfundenen Geschichten) verbindet. Im Mittelpunkt standen schon bald die Raumfahrt und die Begegnung mit außerirdischen Lebensformen.

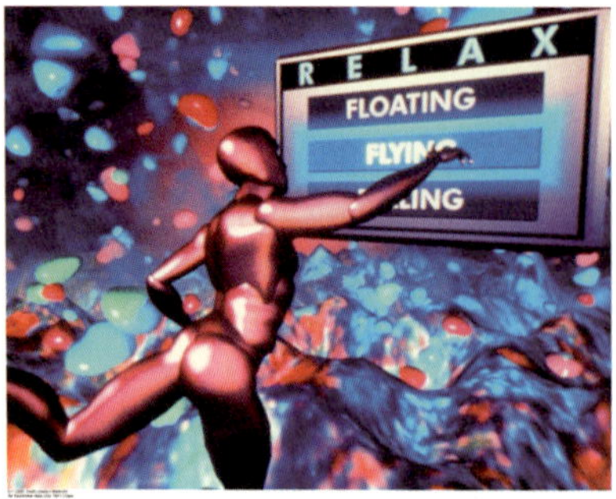

Cyperspace

Von Anfang an beschäftigten sich Autoren aber auch mit dem Cyberspace – lange vor Erfindung des Internets –, und auch heute ist er, neben der Gentechnologie, ein beliebtes Thema der Science-Fiction-Romane.

Im Gegensatz zur Fantasy gibt es in der Science-Fiction keine übernatürlichen Wesen wie Drachen oder Hexen. Stattdessen sind hier die Erfindungen und Abenteuer zumindest mit einiger Wahrscheinlichkeit möglich und halten sich – fast immer – an die Naturgesetze. Zu den bekanntesten Science-Fiction-Autoren gehören Arthur C. Clarke, Isaac Asimov, Robert A. Heinlein, Stanislaw Lem, Herbert W. Franke, William Ford Gibson, Nancy Kress und Andreas Eschbach.

Nachkriegsliteratur

Nach dem Ende des Zweiten Weltkriegs kehrten die jüngeren Schriftsteller nach und nach aus dem Krieg und der Gefangenschaft nach Deutschland zurück. Die Städte waren zerbombt und die Gesellschaft hatte sich durch die Zeit des Nationalsozialismus und durch das Kriegsgeschehen deutlich verändert. Nur langsam kam die Wirtschaft wieder in Schwung.

Die jungen Schriftsteller versuchten, die aktuelle Situation der Menschen zu beschreiben. Und sie suchten nach den Verantwortlichen für den Krieg und kritisierten die mangelnde Auseinandersetzung mit dem Nationalsozialismus. Angesichts der Situation spielten in ihren Erzählungen, Dramen und Gedichten zerstörte Städte und gebrochene Menschen eine große Rolle – deshalb nannte man ihre Texte auch „Trümmerliteratur".

Was waren die meisten jungen Autoren im Krieg gewesen?

A Handwerker
B Wissenschaftler
C Lehrer
D Soldaten

218

Einer der wichtigsten Autoren dieser Zeit war der junge Wolfgang Borchert, von dem das Theaterstück *Draußen vor der Tür* (1947) stammt. Es handelt von dem Kriegsheimkehrer Beckmann, der sich in der Nachkriegswelt nicht mehr zurechtfindet und sich umbringen will. Bekannte Texte der Nachkriegsliteratur schrieben auch Heinrich

Pippi Langstrumpf und ihre Freunde

Böll, Alfred Andersch und Günter Eich.

Etwa ab 1955 änderten sich die Themen, die die Autoren interessierten: Statt der Kriegs- und Nachkriegsthematik rückten das Wirtschaftswunder und die Teilung Deutschlands in den Mittelpunkt.

Jugendliteratur

Zur Jugendliteratur zählen alle Romane, Sachbücher und Erzählungen, die speziell für Jugendliche geschrieben werden.

Jugendliche gab es natürlich schon immer, aber eine spezielle Jugendliteratur entwickelte sich erst so richtig ab dem Zweiten Weltkrieg. Die Bücher, die Jugendliche bis dahin gelesen hatten, waren meist nicht ausdrücklich für sie geschrieben worden. Dazu gehören zum Beispiel die Geschichten von *Robinson Crusoe* (1719) von Daniel Defoe, *Oliver Twist* (1838) von Charles Dickens, *Alice im Wunderland* (1865) von Lewis Carroll oder *Emil und die Detektive* (1912) von Erich Kästner.

In den letzten 50 Jahren haben die Verlage jedoch ein großes Angebot aufgebaut, das sich gezielt an Jugendliche richtet. Auch Buchhandlungen und Bibliotheken haben mittlerweile eigene Bereiche für Jugendliteratur geschaffen. Und es gibt seitdem auch Schriftsteller, die fast ausschließlich für Kinder und Jugendliche schreiben. Die bekannteste dieser Autoren ist die Schwedin Astrid Lindgren, die mit Pippi Langstrumpf eine der beliebtesten Romanheldinnen geschaffen und die Kinderliteratur revolutioniert hat.

Wie heißt der kleine Affe von Pippi Langstrumpf?

A Charly
B Kleiner Onkel
C Judy
D Herr Nilsson

219

Die derzeit bekannteste und erfolgreichste Jugendbuchautorin ist Joanne K. Rowling, die Erfinderin von Harry Potter, Ron und

Autorin Cornelia Funke

Hermine. Aber auch in Deutschland gab und gibt es viele bekannte Kinder- und Jugendbuchautoren: Otfried Preußler wurde mit *Krabat*, *Die kleine Hexe* und *Das kleine Gespenst* berühmt. Michael Ende schrieb mit *Jim Knopf und Lukas der Lokomotivführer*, *Momo* und *Die Unendliche Geschichte* Bestseller. Aktuell wird Cornelia Funke mit *Tintenherz*, *Tintenblut* und *Tintentod* hoch gelobt und viel und gern gelesen.

Wen trifft Alice im Wunderland?

A verrückter Hutmacher
B Zauberer Dumbledore
C Kleine Hexe
D Kleiner Hobbit

220

Noch mehr als für andere Schriftsteller ist es für Kinder- und Jugendbuchautoren wichtig, Helden zu schaffen, mit denen sich die Leser identifizieren können. Und wer wäre nicht gern so stark und so unabhängig wie Pippi Langstrumpf oder würde nicht gern zaubern können wie Harry Potter?

Fantasy

Fantasy ist eine Literaturgattung, die vor allem bei jugendlichen Lesern beliebt ist. Sie handelt von den Abenteuern mutiger und guter Helden, die gegen das Böse kämpfen, und zwar in einer fantastischen Welt, in der die Naturgesetze nicht gelten. Dort leben Drachen, Zwerge, Zauberer und Dämonen.

Was für eine Art von Wesen ist Frodo Beutlin?

A ein Muggel
B ein Hobbit
C ein Klingone
D ein Hunne

221

So fantastisch die Geschichten auch sein mögen: Viele dieser Figuren haben Vorbilder, und zwar in alten Sagen und Epen, in Märchen und frühen Abenteuerromanen. Und wie im Märchen steht auch im Fantasyroman im Allgemeinen von Anfang an fest, welche Figuren zu den Guten und welche zu den Bösen gehören.

Lange Zeit wurde die Fantasyliteratur wenig beachtet. Das änderte sich jedoch 1955 durch den Roman *Der Herr der Ringe* des englischen Sprachwissenschaftlers J. R. R. Tolkien. Die spannende Geschichte von Frodo Beutlin, der durch seine abenteuerliche Reise und seinen Kampf Mittelerde vor dem Untergang rettet, begeistert bis heute Millionen von Lesern.

Wie nennt man ein 7-bändiges Werk wie Harry Potter?

- A Trilogie
- B Chronologie
- C Tetralogie
- D Heptalogie

222

Noch erfolgreicher wurde das siebenbändige Werk über den Zauberlehrling *Harry Potter* der englischen Autorin Joanne K. Rowling, dessen erster Band 1997 erschien. Die Helden der Romane treffen im Internat Hogwarts, wo sie die Zauberkunst erlernen sollen, nicht nur auf Zauberer und Hexen, sondern auch auf Drachen, Einhörner, Kentauren und viele andere Fabelwesen.

Der Herr der Ringe

In den letzten Jahren sind eine Menge weiterer Fantasyromane erschienen, die ebenfalls eine große Fangemeinde gefunden haben: *Eragon* von Christopher Paolini, *Bartimäus* von Jonathan Stroud und die *Tintenherz*-Trilogie von Cornelia Funke.

Trivialliteratur

Romane und Erzählungen, die einfach und für jeden verständlich sind und keinen literarischen Anspruch haben, nennt man Trivialliteratur. Oft werden Werke dieser Art gar nicht in Buchform angeboten, sondern als Heftchen am Zeitungsstand. Da sie früher für 10 Pfennig (einen Groschen) verkauft wurden, nennt man diese Hefte auch „Groschenromane".

Wie nennt man das glückliche Ende eines Trivialromans?

- A Lands End
- B Open End
- C Never End
- D Happy End

223

Bei den Lesern sind vor allem Serien sehr beliebt, wie Arztromane oder Liebesgeschichten. Ihnen allen ist gemeinsam, dass die Helden einfache Figuren mit ebenso einfachen Gefühlen sind. Die Handlung ist klar aufgebaut und vorhersehbar. Und dass der Held oder die Heldin am Ende die Gegner besiegt oder die große Liebe findet, versteht sich von selbst. Denn genau das erwartet der Leser. Er erwartet auch, dass sich der Text leicht lesen und verstehen lässt und ihn ein wenig vom Alltag ablenkt.

Deutschlands bekannteste Autoren auf diesem Gebiet

waren Johannes Mario Simmel und Heinz G. Konsalik. Das liegt auch daran, dass sie ihre Romane, im Gegensatz zu den meisten Heftromanautoren, nicht unter Pseudonym, sondern unter ihrem eigenen Namen geschrieben haben.

Gegenwartsliteratur

Gegenwartsliteratur nennt man Bücher, die in den letzten 10 bis 15 Jahren erschienen sind. In der Gegenwartsliteratur geht es um heutige Menschen, um ihre Probleme und Beziehungen. Auch neue Trends und aktuelle Themen werden behandelt.

Welche Schriftstellerin gehört zur Gegenwartsliteratur?

- A Astrid Lindgren
- B Cornelia Funke
- C Selma Lagerlöf
- D Agatha Christie

224

Wer also wissen will, wie Schriftsteller heute unsere Welt sehen, sollte in einer Buchhandlung oder Bibliothek nach Gegenwartsliteratur fragen. Dort erhält der erwachsene Leser Bücher von Autoren wie T. C. Boyle, Günter Grass oder Daniel Kehlmann. Kinder und Jugendliche bekommen Autoren wie Andreas Steinhöfel, Kirsten Boje und Mirjam Pressler angeboten.

Bibliothek

Die ersten Bibliotheken, also größere Sammlungen von Büchern, wurden von Mönchen in Klöstern angelegt. Heute kann jeder Bücher sammeln, ob er nun Buchliebhaber, Wissenschaftler oder einfach nur eine ausgesprochene Leseratte ist. Sehr große Bibliotheken finden sich aber nur selten in Privatbesitz. Meist handelt es sich um öffentliche Bibliotheken und gehören einer Stadt oder einer Universität.

Bibliothek

Darüber hinaus unterhalten große Firmen Werksbibliotheken, in Schulen gibt es Schulbüchereien und auch andere Institutionen wie Krankenhäuser und Altenheime besitzen Bibliotheken. Der Schwerpunkt richtet sich nach den Benutzern: Eine städtische Bibliothek zum Beispiel bietet viele aktuelle Romane und interessante Sachbücher an. In einer Universitätsbibliothek findet man vor allem wissenschaftliche Werke.

Damit man auch in großen Bibliotheken jedes Buch schnell finden kann, werden die Bücher nach bestimmten Regeln (Autorennamen) und inhaltlichen Vorgaben (zum Beispiel Sachbücher über Wale) gesammelt, geordnet und katalogisiert.

Eine Bibliothek erspart den Nutzern den Kauf vieler Bücher und bietet eine große Auswahl, wie sie so in keiner Buchhandlung zu finden ist. Denn in einer Bibliothek kann man auch Bücher ausleihen, die vor 50, 100 oder 200 Jahren erschienen sind – in Buchhandlungen gibt es (bis auf die „Klassiker") fast nur Bücher aus den letzten Jahren zu kaufen.

Bibliothek

Die allerersten Bibliotheken wurden schon vor mehr als 3800 Jahren von den Ägyptern eingerichtet. Später haben auch Griechen und Römer Papyrusrollen und Bücher gesammelt. Eine der größten Bibliotheken der Antike stand im ägyptischen Alexandria. Wir wissen, dass sie um das Jahr 300 v. Chr. eröffnet wurde und rund 80 000 Bücher enthielt. Aber kein einziges davon können wir heute noch lesen: Noch vor Christi Geburt wurde diese berühmte Bibliothek während mehrerer Kriege zerstört.

Wie heißt eine Person, die in einer Bibliothek arbeitet?

A Bibliophil
B Buchbinder
C Bibliothekar
D Buchhalter

225

Buchmesse

Eine Buchmesse ist eine große Ausstellung, auf der Verlage den Händlern, den Kritikern und der Öffentlichkeit ihre Bücher vorstellen – vor allem die Neuerscheinungen.

Buchmessen finden in der Regel einmal im Jahr statt. Die älteste und größte ist die Frankfurter Buchmesse. Sie wurde schon vor rund 500 Jahren begründet, also kurz nach Erfindung des Buchdrucks! Heute stellen dort jedes Jahr im Oktober über 7000 Verlage mehr als 400 000 Bücher vor. Während Buchhändler sich über das Angebot der Neuerscheinungen informieren, nutzen Journalisten die Messe auch dazu, die Schriftsteller zu interviewen, die jedes Jahr in großer Zahl zur Messe anreisen. Verlagsmitarbeiter hingegen informieren sich vor allem über das Buchangebot der

Präsentation auf der Buchmesse

ausländischen Verlage und entscheiden dann, welches Buch aus dem Ausland in die eigene Sprache übersetzt werden soll.

Die zweite sehr bekannte deutsche Messe ist die Leipziger Buchmesse, die immer im März stattfindet. In London, Warschau und anderen Städten gibt es ebenfalls jedes Jahr wichtige Buchmessen. Einige haben sich auf bestimmte Gattungen spezialisiert, zum Beispiel die *Bologna Children's Book Fair*, bei der es ausschließlich um Kinder- und Jugendbücher geht.

Wo fand im 15. Jahrhundert die erste Buchmesse statt?

- A Hamburg
- B München
- C Frankfurt am Main
- D Leipzig

226

Der Medienrummel während einer Buchmesse wird oft dafür genutzt, Preise an Autoren oder Verlage zu vergeben. In Frankfurt beispielsweise wird alljährlich bekannt gegeben, wer den Deutschen Jugendliteraturpreis und wer den Friedenspreis des Deutschen Buchhandels bekommt.

Nobelpreis

Der schwedische Erfinder und Unternehmer Alfred Nobel hat diesen nach ihm benannten Preis gestiftet. In seinem Testament verfügte er, dass regelmäßig fünf hoch dotierte Preise an Wissenschaftler, Literaten und Friedenstifter vergeben werden sollten. Vier Jahre nach seinem Tod, im Jahr 1900, wurden sie zum ersten Mal vergeben. Bald gehörten sie zu den Preisen mit dem weltweit höchsten Ansehen. Die Preisträger werden von der Schwedischen Akademie in Stockholm ausgewählt, einer wissenschaftlichen Vereinigung aus nur 18 Mitgliedern.

Für den Literaturnobelpreis, der mit einem Preisgeld von 1,1 Millionen Euro verbunden ist, sucht die Akademie jedes Jahr nach einem lebenden, weltweit bekannten Schriftsteller, dessen Werke bereits für Aufsehen gesorgt haben. Bislang haben auch zwölf deutschsprachige Autoren den begehrten Preis erhalten, unter ihnen Thomas Mann (1929), Heinrich Böll (1972) und Günter Grass (1999).

Welcher Deutsche erhielt 1946 den Literaturnobelpreis?

A Max Frisch
B Hermann Hesse
C Friedrich Dürenmatt
D Thomas Bernhard

227

Der Gewinner wird jedes Jahr während der Frankfurter Buchmesse bekannt gegeben, und die feierliche Verleihung findet dann am 10. Dezember in Stockholm statt. Und auch wenn das Preisgeld enorm ist, ist das Wichtigste am Nobelpreis für die meisten Schriftsteller wohl, dass sie wegen des Preises weltweit beachtet werden – und dass die Auflagen ihrer Bücher enorm steigen.

Verlag

Nach der Erfindung des Buchdrucks im 15. Jahrhundert durch Johannes Gutenberg wurde es technisch möglich, Bücher in großen Stückzahlen herzustellen. Das einzelne Buch wurde preiswerter. Aber die Druckkosten mussten natürlich trotzdem bezahlt werden. Da Schriftsteller das nicht übernehmen konnten, brauchte man einen Unternehmer, der genügend Geld besaß, das er „verlegen“ (= vorlegen bzw. vorschießen) konnte. Das Verlegen, das Bezahlen der Druckkosten eines Buches, wurde bald ein einträgliches Geschäft.

Ein Verlag bezahlt aber nicht nur die Druckkosten, sondern hat viele Aufgaben: Redakteure und Lektoren wählen Manuskripte von Autoren aus und bearbeiten sie. Ein guter Titel muss gefunden und ein passendes Cover gestaltet werden. Ein Bildredakteur sucht geeignete Bilder und Fotos, während der Layouter jede Buchseite gestaltet. Sind alle Beteiligten mit dem Ergebnis zufrieden, wird das Buch gedruckt.

Nun ist der Vertrieb des Verlags an der Reihe. Außendienstmitarbeiter reisen von Buchhandlung zu Buchhandlung und stellen das neue Buch auf Buchmessen vor. Werbe- und Presseabteilung lassen Plakate drucken und schalten Anzeigen in Zeitungen und Zeitschriften. Kritiker erhalten gratis Rezensionsexemplare, damit sie das neue Buch im Radio oder der Zeitung besprechen können.

Wie heißt das noch nicht gedruckte Werk eines Autors?

A Manufaktur
B Handbuch
C Manuskript
D Schriftstück

228

Musik und Kunst

Kunst: Das ist nicht nur etwas für einige wenige Interessierte, die die Welt aus dem Blickwinkel von Künstlern verschiedener Epochen kennenlernen wollen. Kunst hat immer auch einen Bezug zum Leben der Menschen und zu aktuellen gesellschaftlichen Entwicklungen, früher wie heute. Und sie begegnet uns nicht nur in Museen und Ausstellungen, sondern auch im Alltag – zum Beispiel im Design einer Teekanne oder eines Stuhls.

Anders als die bildende Kunst ist Musik ganz offensichtlich etwas für alle, denn sie ist allgegenwärtig. Musik, der „Soundtrack des Lebens", begleitet uns von morgens bis abends – ob sie nun aus dem Radio, aus dem MP3-Player oder live von einer Bühne kommt. Und bei der Vielfalt der musikalischen Richtungen und Stile ist für jeden Geschmack etwas dabei: von Klassik bis Pop, von Swing bis Techno, von Mozart bis Michael Jackson.

Antike Kunst

Heute bemalen Künstler vor allem Leinwände – bei den alten Griechen und Römern malte man hauptsächlich auf Wände und Decken von Gebäuden und auf Tonkrüge. Die Bilder zeigten oft Szenen aus dem Leben von Göttern oder Helden. Ein besonders beliebtes Motiv auf Vasen und Amphoren war Herakles (bei den Römern: Herkules) und auch Darstellungen des Trojanischen Kriegs tauchten regelmäßig auf.

Heute sind die Tempel der Antike weiß wie der Stein, aus dem sie gefertigt wurden – vor 2000 bis 3000 Jahren jedoch waren große Teile davon mit riesigen Wandbildern bemalt. Vor allem Kampfszenen und Schlachten mit mutigen Kriegern waren darauf zu sehen. Heute bemühen sich Archäologen und Restauratoren darum, diese Bilder wiederherzustellen.

Wie heißen die großen Vorratskrüge der Antike?

A Ampullen
B Azoren
C Amphoren
D Antillen

229

Die Wandmalereien haben die Jahrtausende nicht überstanden – im Gegensatz zu Skulpturen und Plastiken von Helden, Politikern

Kaiser Augustus

und Philosophen. Die Römer haben nämlich jeden ihrer Herrscher und jeden Kaiser in Stein gemeißelt. Nur darum wissen wir heute auch, wie Julius Caesar oder Kaiser Augustus ausgesehen haben – oder vielmehr, wie sie in den Augen der Künstler der damaligen Zeit gewirkt haben.

Welche Plastik kann man im Louvre in Paris bewundern?

A Greta von Kreta
B Hera von Rom
C Susi von Sparta
D Venus von Milo

230

Das bekannteste Kunstwerk der Antike ist die sogenannte Venus von Milo, eine Frauenfigur, die auf der Insel Milo in Griechenland gefunden wurde. Sie galt lange Zeit als Symbol für die weibliche Schönheit, und für viele ist sie das noch heute – auch wenn der Figur mittlerweile die Arme fehlen. Wer in die französische Hauptstadt fährt, kann die Venus von Milo dort im Louvre, dem berühmten Kunstmuseum von Paris, bewundern.

Mittelalter

Im 4. Jahrhundert wanderten immer mehr germanische Stämme nach Süden. Sie eroberten Teile des Weströmischen Reiches, das 476 schließlich unterging. Damit war die Antike zu Ende und ein neues Zeitalter begann in Europa. Es war stark vom Christentum geprägt – eine neue Kultur entstand. Damit war aber auch verbunden, dass nach und nach das in der Antike gesammelte Wissen verloren ging. Auch wenn die Gelehrten nach wie vor in Latein, der Sprache der Römer, schrieben und lasen.

Wie nennt man die Schreibstube eines Klosters?

A Terrarium
B Aquarium
C Skriptorium
D Sammelsurium

231

Im Mittelalter diente die Malerei vor allem dazu, Szenen aus der Bibel wiederzugeben, und die Bilder hingen in Klöstern und Kirchen. Auf Leinwänden und Holztafeln wurden beispielsweise Maria mit dem Jesuskind oder die Kreuzigung gemalt. Die damaligen Künstler legten Wert auf kräftige Farben – räumliche Darstellung und richtige Größenverhältnisse waren ihnen weniger wichtig. So kommt es zum Beispiel auch, dass das Jesuskind auf mittelalterlichen Darstellungen oft wie ein kleiner Erwachsener aussieht.

Schließlich sollten die Bilder auch nicht einfach nur dekorativ sein, sondern zudem eine Botschaft vermitteln und die Gläubigen belehren. Dafür waren Bilder im Mittelalter auch sehr viel wichtiger als heute, weil die meisten Menschen damals nicht lesen konnten.

Singende Mönche

Gemalt wurde in den Skriptorien der Klöster. Das sind die Räume, in denen die Mönche Bücher kopierten. Jede Bibel und jedes andere Buch musste ja von Hand abgeschrieben werden, weil es noch keinen Buchdruck gab. Beim Kopieren kamen auch Künstler zum Zuge: Sie versahen viele Bücher mit bunten, oft auch vergoldeten Illustrationen, den „Illuminationen".

Wie die Malerei sollte auch die Musik des Mittelalters vor allem Gott loben und preisen. Sehr bekannt sind aus der damaligen Zeit die Gregorianischen Gesänge. Sie kamen im 6. Jahrhundert auf und die Mönche sangen sie während der Messen. Noch heute werden die eindrucksvollen Choräle in manchen Kirchen, aber auch von weltlichen Chören gesungen.

Wer war ein bekannter Minnesänger?

- A Jürgen von der Lippe
- B W. von der Vogelweide
- C Baron Münchhausen
- D K.-Th. zu Guttenberg

232

Weniger fromm ging es beim mittelalterlichen Minnesang zu. Das war eine Art Liebeslied, das ein Ritter oder Fürst einer schönen Frau widmete. Dabei ging es ihm aber nicht darum, die Dame zu erobern und zu heiraten – er wollte nur seine Verehrung ausdrücken. Es gab sogar richtige Wettbewerbe für Minnesänger, und viele der damaligen Künstler wie den wohl bekanntesten deutschsprachigen Minnesänger, Walter von der Vogelweide, kennt man heute noch.

Mit dem Zeitalter der Renaissance kamen neue Kunst- und Musikrichtungen auf.

Gotik

Schlecht, wild und kulturlos: So sah man im 15. Jahrhundert, im Zeitalter der Renaissance, die Kunst des Mittelalters. Deshalb nannte man sie „Gotik" – denn die Goten aus Nordeuropa galten als kulturlos und schlecht, hatten sie doch das Römische Reich überfallen und zu seinem Untergang beigetragen. „Gotik" war ursprünglich also ein Schimpfwort und stand bis 1800 für schlechten Stil – im Gegensatz zur antiken Kunst.

Gotisches Kirchenfenster

Heute versteht man unter „Gotik" einfach die Malerei und Architektur des späten Mittelalters, die sich ab etwa 1150 n. Chr. in Italien, Deutschland, England und Spanien verbreitete. Viele bedeutende Kirchen wie der Kölner Dom und Notre Dame in Paris sind im gotischen Baustil entstanden. Typisch dafür ist, dass alle Teile gen Himmel streben: Fenster, Türen, Bogen und Pfeiler, alles ist außergewöhnlich hoch.

Außerdem setzte man in der Gotik auf Helligkeit: Die gemauerten Wände der Kirchen wurden durch Fenster ersetzt. Hinzukamen eine großzügigere Raumaufteilung, Verzierungen wie Rosetten, Strebwerke und Rippen – und die Glasmalerei erlebte eine enorme Blüte. Später übernahmen Schlösser, Rathäuser und auch wohlhabende Bürgerhäuser diesen Baustil.

Die Symbolik, die sich in der gotischen Architektur ausdrückt, hatte einen klaren religiösen Hintergrund: Die Pfeiler und Säulen einer Kirche stehen für die zwölf Apostel und Propheten, die den christlichen Glauben tragen. Und der Schlussstein, der einen Gewölbebogen mit den anderen verbindet, symbolisiert Jesus Christus.

Renaissance

Nach dem Mittelalter – zu Beginn der Neuzeit – suchten in Italien viele Künstler nach neuen Vorbildern für ihre Bilder und Plastiken. Sie fanden sie in der Antike, in den Standbildern der Griechen und Römer. Daher nennt man diese Epoche auch „Renaissance", also „Wiedergeburt" der Antike.

Der bekannteste Künstler und auch Forscher dieser Zeit war Leonardo da Vinci. Anders als die Bilder der Künstler des Mittelalters zeigten seine Bilder keine idealisierten Gesichter, sondern lebendige Menschen. Für sein berühmtes Bild *Das letzte Abendmahl* zum Beispiel nahm er sich für die Gesichter der Apostel Leute aus seinem Bekanntenkreis als Vorbilder. Außerdem haben die Bilder der Renaissance im Gegensatz zu den flach wirkenden des Mittelalters eine Perspektive: Der Raum des *Abendmahls* beispielsweise verjüngt sich nach hinten und man sieht eine Landschaft vor dem Fenster.

David von Michelangelo

Ein weiterer berühmter Künstler dieser Epoche war Michelangelo. Er erschuf unter anderem die bekannteste Skulptur der Kunstgeschichte, den David, der in Florenz zu bewundern ist. Außerdem malte er die Sixtinische Kapelle in Rom aus.

Der bekannteste deutsche Künstler der Renaissance ist

Hast du das gewusst?

Michelangelo entwarf 1505 die Uniform der Schweizer Garde, der Polizei des Papstes. Sie sieht heute noch so aus wie damals!

Albrecht Dürer aus Nürnberg. Sein *Feldhase*, aber auch sein Selbstporträt machten ihn damals fast so berühmt wie Leonardo da Vinci.

Was bedeutet das Wort „Renaissance"?

- A Wiederholung
- B Wiederaufnahme
- C Wiedergeburt
- D Wiederentdeckung

233

Eines der bekanntesten Bauwerke der Renaissance ist die Peterskirche in Rom. Sie ist eine der größten Kirchen der Welt und fasst 60 000 Menschen – so viele wie ein Fußballstadion!

Barock

Merkwürdig geformt, schief: Das bedeutet „barock" ursprünglich. In Portugal wurde dieses Wort für Perlen benutzt, die keine perfekte Form hatten – und das passt auch zu den Gebäuden, Kleidern und Bildern dieser Epoche von 1570 bis 1770: Die Säulen, Fenster und Türen der Paläste sind reich verziert, die Formen geschwungen.

Typische Prachtbauten des Barock sind das Schloss von Versailles bei Paris und Schloss Schönbrunn in Wien. Diese reich verzierten Bauten sollten die Macht der Könige unterstreichen. Und auf den riesigen Bildern, die nur in Palästen Platz finden konnten, sind auch eben diese Könige zu sehen. Die Maler stellten sie mit teuren Mänteln, Kronen und anderen wertvollen Dingen dar. Sie verwendeten dabei vor allem die typischen königlichen Farben Rot und Gold, die auch in der Innenausstattung von Palästen und Theatern immer wieder auftauchten.

Gemälde von Rembrandt

Die heute noch bekanntesten Maler dieser Zeit sind Peter Paul Rubens und Rembrandt van Rijn. Rubens liebte Motive aus der Bibel und der griechischen Sagenwelt, während Rembrandt sich lieber mit Porträts beschäftigte, darunter auch viele Selbstporträts. *Der Mann mit dem Goldhelm*, eines seiner bekanntesten Bilder, ist ein solches Porträt. Beiden Malern war aber gemeinsam, dass sie alle Bereiche des Lebens zeigten, von der Jugend über das Alter bis zum Tod. Der Mensch stand bei ihnen im Vordergrund –

Landschaften spielten kaum eine Rolle.

Natürlich haben im Zeitalter des Barock auch bedeutende Komponisten gelebt, allen voran Johann Sebastian Bach. Gerne und oft gespielt werden auch heute noch seine *Brandenburgischen Konzerte*, das *Weihnachtsoratorium* oder die *Matthäuspassion*.

Welche beiden Farben waren im Barock sehr beliebt?

A Schwarz und Weiß
B Rot und Gold
C Gelb und Grün
D Blau und Silber

234

Georg Friedrich Händel stammte zwar aus Halle an der Saale, lebte und arbeitete aber so lange Zeit in London, dass die Engländer ihn als einen der ihren betrachten. Er schrieb 46 Opern, von denen *Orlando* wohl die bekannteste ist.

In Italien komponierte Antonio Vivaldi romantische Werke. Eine seiner bekanntesten Kompositionen sind *Die vier Jahreszeiten*, die aus vier Violinkonzerten bestehen, in denen Naturgeräusche wie Gewitter und Sturm nachgeahmt werden.

Oper

Ende des 16. Jahrhunderts trafen sich in Florenz einige Musiker, Dichter und Philosophen, die große Fans der alten Griechen waren, um das alte griechische Theater neu zu beleben. Doch leider war davon kaum etwas überliefert, schon gar keine Noten – eigentlich wusste man nur, dass es damals Chöre und ein Orchester gegeben hatte. Dass es kaum Informationen gab, hielt die Künstler nicht von ihrem Vorhaben ab: Sie erfanden das griechische Theater nach ihren Vorstellungen einfach neu – und so wurde die Oper geboren.

Festspielhaus Bayreuth

Wie beim Theater treten dort Schauspieler auf, die jedoch zusätzlich zur Musik eines Orchesters Lieder singen, vor allem Arien und Duette. Diese werden von Opernkomponisten geschrieben, und das waren zu Beginn natürlich Italiener wie Claudio Monteverdi – schließlich war die Oper in Italien erfunden worden. Aber die Opernaufführungen waren bald so beliebt und erfolgreich, dass auch Komponisten aus anderen Ländern Opern schrieben. Besonders erfolgreich war Wolfgang Amadeus Mozart

Scala in Mailand

mit der *Zauberflöte*, *Figaros Hochzeit* und *Cosi fan tutte*, aber große Erfolge landete auch der Italiener Guiseppe Verdi mit *Nabucco* und *Aida*. Ende des 19. Jahrhunderts sorgte Richard Wagner als Opernkomponist für Aufsehen, vor allem mit seiner bekanntesten Oper *Der Ring des Nibelungen*, die aus vier Teilen besteht. Moderne Komponisten wie Arnold Schönberg haben ebenfalls Opern komponiert, und auch heute werden immer neue Opern geschrieben.

Wie nennt man ein längeres Gesangsstück in der Oper?

A Rezitativ
B Arie
C Choral
D Duett

235

Opernhäuser gibt es in fast allen größeren Städten. Wer ein ganz besonderes Opernerlebnis sucht, kann eine Aufführung in einem der weltberühmten Opernhäuser besuchen, zum Beispiel in der Scala in Mailand, im Festspielhaus in Bayreuth oder in der Met, der Metropolitan Opera in New York.

Ballett

Es gibt viele Möglichkeiten, wie man eine Geschichte auf der Theaterbühne erzählen kann: Im Sprechtheater nutzen die Schauspieler die Sprache und ihre Mimik und Gestik. In der Oper und im Musical kommt Gesang dazu. Und beim Ballett ist es nur die Bewegung – der Tanz – im Zusammenspiel mit der Musik, die Gefühle zum Ausdruck bringt und eine Geschichte erzählt.

Welche Tänzerin übernimmt die Hauptrolle beim Ballett?

A Primadonna
B Primavera
C Primaner
D Primaballerina

236

Das Ballett wurde im 16. Jahrhundert in Frankreich entwickelt. Deshalb haben alle Ballettschritte einen französischen Namen. Jeder der Schritte hat darüberhinaus eine bestimmte Bedeutung und steht für ein Gefühl, zum Beispiel Schmerz oder Liebe. Typisch für das Ballett ist die Auswärtsstellung der Beine und Füße – so sollen die Tänzer möglichst leichtfüßig und schwerelos wirken. Dieser Eindruck wird noch durch die Spitzenschuhe bei den Damen und die hohen Sprünge bei den Männern verstärkt. Hinter diesem Anschein von Leichtigkeit steckt jedoch viel Arbeit: Wer Balletttänzer werden will, muss in der Regel von Kindheit an hart trainieren.

Schwanensee

Seine Blütezeit erlebte das Ballett in Russland in der zweiten Hälfte des 19. Jahrhunderts. Die Ballettstücke, die der Russe Pjotr Iljitsch Tschaikowski für das berühmte Moskauer Bolschoi-Theater komponierte – zum Beispiel *Schwanensee* und *Der Nussknacker* – werden heute noch von jeder angesehenen Ballettcompany aufgeführt.

Die Tänzerinnen im Ballett nennt man übrigens Ballerinen und diejenige, die meist die Hauptrolle übernimmt, trägt den Titel „Primaballerina". Der Regisseur, der sich beim Ballet die Tanzbewegungen ausdenkt und sie mit den Tänzern einstudiert, ist der Choreograf.

Wie heißt das Kleid einer Balletttänzerin?

A Tutu
B Tatü
C Tatar
D Tamtam

237

Romantik

Ende des 18. Jahrhunderts hatte eine Gruppe junger Menschen genug von der Aufklärung mit ihrer Betonung der Vernunft. Sie sehnten sich nach dem Mittelalter zurück, in dem der christliche Glaube vorherrschte und niemand den Versuch unternahm, die Welt zu erklären. Aus dieser Sehnsucht heraus wurde die Epoche der Romantik geboren.

Denn die Maler dieser Zeit wollten die Welt auch nicht abbilden, sondern stattdessen ihre geheimnisvollen und unergründlichen Seiten zeigen. Besonders bekannt wurde beispielsweise der deutsche Maler Caspar David Friedrich. Mit Vorliebe malte er zerklüftete Gebirgslandschaften und geheimnisvolle Ruinen, oft im Winter oder von Nebel umgeben. Auf einigen seiner Bilder sieht man auch Menschen, die dem Betrachter den Rücken zuwenden und gewissermaßen mit ihm die Landschaft ansehen. Die Bilder sollen die Vergänglichkeit menschlichen Strebens und manchmal auch sein Scheitern darstellen.

Der englische Maler William Turner reiste in dieser Zeit an den Rhein, den viele Romantiker liebten, wo er zahlreiche Naturgemälde schuf. Damit erregte er große Aufmerksamkeit beim englischen Adel, und bald war es bei den Lords „in", eine Reise am Rhein entlang zu unternehmen.

Auch die Musiker der Romantik versuchten, ihre Sehnsucht nach mittelalterlichen Vorbildern zum Ausdruck zu bringen. Ihre Musik entführt den Hörer in eine geheimnisvolle Welt der Klänge und romantischen Stimmungen.

Frédéric Chopin

Ein Star unter den Pianisten dieser Zeit war der Pole Frédéric Chopin, der in Paris lebte und arbeitete. Als Meisterwerk gelten seine gefühlvollen 21 *Nocturnes* (Nachtstücke). Auch seine Etüden, die vielen Klavierschülern bekannt sein dürften, sorgten für Begeisterung.

An welchem Fluss malte William Turner besonders gern?

A am Mississippi
B an der Donau
C am Rhein
D am Nil

238

Nicht weniger bekannt war Robert Schumann aus Zwickau. Neben Klaviermusik schrieb er Sinfonien und Konzerte.

Franz Schubert vertonte viele Gedichte von Goethe, Schiller, Heine und anderen Dichtern seiner Zeit. *Am Brunnen vor dem Tore* wurde zu einem beliebten Volkslied. Außerdem schrieb Schubert zwölf Sinfonien, von denen die Siebte, *Unvollendete* genannt, besonders bekannt wurde.

Realismus

Realistisch, lebensecht, fast wie ein Foto: So versuchten Maler des Realismus im 19. Jahrhundert, einen Menschen oder Gegenstand auf die Leinwand zu bringen. Alles sollte so echt und wirklichkeitsgetreu wie möglich aussehen: die Farben, die Perspektive, die Größenverhältnisse. Mit ihrer Art zu malen wollten sich die Künstler damals von den romantischen Malern absetzen, die die Welt in ihren Werken idealisierten.

Käthe Kollwitz

Als Begründer des Realismus gilt der Franzose Gustave Courbet. Er malte Landschaften, Städte, die Arbeitswelt – und natürlich Menschen. Auf einigen Bildern sind sogar die kleinsten Falten und jedes Haar zu sehen.

Wie heißt das bekannteste Bild von Edward Hopper?

- A Tagfalter
- B Abendsonne
- C Nachtschwärmer
- D Morgengabe

239

Der Amerikaner Edward Hopper vermittelte mit seinen Bildern vor allem die Einsamkeit der Menschen in den Städten. Er malte Menschen mit ausdruckslosen Gesichtern, die in Hotelzimmern mit kahlen Wänden oder in Bars die Zeit totschlagen. Auf seinem bekanntesten Bild – *Nachtschwärmer* – sind die nächtlichen Besucher einer Bar zu sehen, die einsam auf den Morgen warten.

Das Elend armer und hungernder Menschen beschäftigte in Deutschland die Künstlerin Käthe Kollwitz. Sie zeichnete und malte, schuf aber auch Plastiken.

Klassik

Große Orchester, Geigen, Mozart und Beethoven: Daran denken die meisten sofort, wenn sie das Wort „Klassik“ hören. Es bezeichnet die Epoche zwischen 1730 und 1830, die bestimmt war von der Wiener Klassik um die Komponisten Joseph Haydn, Wolfgang Amadeus Mozart und Ludwig van Beethoven. Diese Komponisten waren die ersten, die ihre Leidenschaft als Beruf ausüben und davon leben konnten, denn sie hatten großzügige Mäzene, die ihnen Geld gaben oder sie mit Aufträgen versorgten.

Welche Oper stammt von Mozart?

- A Der Barbier von Sevilla
- B Die Zauberflöte
- C Aida
- D La Traviata

240

Die erfolgreichsten musikalischen Formen der Wiener Klassik waren das Streichquartett, das Konzert und die Sonate, die alle nach festgelegten Regeln komponiert wurden. Mozart und Beethoven sind auch heute noch die beliebtesten Musiker der Klassik – nicht nur, was die weltliche Musik betrifft: In der geistlichen Musik war Mozarts *Requiem* wegweisend für die folgenden Musikergenerationen.

Wer verhalf den Komponisten zu einem Einkommen?

A Mutanten
B Matadore
C Mäzene
D Magnaten

241

Komposition

Das Wort „komponieren" kommt aus dem Lateinischen und heißt „zusammensetzen": Ein Komponist setzt ein Musikstück aus Tönen, Melodien, Harmonien und Rhythmen zusammen und überträgt es in eine Notenschrift. Für eine Oper muss ein Komponist beispielsweise für jede Gesangsstimme und jedes Instrument eine eigene Stimme komponieren, die alle zu dem gewünschten klanglichen Gesamteindruck beitragen – und zur Handlung der Oper muss die Musik natürlich auch passen.

Den handwerklichen Teil des Komponierens nennt man die Kompositionslehre. Sie wird an der Musikhochschule gelehrt und umfasst Fächer wie Harmonielehre, Satzkunde und Instrumentenkunde. Auch mit der

Mozart am Klavier

Geschichte der bisherigen Musik muss sich ein Komponist gut auskennen. Und dann braucht er noch Talent, um musikalische Ideen zu entwickeln und sie dann auch umsetzen zu können.

Berühmte Komponisten früherer Zeiten sind zum Beispiel Johann Sebastian Bach, Wolfgang Amadeus Mozart und Antonio Vivaldi. Zu den modernen Komponisten zählen Leonard Bernstein, Karlheinz Stockhausen und Hans Werner Henze. Und berühmte Filmkomponisten unserer Zeit sind beispielsweise Hans Zimmer und Randy Newman.

Welchen Schlüssel braucht jeder Komponist?

A Geheimschlüssel
B Notenschlüssel
C Sicherheitsschlüssel
D Ersatzschlüssel

242

Orchester

Ein Orchester ist eine große Gruppe von Musikern die aus einer unterschiedlich

Orchester

großen Anzahl von Musizierenden bestehen kann. Sie spielen Streich-, Blech-, Holzblas-, Zupf- und Tasteninstrumente.

Welches Instrument spielt der Konzertmeister?

A große Pauke
B erste Geige
C letzte Flöte
D kleine Triangel

243

Der Dirigent ist der künstlerisch-musikalische Leiter des Orchesters. Er bestimmt, wie eine Komposition interpretiert wird, und erarbeitet mit den Musikern die Aufführung – sie sind sozusagen das Instrument, auf dem er spielt. Während eines Konzerts liegt ein riesiges Notenbuch vor ihm, die Partitur, in der alle Stimmen aufgeschrieben sind. Seine „rechte Hand" ist der Konzertmeister. Da er meist die erste Geige spielt (daher kommt auch die Redewendung!), sitzt er jedoch vom Dirigenten aus gesehen „linker Hand".

Zu den weltbekannten Orchestern gehören auch die Berliner Philharmoniker. Sie wurden von berühmten Dirigenten geleitet, zum Beispiel von Herbert von Karajan und Claudio Abbado, und heute ist Sir Simon Rattle der Chef in Berlin.

„Philharmonie" ist übrigens nur ein anderes Wort für Orchester. Es kommt aus dem Griechischen und bedeutet „Liebe zur Musik".

Was schwingt ein Dirigent?

A Fahne
B Lasso
C Säbel
D Taktstock

244

Moderne Kunst

Um das Jahr 1880 machte ein neues Schlagwort die Runde: die Moderne. Mit diesem Begriff wollten die Menschen die neue Zeit beschreiben, die dadurch geprägt war, dass sich die Welt immer schneller veränderte: Die Fotografie wurde verbessert, Fabriken und Bahnhöfe schossen wie Pilze aus dem Boden und Wissenschaftler und Forscher machten in kurzer Zeit unglaubliche Entdeckungen. Die Welt wurde immer komplizierter und verwirrender. Und genau das wollten die Künstler der Moderne in ihren Bildern zeigen. Dafür suchten sie nach neuen Ausdrucksmitteln und neuen Techniken, um Gefühle, unbekannte Perspektiven und Eindrücke festhalten zu können.

Pablo Picasso und Brigitte Bardot

Die Impressionisten verließen ihre Ateliers und bannten Licht und Farbe mit schnellen Pinselstrichen auf die Leinwände. Die Expressionisten brachten mit kräftigen Farben und groben Strichen ihre Gefühle zum Ausdruck. Und abstrakte Maler setzten in ihren Bildern die Welt neu zusammen. All das war ungewohnt und erforderte neue Sehgewohnheiten. Das Publikum brauchte daher auch etwas Zeit, bis es diese Bilder begriff und ihre Schönheit erkennen und schätzen lernte.

Besonders bekannt wurde der Spanier Pablo Picasso, der einen ganz eigenen Stil – eigentlich sogar mehrere Stile – entwickelte. Er schuf in unterschiedlichen Schaffensphasen Tausende von Gemälden, Skulpturen und Grafiken und gilt als eines der größten Genies des 20. Jahrhunderts.

Was verwandelte Joseph Beuys 1960 in ein Kunstwerk?

A Kirchturm
B Badewanne
C Rennwagen
D Bleistift

245

In Deutschland stehen beispielsweise Joseph Beuys und Gerhard Richter für die Kunst der Moderne. Beuys' Plastiken bestanden aus alltäglichen Dingen wie Badewannen, Besen oder Butter, und er war der Ansicht, dass jeder ein Künstler sein könne. Gerhard Richter ist der international bekannteste lebende deutsche Künstler. Er malt vor allem abstrakte Bilder. Eines seiner berühmtesten Werke ist ein buntes Glasfenster aus 11 500 farbigen Glasquadraten für den Kölner Dom, das 2007 enthüllt wurde.

Impressionismus

Ende des 19. Jahrhunderts verließen einige französische Künstler ihre Ateliers und gingen hinaus in die Natur, um dort ihre ganz persönlichen Eindrücke malerisch wiederzugeben. Aber wenn man einen flüchtigen Eindruck, eine Stimmung in der Natur festhalten will, muss man schnell malen. Das ging jedoch nicht in der damals üblichen Malweise, bei der man sich normalerweise wochenlang Zeit für ein Bild nahm. Deswegen verzichteten die Impressionisten auf eine genaue Ausarbeitung. Stattdessen fingen sie die Stimmung des Augenblicks mit schnellen Pinselstrichen und hellen Farben ein. Besonders wichtig war ihnen dabei, den Einfluss des Lichts auf ein Motiv darzustellen.

Gemälde von Monet

Ihre Themen waren zum Beispiel badende Menschen, Picknicks und Szenen in Straßencafés.

Als die ersten Bilder dieser Art ab 1863 zu sehen waren, war das Publikum entsetzt über die „unfertigen" Bilder. Aber Impressionisten wie Claude Monet, Auguste Renoir und Paul Cézanne hielten daran fest, ihre Eindrücke, „Impressionen", auf diese Weise darzustellen – auch wenn sie dafür zunächst verspottet wurden.

Es dauerte 20 Jahre, bis der Impressionismus anerkannt wurde. Danach allerdings wurde er zum Wegbereiter für alle Kunststile des 20. Jahrhunderts. Heute werden Kalender und Poster mit den Gemälden der Impressionisten in Millionenauflagen gedruckt und hängen fast in jedem Wohnzimmer.

Wo haben die Impressionisten am liebsten gemalt?

A im Freien
B im Atelier
C im Dunklen
D im Verborgenen

246

Expressionismus

Zu Beginn des 20. Jahrhunderts wollten Künstler nicht mehr nur Menschen und Landschaften abbilden: Sie wollten zeigen, was in den Köpfen der Menschen passierte und wollten Gefühle und Gedanken zum Ausdruck bringen. Das Mittel ihrer Wahl waren satte Farben und kräftige Pinselstriche. Diese äußerst ausdrucksvolle Malerei hieß bald schon „Expressionismus". Dieser Begriff kommt vom lateinischen Wort für Ausdruck (Expression).

Durch ihre neue Ausdrucksform wollten die Maler auch gegen die enge und triste Welt ihrer Eltern und vor allem gegen das vorherrschende politische System protestieren.

Einer der bekanntesten Expressionisten war Franz Marc. Auf seinen Bildern zeigte er nicht die grauen Städte seiner Zeit, sondern er erschuf sie mit kräftigen Farben neu. Marc malte seine Motive – zum Beispiel die berühmten *Blauen Pferde* – eben nicht naturgetreu, sondern so, wie er sie empfand. Er war ein Mitbegründer der Künstlervereinigung „Der Blaue Reiter".

Gemälde von Franz Marc

Weitere Vertreter des Expressionismus sind Marc Chagall und Edvard Munch. Dessen Bild *Der Schrei*, das einen Menschen mit weit geöffnetem Mund zeigt, wurde zum Vorbild für viele expressionistische Gemälde.

Ein besonderer Einschnitt im Leben und Schaffen vieler Expressionisten war der Erste Weltkrieg – für sie ein Ausdruck für den katastrophalen Zustand der Welt. Viele von ihnen, darunter auch Franz Marc, wurden als Soldaten einberufen und starben an der Front.

Welche Tiere machten Franz Marc weltberühmt?

A rote Affen
B gelbe Schlangen
C grüne Frösche
D blaue Pferde

247

Design

Wer heute einen Laden betritt, stößt unweigerlich auf das Wort „Design". Denn immer mehr Produkte erhalten ihre Form und ihr Aussehen von Designern. Längst gibt es Designer-Möbel, Designer-Schuhe, Designer-Geschirr und Designer-Handys. Gestaltet werden sie von Designern, die neuen und alten Produkten ein ansprechendes und zugleich funktionales Äußeres verleihen.

Wie hieß die Kunstschule von Walter Gropius?

A Schlachthaus
B Bauhaus
C Irrenhaus
D Möbelhaus

248

Heute ist es selbstverständlich, dass Produkte designt werden – vor hundert Jahren jedoch gab es das kaum. Damals wurden die Produkte in den Fabriken meist

Designer-Sessel

so gefertigt, wie der Erfinder seinen Prototyp gebaut hatte. Doch im Laufe der Zeit fanden immer mehr Künstler und Architekten, dass auch industrielle Massenprodukte schön aussehen müssten. Außerdem, so ihr Argument, könne ein ansprechendes Äußeres den Verkauf fördern. Und das bewahrheitete sich auch bald: Durch die Verknüpfung von guter Werbung und schönem Design ließen sich manche Produkte tatsächlich viel besser verkaufen als andere. Besonders bei der aufkommenden Autoindustrie wurde darum bald großer Wert auf eine gute Formgebung gelegt.

Welche Produkte wurden als erste umfassend designt?

A Autos
B Handys
C Computer
D Flugzeuge

249

In Deutschland gründete der Architekt Walter Gropius 1919 die Kunst- und Designschule „Bauhaus", in der sich Künstler mit dem Design von Industrieprodukten befassten. Die Aufgabe des Designers ist dabei, sich mit dem Produkt genau auseinanderzusetzen und sich zu fragen, wem es nützen soll, wie es künstlerisch gestaltet werden kann, ohne seine Funktionalität zu verlieren, und nicht zuletzt auch, wie teuer es sein darf.

Design ist letztlich eine Kombination aus Funktionalität und Kunst: Ein Handy soll bestens funktionieren, aber auch toll aussehen und gut in der Hand liegen.

Abstrakte Kunst

Wenn Albrecht Dürer oder Leonardo da Vinci ein Bild malten, dann waren darauf Menschen, Tiere und Gebäude zu sehen. Und obwohl sich die Stilrichtungen immer wieder veränderten, malten Künstler bis zum Beginn des 20. Jahrhunderts immer so, dass die Lebewesen oder Gegenstände darauf sofort zu erkennen waren.

Das änderte sich vor rund hundert Jahren, als die Fotografie mehr und mehr die Aufgabe der genauen Abbildung der Wirklichkeit übernahm. Künstler suchten nun nach neuen Möglichkeiten und entdeckten, dass sie Farben und Formen auch einsetzen konnten, ohne erkennbare Gegenstände abzubilden.

Der erste Maler, der sich sehr intensiv mit Farben und Formen beschäftigte, war Wassily Kandinsky, der ab 1911 abstrakte Bilder malte. Kandinsky sah in den Farben eine tiefere Bedeutung. Blau stand für ihn zum Beispiel für die Kälte und das Übersinnliche. Mit anderen Künstlern, die ähnlich dachten und malten, gründete er die Künstlergruppe „Der Blaue Reiter“. Anfangs schüttelten viele Besucher in den Ausstellungen der Gruppe die Köpfe.

Abstrakte Kunst

Doch irgendwann erkannte zumindest ein Teil des Publikums den Reiz und die Schönheit abstrakter, also gegenstandsloser Bilder, die nur aus Farben, Formen und Linien bestehen. Denn auch diese Bilder sagen etwas über die Welt aus und deuten sie neu. „Kunst gibt nicht das Sichtbare wieder, sondern macht sichtbar“, erklärte Paul Klee einmal, ein Mitglied des „Blauen Reiters“.

Der wichtigste abstrakte Bildhauer war der Engländer Henry Moore. Die Werke des Künstlers stellen meist menschliche Körper in abstrakter Form dar. Dabei sind die Körper gerade eben noch als solche zu erkennen.

Welche Künstlergruppe hat Kandinsky mitgegründet?

- A Der Gelbe Engel
- B Der Blaue Reiter
- C Der Rote Korsar
- D Der Grüne Drache

250

Surrealismus

Im Jahr 1919 begann der Künstler Max Ernst, Bilder mit Motiven zu malen, die sehr realistisch aussahen, aber nicht zueinanderpassten oder bei denen die Perspektive verdreht war. Er wollte damit eine neue Wirklichkeit schaffen, die über die Realität hinausgeht. Und genau das bedeutet das Wort „Surrealismus“: „über die Realität hinaus“. Vor allem ging es den Surrealisten um das Unbewusste, um Visionen, Träume und Ängste, die sowohl dargestellt als auch beim Betrachten der Bilder hervorgelockt werden sollen.

Welche Tiere machten Salvador Dalí weltbekannt?

- A Grunzende Schweine
- B Brennende Giraffen
- C Fliegende Esel
- D Stinkende Stinktiere

251

Neben Max Ernst ist der Spanier Salvador Dalí der bekannteste Vertreter dieser Strömung der modernen Kunst. Brennende Giraffen und schmelzende Uhren wurden zu seinem Markenzeichen. Dalí wirkte auch bei dem Alfred-Hitchcock-Film *Ich kämpfe um dich* mit, für den er die Traum-Szenen entwarf, die die Albträume des Helden sichtbar machen.

Neue Musik

Im 20. Jahrhundert fühlten sich einige Musiker durch die Festlegung auf die bekannten Tonleitern und die Einteilung in Dur und Moll und auch durch die üblichen Kompositionsvorschriften eingeengt. Sie schufen eine Musik, die sich von allen bekannten Traditionen löste: die Neue Musik.

Einer der ersten Komponisten der Neuen Musik war Arnold Schönberg. Er verzichtete ganz auf einen Grundton und die üblichen Tonleitern und entwickelte 1921 die Zwölftonmusik: Die Töne beziehen sich aufeinander und sind gleichberechtigt. Diese Musik klingt ganz anders als die bekannte Musik und verstört auch heute noch viele Hörer.

Hast du das gewusst?

John Cage komponierte 1952 das Stück *4'33*, ein Schlüsselwerk der Neuen Musik. Es besteht aus vier Minuten und 33 Sekunden Stille.

Im Laufe des 20. Jahrhunderts suchten weitere Komponisten und Musiker nach neuen Klängen und Möglichkeiten. Dabei setzten sie nicht nur die Töne neu ein, sondern auch den Rhythmus und die Melodik. In den 1950er-Jahren kamen elektronische Instrumente hinzu und Elemente aus dem Jazz und der Folkmusic wurden in der Neuen Musik verwendet.

Bekannte Komponisten der Neuen Musik sind neben Schönberg Alban Berg, György Ligeti, Steve Reich und Karlheinz Stockhausen. Ihre Musik wird nach wie vor nur von einem kleinen Publikum gehört.

Die Kompositionstechnik von Arnold Schönberg heißt ...?

A Volltonmusik
B Megamusik
C Zwölftonmusik
D Mutantenmusik

252

Big Band

Für eine Band reichen normalerweise drei bis fünf Musiker aus. Jedes Instrument ist dann nur einmal vorhanden, zum Beispiel bei der Besetzung Bass, Schlagzeug, Gitarre, Keyboard und Saxofon. Für eine Big Band jedoch braucht man, wie der Name schon sagt, viel mehr Musiker. Dort ist die Rhythmusgruppe, also Bass und

Schlagzeug, nur einmal vorhanden – aber die Bläser sind mehrfach besetzt, vor allem Saxofone, Trompeten und Posaunen. Sie prägen den Klang einer Big Band.

Big Band

Der hängt außerdem auch vom Arrangeur ab, dem Musiker, der die Noten für die Bandmitglieder schreibt. Häufig ist das der Bandleader. Er muss die technischen Möglichkeiten der Instrumente und die Fähigkeiten seiner Musiker gut kennen, um einen effektvollen Gesamtklang herzustellen.

Welche Musikrichtung bevorzugen Big Bands?

A Swing
B Rap
C Hip-Hop
D Rock 'n' Roll

253

Die Big Band kam in den 20er-Jahren des 19. Jahrhunderts in Amerika auf und spielte Jazz, insbesondere Swing. Unter Leitung ihrer Bandleader – zu den berühmtesten gehören Duke Ellington und Glenn Miller – spielten sie vor allem Tanzmusik.

Der Swing wurde zwar in den 1950er-Jahren von anderen Musikrichtungen abgelöst, aber trotzdem ist er bis heute ein beliebter Musikstil geblieben – vor allem für Big Bands. In Deutschland gehören die Bands von James Last, Peter Herbolzheimer und die WDR Big Band zu den bekanntesten.

Schlager

Eingängige Musik, einfache deutsche Texte: Einen Schlager zeichnet aus, dass ihn jeder verstehen und schon nach kurzer Zeit mitsingen kann.

Der Ursprung des Schlagers liegt im 19. Jahrhundert. Damals stammten die Hits, die jedes Kind kannte, aus Operetten, die mit ihren eingängigen Melodien ein großes Publikum erreichten.

Nach der Erfindung des Tonfilms lieferten dann die Filme neue Melodien. Filmstars wie Heinz Rühmann und Hans Albers sangen in den 1930er- und 1940er-Jahren viele Schlager, die man zum Teil auch heute noch kennt wie *Ich brech die Herzen der stolzesten Frau'n* oder *Auf der Reeperbahn nachts um halb eins.*

In der Nachkriegszeit erlebte der Schlager eine neue Blüte, denn er zeigte den Menschen, die die schlimmen Zeiten des Krieges und ihr jetziges Elend vergessen wollten, eine heile Welt und lenkte sie so von ihren Sorgen ab. Ein beliebter Sänger war damals Freddy Quinn, der sich auf Balladen und Seemannslieder spezialisiert hatte, in denen es um Sehnsucht und Fernweh ging.

Aus welcher Musikform ist der Schlager entstanden?

A aus dem Musical
B aus der Rockmusik
C aus der Oper
D aus der Operette

254

In den 1960ern und 1970ern wurden Sänger wie Roy Black, Marianne Rosenberg und Chris Roberts zu Stars. Roy Black landete mit *Ganz in Weiß* einen besonders großen Hit: Er verkaufte mehr als 2,5 Millionen Singles und übertraf damit in Deutschland sogar die Beatles!

Popmusik

Popmusik ist die Abkürzung für „Populäre Musik", also beliebte und eingängige Musik. Ihre Wurzeln hat sie in den USA in der Musik der Afroamerikaner. Aus afrikanischen Rhythmen und Melodien entwickelten sich Blues und Jazz, die zuerst auch nur von Farbigen gehört wurden, bevor sie ihren Siegeszug antraten – durch alle Hautfarben und Schichten.

Aus dem Blues entstand in den 1950er-Jahren der Rock 'n' Roll. Diese schnelle Tanzmusik wurde vor allem durch Radiosendungen und Schallplatten bekannt. Hier waren farbige Musiker wie Chuck Berry die Vorreiter, etwas später gab es auch weiße Rock-'n'-Roll-Stars, zum Beispiel Bill Haley.

Zum größten Rock-'n'-Roll-Weltstar wurde aber ein anderer: Elvis Presley, der erfolgreichste Musiker aller Zeiten, verkaufte rund 1,4 Milliarden Platten! Zum Vergleich: Der 2009 verstorbene Michael Jackson brachte es nur auf etwa halb so viele, dabei war er der erfolgreichste Popmusiker der letzten Jahrzehnte, und sein Album *Thriller* ist bis heute das meistverkaufte Album der Welt.

Elvis Presley

Aus dem Rock 'n' Roll und der englischen Folkmusic entstanden in den 1960er-Jahren die Beatmusik und die Rockmusik. Die bekanntesten Bands dieser Zeit waren und sind die *Beatles* und die *Rolling Stones*. Mit ihnen entwickelte sich nun auch eine richtige Musikindustrie, die die Bands vermarktete, Konzerte organisierte und Filme drehte.

Heute finden sich nur noch selten Popgruppen von allein zusammen. Immer häufiger werden sie stattdessen von Plattenfirmen zusammengestellt oder in Casting-Shows ermittelt. Das Aussehen und Auftreten spielt dabei oft eine größere Rolle als das musikalische Talent. Auch viele Popsongs werden nicht mehr „in Handarbeit" von Musikern, sondern in modernen Tonstudios am Computer entwickelt.

Wie wurde Michael Jackson genannt?

A King of Rock 'n' Roll
B Burger King
C King Kong
D King of Pop

255

Popmusik ist ein riesiges Geschäft – auch wenn heute weniger Musik im Laden gekauft und stattdessen aus dem Internet heruntergeladen wird.

Pop Art

In den 1950er-Jahren schufen einige Künstler Kunstwerke, die direkt etwas mit dem Alltag der Menschen zu tun hatten – mit den Comics, die sie lasen, und den Produkten, die sie kauften. Diese Art der Kunst wurde, weil sie sich mit populären Phänomenen auseinandersetzte, „Pop Art" genannt.

Andy Warhol

Zu den bekanntesten Pop-Art-Künstlern gehören der Schwede Claes Oldenburg mit seinen riesigen Plastiken, die Kegel und Eistüten darstellen, und Roy Lichtenstein, dessen Bilder wie riesige vergrößerte Comicbilder wirken. Der berühmteste Künstler dieser Epoche ist aber Andy Warhol: Sein Bild einer Dose Tomatensuppe wurde ebenso weltberühmt wie seine in grellen Farben vervielfältigten Porträts von Politikern und Filmstars, zum Beispiel Marilyn Monroe, Elvis Presley und Mao Zedong.

Elektronische Musik

Elektronische Instrumente gehören zur Popmusik dazu wie Snoopy zu Charlie Brown. Ob Keyboard, Schlagzeug oder Bass: Seit es die Technik dazu gibt – sie entwickelte sich in den 1950er-Jahren – lässt sich der Klang fast jedes Instruments elektronisch erzeugen oder verändern.

Rock-Konzert

Einer der ersten Musiker, die begannen, elektronische Klänge und klassische Musik zu verbinden, war 1953 Karlheinz Stockhausen. Im Bereich der Popmusik prägte die Düsseldorfer Band *Kraftwerk* ab 1970 einen völlig neuen elektronischen Sound. Er wurde zum Vorbild für viele elektronische Musikstile – vor allem für die Techno-Musik der 1980er-Jahre, die tanzbare Beats aus dem Computer schuf. Jeder Ton der Techno-Musik wird nicht von einem akustischen Instrument erzeugt, sondern entsteht in einem Computerchip. Dadurch kann er beliebig verändert werden. Dies führt zu Klängen, die mit herkömmlichen Instrumenten gar nicht zu erzeugen sind.

Rock

Im Jahr 1954 nahm der amerikanische Rock-'n'-Roll-Musiker Bill Haley den Titel *Rock around the Clock* auf. Dieser Song begeisterte die Jugendlichen wie kein Song zuvor und wurde ein Welthit, der sich auch in Deutschland über eine Million Mal verkaufte. Noch populärer wurde diese Art der Musik allerdings durch Elvis Presley, der sich „King of Rock" nannte.

Von welcher Band stammt „Stairway to Heaven"?

- A Tokio Hotel
- B Nirvana
- C Led Zeppelin
- D Bon Jovi

256

In den 1960er-Jahren veränderten Bands und Musiker wie *Cream*, Jimi Hendrix und *Led Zeppelin* die Rockmusik. Sie wurde anspruchsvoller und zugleich härter. Lange Gitarrensoli wurden immer wichtiger.

In den 1970er-Jahren kamen der Hard Rock und andere Richtungen dazu. Der Rock wurde noch härter und schneller, wie heute noch populäre Bands wie *AC/DC* und *Metallica* zeigen. Viele Rockmusiker experimentierten auch mit klassischer Musik und lyrischen Klängen, zum Beispiel *Emerson, Lake and Palmer*, *Queen* und *Deep Purple*.

Längst ist die Rockmusik ein wichtiger Teil der Popmusik und es gibt immer wieder neue Bands und Songs. Musiker aus der Anfangszeit des Rock wie Jimi Hendrix und Eric Clapton sind inzwischen zu Legenden der Rockmusik geworden.

Wo fand 1969 das berühmteste Rockfestival aller Zeiten statt?

- **A** in Berlin
- **B** in San Francisco
- **C** in London
- **D** in Woodstock

257

Hip-Hop

Hip-Hop ist ein Lebensgefühl und eine dazugehörige Musikrichtung, eine Mischung aus Breakdance, DJs, Rap und Graffiti. Ursprünglich kam dieses Lebensgefühl aus der Bronx, einem Stadtteil von New York, bevor es dann auch nach Europa schwappte.

Die gewalttätigen Streitereien verschiedener schwarzer Gangs in den Gettos der amerikanischen Großstädte wurden in eine künstlerische Form gebracht, den Breakdance. Dazu entwickelte sich eine eigene Musikrichtung, die von DJs gespielt wurde. Der Rap, eine Art Sprechgesang, ist ein weiteres Element dieser Jugendkultur, die seit den 1990er-Jahren auch in Deutschland zu den wichtigsten Jugendkulturen gehört.

Breakdance

Graffiti sind großflächige Bilder, Schriftzüge oder Zeichen, die mit Spraydosen auf Zugwaggons oder Hauswände aufgetragen werden – fast immer verbotenerweise. Einige Menschen betrachten diese Zeichnungen als puren Vandalismus, andere hingegen halten sie für eine neue und eigenständige Kunstform.

Womit schafft ein Graffitikünstler seine Bilder?

- **A** mit dem Pinsel
- **B** mit Zeichenkohle
- **C** mit der Spraydose
- **D** mit Wachsmalkreide

258

Volksmusik

Volksmusik ist – wie der Name schon sagt – die Musik eines Volkes oder einer Region. Sie wird meist in den Familien weitergegeben und bei Festen gespielt. Wer die Volkslieder geschrieben hat, weiß man oft nicht. Volksmusik folgt keinen aktuellen Musiktrends, weder musikalisch noch von der Instrumentierung her: Häufig findet man dort Mandoline, Harfe und Zither, alles alte Instrumente. Thematisch geht es meist um die Heimat oder auch um die Liebe.

Welche TV-Sendung lieben Fans der Volkstümlichen Musik?

A Komödienstadl
B Musikantenstadl
C Mutantenstadl
D Tragödienstadl

259

Was man in Sendungen wie dem „Musikantenstadl" hört, ist in der Regel „Volkstümliche Musik" und hat nur wenig mit traditioneller Volksmusik zu tun. Zwar gehören auch alte Volkslieder zum Repertoire, aber die meisten Songs sind eigentlich moderne Schlager, obwohl darin auch rührselig von Heimat und Liebesleid erzählt wird. Bekannte Vertreter der Volkstümlichen Musik sind Heino, Marianne und Michael und Hansi Hinterseer.

Weltmusik

Der Begriff „Weltmusik" wurde um 1980 für eine Musik geprägt, die ihre Wurzeln in den Volksmusiken Afrikas, Asiens, Südamerikas und Australiens hat. Weltmusik wird entweder dort gespielt und aufgenommen – oder aber amerikanische und europäische Musiker beziehen sie in ihre Musik mit ein: Bereits in den 1950er-Jahren interessierten sich Jazzmusiker wie John Coltrane für afrikanische Musik. Später kamen Beat-, Rock- und Popmusiker dazu, die die fremden und ungewohnten Klänge anderer Erdteile ebenfalls für ihre Musik nutzen wollten.

Weltmusik

Ein Wegbereiter der Weltmusik war der Popmusiker Paul Simon. Sein Album *Graceland*, das er mit südafrikanischen Musikern einspielte, wurde ein großer Erfolg. Auch ein anderer Popmusiker, Peter Gabriel, hatte großen Anteil am Erfolg der Weltmusik: Er gründete 1982 das Festival WOMAD (World of Music, Arts and Dance), auf dem vor allem Weltmusik gespielt wird.

Wie heißt das Weltmusik-Album von Paul Simon?

A Neverland
B Lummerland
C Homeland
D Graceland

260

Religion und Philosophie

Seit der Mensch nachdenkt, will er wissen, woher er kommt und wie die Welt entstanden ist. Auf diese Fragen hat er im Laufe von Jahrtausenden verschiedene Antworten gefunden. Sehr häufig spielen Gottheiten dabei eine wesentliche Rolle. Ägypter, Griechen, Römer und Germanen hatten viele Götter und auch im Hinduismus gibt es verschiedene Gottheiten – für Juden, Christen und Moslems existiert hingegen nur ein Gott. Und der Buddhismus kommt ganz ohne Gott aus.

Aber es gab immer auch Versuche, die grundlegenden Fragen unserer Existenz und der Welt zu beantworten, ohne einen Gott ins Spiel zu bringen. Damit haben sich Philosophen von der Antike an beschäftigt und auch Wissenschaftler stoßen immer wieder auf Antworten – und neue Fragen.

Heute gibt es weltweit eine Vielzahl von Religionen, Glaubensrichtungen und Weltbildern. Welchen Weg man gehen will, muss jeder selbst entscheiden. Wenn man sich dabei bewusst ist, dass es eben nicht nur das eigene, sondern viele Weltbilder gibt, und wenn man Menschen anderen Glaubens und anderer Überzeugung akzeptiert, statt sie zu verfolgen und zu bekriegen – dann können auch Menschen mit ganz unterschiedlichen Überzeugungen friedlich zusammenleben.

Mythologie der Aborigines

Die Ureinwohner Australiens, die Aborigines, haben wie viele andere Naturvölker auch eine Religion – und zwar die älteste der Welt: Ihre Vorfahren wanderten vor mehr als 40 000 Jahren über Landbrücken nach Australien ein. Die uralten Erzählungen aus jener Zeit wurden aber nie aufgeschrieben, sondern werden bis heute nur mündlich weitergegeben.

Welches sagenhafte Tier kommt aus der Traumzeit?

A Wasserschlange
B Riesenschlange
C Regenbogenschlange
D Drachenschlange

261

Die religiösen Erzählungen der Aborigines handeln nicht von einem Gott, sondern von der „Traumzeit". So heißt bei ihnen die Zeit der Schöpfung und der Entstehung der Welt, in der Menschen, Pflanzen, Tiere, Raum und Zeit noch eine Einheit bildeten. Aus dieser Traumzeit ist alles hervorgegangen. Und noch heute sind die Menschen damit in Verbindung, denn die Traumzeit sorgt immer noch für die Ordnung der Welt. Sie sagt auch, wie die Menschen sich zu verhalten haben und was Gut und Böse ist. Und am Ende der Zeit, so berichten die Erzählungen, werden Menschen, Tiere und Berge wieder in die Traumzeit zurückkehren.

Innerhalb der Traumzeit spielt die Regenbogenschlange eine äußerst große Rolle. Diese Sagengestalt lässt Berge wachsen, bringt den Regen und sorgt auch in der Trockenzeit für genügend Wasserstellen.

Mythologie der Ägypter

Die Hochkultur Ägyptens war eine der frühesten der Geschichte: Sie entstand schon vor mehr als 5000 Jahren aus mehreren kleinen Königreichen. Herrscher über das geeinte Reich war der Pharao, der als die irdische Verkörperung des Gottes Horus galt und damit auch selbst ein Gott war.

Tempel in Abu Simbel

Viele Götter der alten Ägypter hatten auch eine Tiergestalt. Auf Statuen und Abbildungen wird zum Beispiel Horus als Falke oder als Mensch mit einem Falkenkopf gezeigt. Er war für den König und den Himmel zuständig. Außer ihm gab es aber noch eine Menge anderer Götter: Re, der Sonnengott, fuhr am Tag mit einem Schiff über den Himmel. Bei jedem Sonnenuntergang starb er und setzte seine Reise im Totenreich fort. Dort musste er gegen den Schlangengott Apophis kämpfen, um am nächsten Morgen wiedergeboren zu werden. Unterstützt wurde er dabei von dem Wüstengott Seth, der auch der Gott der Gewalt und des Mordes war.

Wie heißt der ägyptische Gott der Toten?

- **A** Papyrus
- **B** Osiris
- **C** Numerobis
- **D** Pyradonis

262

Osiris war der Gott der Fruchtbarkeit und der Wiedergeburt und damit auch für die Toten zuständig. Liebe und Schönheit waren das Metier der Göttin Hathor, die manchmal auch als schöne blau-gelbe Kuh dargestellt wurde. Thot, der Mondgott, hatte das Gesicht eines Ibis. Und Hapi, der Nilgott, der männliche und weibliche Züge hatte, sorgte für die jährlichen Hochwasser, die fruchtbaren Schlamm zurückließen.

Für ihre Götter bauten die Ägypter riesige Tempelanlagen, zum Beispiel in Abu Simbel, Karnak und Luxor. Und sie glaubten an ein Leben nach dem Tod. Deswegen wurden die Pharaonen und auch hohe Beamte kunstvoll einbalsamiert und in besonderen Grabanlagen beigesetzt. Sie enthielten nicht nur den Sarkophag mit der Mumie, sondern auch Speisen und Gebrauchsgegenstände des täglichen Lebens. Denn die Pharaonen sollten im Jenseits mit allem versorgt sein, was sie brauchten.

Mythologie der Griechen

Die Hochkultur der alten Griechen entstand um das Jahr 2800 v. Chr. und endete 146 n. Chr., als die Römer Griechenland zu einer römischen Provinz machten.

Zeus

Wie die Ägypter und andere Völker des Altertums glaubten auch die Griechen an eine Vielzahl von Göttern, die bei ihnen alle auf dem Berg Olymp wohnten und von dort aus das Schicksal der Menschen lenkten.

Der oberste Gott war Zeus. Er konnte ohne Mühe eine andere Gestalt annehmen – was er auch sehr oft tat, um schönen Frauen nachzustellen. Dabei war er verheiratet: mit seiner Schwester Hera, der Beschützerin der Ehe. Poseidon, ein Bruder des Zeus, herrschte über die Meere, während sich sein Bruder Hades um die Unterwelt kümmerte. Zeus hatte auch zahlreiche Kinder, zum Beispiel Apollon, den Gott der Künste und der Weissagungen, und Ares, den Kriegsgott. Seine Tochter Athene galt als Schutzgöttin Athens. Hermes, ebenfalls ein Sohn von Zeus, war der Gott der Kaufleute und Diebe und auch der Götterbote, der Nachrichten überbrachte. Die Zeus-Tochter Aphrodite wurde als Göttin der Schönheit und der Liebe verehrt.

Welcher Berg ist der Wohnsitz der Götter?

A Matterhorn
B Zugspitze
C Schicksalsberg
D Olymp

263

Die Griechen bauten für ihre Götter riesige Tempel, von denen einige heute noch stehen. Eine zentrale Anlage war die Akropolis in Athen. Auch in Ephesus in der heutigen Türkei und auf einigen griechischen Inseln kann man Ruinen von Tempeln bewundern.

Mythologie der Römer

Nach der Gründung der Stadt Rom im Jahr 753 v. Chr. übernahmen die Römer nach und nach die Götter der Griechen, gaben ihnen jedoch eigene Namen. Wie die Griechen errichteten sie den Göttern große Tempel. Und auch den Wohnsitz der Götter, den Olymp, übernahmen sie von den Griechen.

Hermes

An der Spitze des römischen Götterhimmels stand der Gott Jupiter, der dem griechischen Gott Zeus entspricht. Er war der Göttervater und für Blitz und Donner zuständig. Verheiratet war er mit seiner Schwester Juno, wie Hera bei den Griechen die Beschützerin der Ehe. Der Kriegsgott Mars war einer der Söhne von Jupiter und Juno und ist das Gegenstück zum griechischen Gott Ares. Die Göttin der Schönheit und der Liebe nannten die Römer Venus. Neptun war der Gott der Meere und Merkur – wie Hermes – der Götterbote und der Beschützer der Kaufleute und

Diebe. Apollo, der Gott des Lichts, ist leicht als Apollon wiederzuerkennen, und Pluto ist – wie der griechische Gott Hades – für die Unterwelt verantwortlich.

Wie heißt der römische Kriegsgott?

- A Mars
- B Majestix
- C Michael
- D Merlin

264

Diese und viele andere Götter wurden von den Römern fast 1000 Jahre lang verehrt. Dann machte der römische Kaiser Konstantin das Christentum zur neuen römischen Religion und schaffte die alten Götter ab.

Mythologie der Germanen

Auch die Germanen verehrten mehrere Gottheiten. Ihr oberster Gott war Odin, auch Wotan genannt. Mit seinem achtbeinigen Pferd Sleipnir konnte er nicht nur an Land, sondern auch durch die Luft reiten. Odin lebte in der riesigen Himmelsfestung Asgard, von wo aus er die ganze Welt überblicken konnte. Dort befand sich auch der ebenfalls riesige Saal Walhall, in dem sich die Helden nach ihrem Tod einfanden.

Eine der zahlreichen Frauen Odins war Jörd, die Mutter des Wettergottes Thor. Ein anderer Name für Thor war Donar, und daher kommt auch unser „Donnerstag", der „Tag des Thor". Mit seinem Hammer Mjölnir erzeugte Thor Blitz und Donner, und er kämpfte damit auch gegen Riesen und Schlangen, die die Götter bedrohten.

Thor

Tyr war der germanische Gott des Rechtes und des Krieges. Frigg, die Hauptfrau Odins, war für die Ehe zuständig. Ihr Sohn Balder galt als Gott des Lichtes. Und die Walküren, weibliche Geister, holten die gefallenen Krieger vom Schlachtfeld und brachten sie nach Walhall.

Wie heißt die Himmelsfestung der germanischen Götter?

- A Asgard
- B Borgward
- C Isengard
- D Hildegard

265

Im Mittelalter begann der Niedergang der germanischen Götter, denn die Christen sahen in den Germanen Heiden, verboten ihnen den Glauben an ihre Götter und bekehrten sie nach und nach zum Christentum. Die alten Epen und Sagen wie die *Edda* oder das *Nibelungenlied* blieben jedoch erhalten und erzählen auch heute noch von den vielen Göttern der Germanen.

Wie heißt der donnernde Hammer von Thor?

A Conan
B Automatix
C Vulcanus
D Mjölnir

266

Griechische Philosophen

Schon vor rund 2600 Jahren versuchten griechische Philosophen, die Welt, den Menschen und sein Denken zu ergründen. Sie wollten wissen, wie die Welt entstanden ist und woher der Mensch kommt. Um das herauszufinden, beschäftigten sie sich mit vielen Bereichen, zum Beispiel mit der Astronomie, der Mathematik und der Ethik. Damals gab es nämlich noch keine Trennung zwischen den verschiedenen Denk- und Forschungsrichtungen, und die Philosophen waren zugleich auch frühe Wissenschaftler.

Damals diskutierten die Philosophen leidenschaftlich gerne mit den Bürgern auf der Agora, wie man den Marktplatz einer griechischen Stadt nannte. Besonders berühmt war Sokrates, der um 450 v. Chr. in Athen lebte. Er stellte den Menschen immer neue Fragen und brachte sie zum Nachdenken. Das störte jedoch einige mächtige Bürger, die befürchteten, dass Sokrates die Jugend verderben könnte. Deshalb stellten sie ihn vor Gericht und verurteilten ihn zum Tode.

Sein wichtigster Schüler war der ebenfalls bis heute bekannte Platon. In seiner Philosophieschule (Akademie) in Athen lehrte er, dass die Welt aus zwei Bereichen besteht: der erfahrbaren Wirklichkeit und der Welt der Ideen, die für uns nur schwer zu erkennen ist. Der Körper zählte für Platon zur erfahrbaren Welt, während die Seele zur Welt der Ideen gehört.

Pythagoras

Aristoteles wiederum war ein Schüler Platons. Er teilte die Philosophie in einzelne Bereiche auf und schuf damit auch die Grundlage für unsere Wissenschaften. Ein Bereich war bei ihm die Metaphysik, die sich mit der Frage nach dem Sein befasste, dazu kamen die Physik, die Ethik, die Politik und die Poetik.

Auch Aristoteles hatte einen berühmten Schüler, Alexander den Großen. Er wurde jedoch nicht Philosoph, sondern einer der größten Feldherrn und Eroberer aller Zeiten.

An welchem Ort trafen sich die Philosophen zum Diskutieren?

267

A Angora
B Angola
C Agora
D Andorra

Die Philosophie dieser und anderer griechischer Denker – auch Euklid, Pythagoras und Heraklit, die sich vor allem mit den Gesetzen des Denkens und der Logik beschäftigten – ist zwar schon sehr alt, aber keineswegs veraltet: Sie beeinflusst bis heute das Denken vieler Wissenschaftler und Philosophen.

Ethik

Schon seit Tausenden von Jahren stellen sich die Menschen die Frage, nach welchen Regeln sie leben und handeln sollen. Welche Werte sind wichtig? Und wie kann man diese Werte in seinem Leben umsetzen?

Vor allem für den Philosophen Aristoteles, der vor rund 2350 Jahren lebte, waren diese Fragen wichtig. Er gab der Beschäftigung mit ihnen den Namen „Ethik“, was „Sittlichkeit“ bedeutet.

Heraklit

Die Welt und die Lebensbedingungen der Menschen ändern sich ständig, deshalb ist die Beschäftigung mit der Ethik zu allen Zeiten aktuell. Auch heute gibt es immer wieder neue Situationen, die ethisch bewertet werden müssen. Ein bekanntes Beispiel ist die Gentechnik: Wie stark sollen und dürfen wir in das Erbgut von Lebewesen eingreifen? Und dürfen nicht nur Tiere, sondern auch Menschen geklont werden?

Wer hat den Begriff „Ethik“ erfunden?

268

A Asterix
B Alexander
C Aristoteles
D Augustus

Philosophen, Wissenschaftler und Vertreter von Religionen haben zu solchen Fragen sehr verschiedene Meinungen. Manchmal gründen sie dann eine Ethikkommission, um darüber zu beraten, was richtig und was falsch ist.

Eine schon sehr viel ältere ethische Frage ist die nach der Todesstrafe. In Europa gilt es längst als unethisch, einen Mörder mit dem Tode zu bestrafen, da man hier der Ansicht ist, dass jeder Mensch ein Recht auf Leben hat. In Ländern wie den USA oder China wird das anders gesehen und dort wird die Todesstrafe bis heute praktiziert.

Idealismus

Um das Jahr 370 v. Chr. erzählte der griechische Philosoph Platon seinen Schülern ein Gleichnis:

Eine Gruppe von Menschen lebt seit ihrer Kindheit in einer Höhle, die sie nicht verlassen kann. Außer Sichtweite werden im Licht eines Feuers verschiedene Gegenstände vorbeigetragen. Die Höhlenbewohner sehen die Gegenstände nicht, sondern nur die Schatten an der Höhlenwand. Da die Schatten alles sind, was sie kennen, halten sie sie für die Wirklichkeit – obwohl sie nur ein Abbild der Wirklichkeit sind.

Ganz ähnlich, erklärte Platon, halten auch wir die Welt, die wir sehen, für die Wirklichkeit. Denn wie die Höhlenbewohner können wir die eigentliche Ursache für die Welt nicht erkennen. Den ursprünglichen Plan oder die Grundidee, die hinter allem steckt, kennen wir nicht. Was wir sehen und fühlen, sind nur vergängliche Abbildungen dieser Grundidee. Für Platon ist die Welt zweigeteilt: in die Grundidee der Welt und ihre Abbilder.

Platon

Aus Platons Höhlengleichnis entwickelte sich später der Idealismus. Die Anhänger dieser philosophischen Richtung glauben, dass nicht nur die ganze Welt, sondern auch die Geschichte von Ideen bestimmt wird. Sie steuern gewissermaßen unser Denken und Handeln.

Welches Gleichnis hat Platon erzählt?

- **A** Tiefengleichnis
- **B** Höhengleichnis
- **C** Nachtgleichnis
- **D** Höhlengleichnis

269

In der Umgangssprache wird jemand als Idealist bezeichnet, wenn er sich bei seinem Handeln von einer Idee oder einem

Ideal leiten lässt. Wenn er beispielsweise so sein will wie ein berühmter Arzt, ein Heiliger oder ein Held. Hinter seinem Handeln steht dann eine Idee, die er umsetzen will, und dieser Idee ordnet der Idealist auch seine ganz persönlichen Bedürfnisse unter. Er verzichtet zum Beispiel auf einen neuen Computer und spendet das Geld stattdessen für arme Menschen.

Materialismus

Vor rund 2400 Jahren machte sich der griechische Philosoph Demokrit (460 – 371 v. Chr.) Gedanken über die Beschaffenheit der Welt. Er kam zu dem Schluss, dass die Welt nur aus Materie besteht, die sich wiederum aus kleinen Teilchen zusammensetzt, die er „Atome" nannte. So wurde er zu einem der Begründer des Materialismus.

Welcher Philosoph begründete den Materialismus mit?

A Miraculix
B Platon
C Demokrit
D Herkules

270

Anhänger dieser Weltanschauung sind der Meinung, dass es weder einen Gott noch andere übernatürliche Erscheinungen gibt. Das Leben und auch das Denken sind auf natürliche und wissenschaftlich erklärbare Weise entstanden. Auch eine Seele oder ein Leben nach dem Tod gibt es für Materialisten nicht.

Demokrit

Viele Naturwissenschaftler (aber keineswegs alle) sind Materialisten – doch ob das Universum tatsächlich nur aus Materie besteht, konnte bis heute nicht geklärt werden. Der Materialismus steht im genauen Gegensatz zum Idealismus und zu den Vorstellungen der meisten Religionen.

Monotheismus

Zur Zeit der alten Griechen und Römer glaubten die Menschen an viele Götter. Oft gab es einen Hauptgott, wie Zeus bei den Griechen, der andere Götter um sich hatte, die alle für bestimmte Bereiche der Welt und des Lebens zuständig waren. Eine solche Religion mit vielen Gottheiten nennt man Polytheismus.

Auch die Ägypter hatten viele Götter, bis der Pharao Amenophis IV. vor rund 3340 Jahren auf die Idee kam, nur noch einen Gott anzuerkennen, nämlich den Sonnengott Aton. Der Pharao nannte sich daraufhin Echnaton, was „der Aton dient“ bedeutet. Die anderen ägyptischen Götter traten dadurch in den Hintergrund, aber das gefiel den Priestern und dem Volk überhaupt nicht. Und so war die monotheistische Phase in Ägypten nur sehr kurz: Nach Echnatons Tod beteten die Ägypter wieder viele Götter an.

Muslim

Vor rund 2700 Jahren geschah in Palästina etwas ganz Ähnliches. Auch die dort lebenden Stämme beteten verschiedene Götter an. Der bedeutendste Gott in Jerusalem war Jahwe und er wurde für die Stämme Israels schließlich zum einzig anerkannten Gott. Damit war das Judentum die erste monotheistische Religion der Welt. Denn Jahwe vereint alle Eigenschaften auf sich, die sich vorher auf viele Gottheiten verteilt hatten: Er ist Schöpfer und Richter, allwissend und allgegenwärtig.

Auch im Christentum gibt es nur einen allwissenden Schöpfergott. Allerdings kamen dort noch Jesus, der Sohn Gottes, und der Heilige Geist hinzu. Eigentlich besteht der christliche Gott also aus drei Gottheiten, Trinität genannt, die aber als Einheit angesehen werden.

Welchen Namen hat Gott in der jüdischen Religion?

A Allah
B Jahwe
C Buddha
D Vishnu

271

Der Islam ist ebenfalls eine monotheistische Religion, denn Allah, der dem jüdischen und dem christlichen Gott entspricht, ist dort der alleinige Gott. Einen Gottessohn oder einen Heiligen Geist gibt es für Muslime aber ebensowenig wie für Juden.

Glaube

Der Glaube ist für religiöse Menschen sehr wichtig, denn er bestimmt ihre Sicht der Welt und gibt ihnen Halt. Glaube kann man am besten als Vertrauen auf Botschaften verstehen, die in religiösen Schriften wie der Bibel oder dem Koran vermittelt werden. Gläubige Menschen vertrauen also darauf, dass es einen Gott gibt, und wollen diesem Gott dienen.

Der Glaube ist eine Grundüberzeugung, eine Gewissheit, die keine Beweise braucht. Das unterscheidet den Glauben vom Wissen und von der Wissenschaft, in der jede Behauptung und jede Theorie bewiesen werden müssen. Wissen steht auch nicht für alle Zeiten fest, sondern kann jederzeit durch neue Entdeckungen verändert oder abgelöst werden. Der Glaube kann nicht so einfach geändert werden.

Was braucht ein Gläubiger für seinen Glauben nicht?

A Anleitungen
B Beweise
C Vertrauen
D Treue

272

Judentum

Das Judentum ist eine der ältesten Religionen der Welt. Sie entstand vor rund 4000 Jahren in Palästina, dem heutigen Israel. Ihr Name wurde vom Königreich Judäa abgeleitet.

Die Grundlage des jüdischen Glaubens ist die Thora, die fünf Bücher Mose, die auch Teil des Alten Testaments in der Bibel der Christen sind. Eine Überlieferung besagt, dass Moses diese fünf Bücher selbst verfasst haben soll. Darin wird vom Gründervater Abraham erzählt, der mit Gott einen Vertrag schloss, in dem er ihn als einzigen Gott anerkannte. Im Gegenzug versprach Gott, Abraham und sein Volk in das gelobte Land Kanaan in Palästina zu führen.

Jude an der Klagemauer

Die Thora ist der wichtigste Teil der Tanach, der heiligen Schrift der Juden. Die zweite wichtige Schrift ist der Talmud, eine Art Anleitung zum Verstehen der Tora. Sie enthält die Gebote und Gesetze, die gläubige Juden befolgen müssen. Dazu gehören beispielsweise das tägliche Gebet und die Einhaltung des Sabbats, an dem unter anderem keine Speisen gekocht werden dürfen.

Welcher jüdische Geistliche leitet einen Gottesdienst?

A Pfarrer
B Prediger
C Rabbiner
D Priester

273

Die Speisen gläubiger Juden müssen „koscher“ (= rein) sein, das heißt, sie müssen auf eine bestimmte Art und Weise zubereitet werden. Manche Tiere wie

Schweine und Kaninchen gelten generell als unrein: Ihr Fleisch darf überhaupt nicht gegessen werden.

Rabbiner

Der höchste jüdische Feiertag ist „Jom Kippur", der Versöhnungstag, der immer im Herbst gefeiert wird. Er beginnt bei Sonnenuntergang und dauert bis zum nächsten Sonnenuntergang. An diesem Festtag wird nicht gearbeitet, sondern gefastet. Ein weiterer wichtiger Feiertag ist das Passahfest, das an den Auszug des jüdischen Volkes aus Ägypten erinnert.

Wie heißt das jüdische Gotteshaus?

A Synagoge
B Pädagoge
C Deichgrode
D Pagode

274

Im jüdischen Glauben spielt der Messias, der als Retter und Erlöser am Ende der Zeit kommen wird, eine wichtige Rolle. Für Christen ist der Messias bereits erschienen, und zwar in Gestalt von Jesus. Juden hingegen erwarten den Messias noch.

Es gibt heute ungefähr 14 Millionen Juden auf der Welt. Etwa 6 Millionen leben in den USA, weitere 5 Millionen in Israel. Die Juden wurden wegen ihres Glaubens immer wieder angefeindet und verfolgt. Besonders schlimm war diese Verfolgung während der Herrschaft der Nationalsozialisten. In deren Konzentrationslagern wurden mehr als 6 Millionen Juden ermordet.

Christentum

Mehr als zwei Milliarden Menschen auf der Welt sind Christen. Damit ist das Christentum die Religion mit den meisten Anhängern.

Entstanden ist es vor rund 2000 Jahren in Palästina, dem heutigen Israel, das damals von den Römern besetzt war. Um das Jahr 28 wurde dort ein jüdischer Wanderprediger bekannt: Jesus von Nazareth. Er verkündete den Menschen, dass das Reich Gottes kurz bevorstehe, und rief sie dazu auf, gläubig und bescheiden zu leben. Und er sammelte Schüler um sich, die zwölf Apostel, die seine Lehre zusammen mit ihm verbreiteten.

Doch die jüdischen Priester und die römischen Machthaber fühlten sich von der Lehre Jesu und von seiner Popularität bedroht.

Und so wurde er zuerst eingesperrt und dann schließlich am Kreuz hingerichtet.

Jesus Christus

Die Apostel und eine wachsende Zahl von Gläubigen sahen in ihm jedoch den Messias, auf den die Juden warteten, und Christus, den Gesalbten. Die Apostel waren es auch, die später die Geschichte Jesu aufschrieben. So entwickelte sich allmählich eine neue Religion. Am Anfang verfolgten die Römer die Christen, aber im Mittelalter konnte sich das Christentum mithilfe der Kirche in ganz Europa durchsetzen.

Was bedeutet das Wort „Christus"?

A der Erwachte
B der Reiche
C der Gesalbte
D der Ermächtigte

275

Vier der Apostelgeschichten – das Evangelium des Matthäus, des Markus, des Lukas und des Johannes – bilden den Hauptteil des Neuen Testamentes der Bibel. Das Alte Testament entspricht der jüdischen Bibel, dem Tanach.

Im Laufe der Zeit wurden die Bibel und die Tradition immer wieder unterschiedlich ausgelegt. Dadurch haben sich verschiedene christliche Kirchen entwickelt. Die größte ist die römisch-katholische Kirche, deren Oberhaupt der Papst ist. In Osteuropa hat sich die orthodoxe Kirche durchgesetzt. Ihr Oberhaupt nennt sich Patriarch. Und durch Martin Luther und die Reformation entstand im 16. Jahrhundert die evangelische Kirche.

Wie werden die zwölf Schüler von Jesus genannt?

A Apostel
B Menetekel
C Babylonier
D Erlauchte

276

Das Christentum ist eine monotheistische Religion. Es gibt also nur einen Gott – aber er besteht aus einer Dreieinigkeit – aus Gott, dem Heiligen Geist und Jesus. Christen glauben, dass Jesus mit seinem Tod am Kreuz die Schuld aller Menschen auf sich genommen und ihnen so den Weg ins Reich Gottes geöffnet hat. Sie sind auch von der Unsterblichkeit der Seele überzeugt und davon, dass es ein Leben nach dem Tod gibt.

Papst Benedikt XVI.

Papst

Der Papst ist das Oberhaupt der katholischen Kirche. Er gilt dort als der Nachfolger des Apostels Petrus: Simon Petrus, den Jesus zu seinem Stellvertreter auf Erden ernannt hatte, leitete in Rom eine christliche Gemeinde und wurde dort um das Jahr 67 n. Chr. von den Römern hingerichtet. Sein Grab soll sich unter der Peterskirche befinden. Deshalb hat der Papst seinen Sitz auch in Rom im Vatikan und nicht in Jerusalem, wo Jesus am Kreuz gestorben ist.

Auf welchen Apostel berufen sich die Päpste?

A Matthäus
B Petrus
C Paulus
D Lukas

277

Die Bischöfe, die als Petrus' Nachfolger Oberhaupt der Kirche waren, nannten sich ab dem Jahr 389 „papa", Papst – auf Deutsch „Vater". Der Papst wurde aber nur im Weströmischen Reich und später in Westeuropa anerkannt. Das Oströmische Reich mit der Hauptstadt Konstantinopel begründete eine zweite Kirche mit einem eigenen Kirchenoberhaupt, dem Patriarchen. Diese Trennung existiert bis heute.

Was bedeutet das Wort „Papst"?

A Onkel
B Großvater
C Sohn
D Vater

278

Wie viele Päpste es bisher gegeben hat, lässt sich nicht genau sagen. Im Mittelalter griffen Könige und Fürsten nämlich häufig in die Wahl des Papstes ein und schreckten dabei auch vor Gewalt und Bestechung nicht zurück – oder davor, einen Gegenpapst zu etablieren. So kam es mehr als einmal dazu, dass es zwei Päpste zur selben Zeit gab. Von 1409 bis 1415 bekämpften sich sogar drei Päpste!

Während des Mittelalters bis weit in die Neuzeit hinein hatten die Päpste nicht nur große geistliche, sondern auch weltliche Macht. Sie ordneten die Kreuzzüge an, krönten Kaiser – und verhinderten lange Zeit Reformen in der Kirche, indem sie Andersdenkende wie Galileo Galilei gnadenlos verfolgten. Erst nach der Reformation und der Aufklärung verlor das Amt des Papstes an Macht.

Wer zum Papst gewählt wird, hat dieses Amt auf Lebenszeit inne. Stirbt der Papst, wird von einer Versammlung aller Kardinäle, Konklave genannt, im Vatikan in Rom ein neuer Papst gewählt. Seinen Papstnamen darf er sich danach selbst aussuchen.

Der Papst trifft alle wichtigen Entscheidungen in Glaubensfragen. Und für ihn gilt, wie für alle katholischen Geistlichen, das Zölibat, die Ehelosigkeit.

Im Jahr 2005 wurde der deutsche Kardinal Joseph Ratzinger zum Papst gewählt. Er nennt sich nun Benedikt XVI.

Islam

Im Jahr 570 wurde in der Stadt Mekka im heutigen Saudi-Arabien der Prophet Mohammed geboren. Damals gab es bereits Juden und Christen, aber auch der Glaube an andere Götter war weitverbreitet, vor allem unter den Arabern.

Als Mohammed 40 Jahre alt war, erschien ihm der Erzengel Gabriel und verkündete ihm, dass es keinen Gott außer Allah gebe und dass Mohammed sein Gesandter sein solle. Nach diesem Erlebnis zog Mohammed durch das Land und sammelte Schüler um sich, denen er von der Begegnung mit dem Erzengel erzählte.

Mekka

Nach Mohammeds Tod wurden die Worte Gottes als Verse aufgeschrieben und Koran genannt. Der Koran ist die grundlegende heilige Schrift des Islam. Aus ihm werden alle Regeln für das alltägliche Leben abgeleitet.

Wie heißt die Pilgerreise zur Kaaba nach Mekka?

A Hatsch
B Marsch
C Jakobsweg
D Meditation

279

Allah ist derselbe Gott, den auch Juden und Christen verehren. Auch viele aus der Bibel bekannte Personen wie Adam und Eva, Abraham und Moses werden im Koran erwähnt. Sogar

Jesus kommt darin vor. Er ist im Islam aber nicht der Sohn Gottes, sondern ein Prophet ebenso wie Mohammed.

Muslim

Der Koran legt genau fest, wie ein Gläubiger sein Leben zu führen hat. Grundlegend sind dabei die fünf Säulen des Islam: das Glaubensbekenntnis (Schahada); das tägliche Gebet (Salat); die Almosensteuer (Zakat), die Kranken und Armen zugutekommt; das Fasten während des Ramadan (Saum) und die Pilgerreise zur Kaaba nach Mekka (Hatsch), die jeder Muslim einmal in seinem Leben unternehmen muss.

Wie heißt das islamische Gotteshaus?

- A Pagode
- B Tempel
- C Moschee
- D Synagoge

280

Die Kaaba ist das bedeutendste Heiligtum des Islam. In dem Gebäude in Form eines Würfels befindet sich ein schwarzer Stein, den Abraham als Geschenk von Erzengel Gabriel erhalten haben soll. Siebenmal muss der Gläubige auf seiner Pilgerreise die Kaaba gegen den Uhrzeigersinn umrunden.

Muslime beten fünfmal am Tag und verbeugen sich dabei in Richtung Mekka. Wenn möglich, beten sie in einer Moschee.

Mit etwa 1,3 Milliarden Anhängern ist der Islam nach dem Christentum die zweitgrößte Religion der Welt.

Fundamentalismus

In den letzten 200 Jahren hat sich die Welt sehr schnell und stark verändert: Die Wissenschaft hat enorme Fortschritte gemacht, die Industrie versorgt uns mit immer neuen Produkten, Fernsehen und Internet liefern uns die ganze Welt ins Haus. Doch diese moderne Welt ist einigen Menschen zu kompliziert und auch zu freizügig. Sie wünschen sich eine einfachere Welt, in der sie nach klaren und einfachen Regeln leben können.

Diese Welt glauben sie in der Bibel, im Koran oder in anderen religiösen Schriften zu finden. Die allgemein übliche Auslegung der Schriften ihrer Religion durch Geistliche akzeptieren sie aber nicht. Stattdessen nehmen sie alle Aussagen wörtlich. Zum Beispiel glauben sie, dass die Welt tatsächlich in sieben Tagen erschaffen wurde – die von Charles Darwin formulierte Evolutionstheorie lehnen sie deshalb strikt ab.

Was lehnen Fundamentalisten ab?

A die Religion
B den Himmel
C das Paradies
D die Moderne

281

Solche Menschen nennt man Fundamentalisten. Sie sind zwar in ihrer jeweiligen Religion in der Minderheit, aber es gibt sie in fast jeder Glaubensrichtung. Sie träumen davon, in einem Staat zu wohnen, in dem alle Menschen nach ihren strengen Regeln und Gesetzen leben müssen.

Fundamentalisten

Fundamentalisten lehnen nicht nur die moderne, aufgeklärte Welt ab, sondern auch Menschen, die anders denken als sie. Toleranz ist ihnen unbekannt, und das macht sie gefährlich: Viele von ihnen versuchen, ihre Vorstellungen mit Gewalt durchzusetzen. Sie verüben Attentate und ermorden Menschen – wie die Terroristen von Al Kaida, die die Anschläge auf das World Trade Center am 11. September 2001 in den USA planten und ausführten.

Sekten

Das Wort „Sekte“ stammt aus dem Lateinischen und bedeutet „Abspaltung“. Gemeint ist die Abspaltung von einer philosophischen Schule, einer vorherrschenden Lehre oder Glaubensrichtung.

Viele neue Religionen haben als Abspaltungen angefangen. Das Christentum zum Beispiel ist eine Abspaltung des Judentums und galt auch lange Zeit als Sekte. Und die evangelische Kirche war zu Beginn eine Sekte der katholischen Kirche. Sobald eine Sekte aber viele Anhänger gefunden hat und allgemein anerkannt ist, gilt sie nicht mehr als Sekte, sondern als eigenständige Religion.

Was bedeutet das Wort „Sekte“?

A Gestaltung
B Verunstaltung
C Abspaltung
D Kernspaltung

282

Heute bezeichnet man verschiedene Gruppen, die bestimmte Weltanschauungen vertreten, als Sekten – vor allem solche, deren Anschauungen als gefährlich für unser Zusammenleben angesehen werden. Typisch für Sekten ist nämlich, dass sie ihre Mitglieder von Familien und Freunden isolieren und absoluten Gehorsam fordern – und auch, dass es keine Meinungsfreiheit gibt. Oft verlangen Sekten von ihren Mitgliedern hohe Geldbeträge oder die Überschreibung ihres gesamten Vermögens. Dafür versprechen sie ihnen, dass sie einer auserwählten Gruppe von Menschen angehören, die als Einzige die Wahrheit über die Welt kennen.

Fast alle Sekten wurden von selbsternannten Führern gegründet. Sehr bekannt wurde zum Beispiel der amerikanische Science-Fiction-Autor L. Ron Hubbard, der Gründer von „Scientology". Diese Sekte hat viele prominente Mitglieder – zum Beispiel Tom Cruise und John Travolta – und gilt bei uns als so gefährlich, dass sie vom Verfassungsschutz überwacht wird.

Atheismus

Die meisten Menschen auf der Welt glauben an einen Gott. Dazu gehören beispielsweise Christen, Muslime und Juden. Allerdings gibt es auch Menschen, die aus verschiedenen Gründen an keinen Gott glauben: die Atheisten.

In Deutschland bezeichnen sich etwa ein Viertel aller Bürger als Atheisten. Sie sind davon überzeugt, dass das Universum und das Leben auf wissenschaftlich erklärbare Weise entstanden sind. Die Inhalte der Bibel sind für sie nicht das Wort Gottes, sondern nichts anderes als überlieferte Geschichten, wie die *Odyssee*.

Welche Epoche hat viele Atheisten hervorgebracht?

A Aufklärung
B Barock
C Mittelalter
D Renaissance

283

Seit der Epoche der Aufklärung hat sich die Zahl der Atheisten in Europa immer mehr vergrößert. Ein wichtiger Grund dafür war, dass Philosophen und Wissenschaftler nach und nach viele religiöse Überzeugungen widerlegen konnten. Sie fanden heraus, dass die Erde nicht der Mittelpunkt des Universums ist, sondern nur einer von Milliarden von Planeten. Forscher wie Charles Darwin zeigten, dass der Mensch nicht nach einem Schöpfungsakt in seiner heutigen Form da war, sondern dass er das Ergebnis einer langen Evolution ist.

In Europa und allen Ländern mit Glaubens- oder Religionsfreiheit ist Atheismus ebenso akzeptiert wie die verschiedenen Glaubensrichtungen. In stark religiös geprägten Staaten ist das jedoch anders: Dort wird Atheismus sogar als Verbrechen angesehen.

Immanuel Kant

Aufklärung

Im Mittelalter bestimmten die Kirche und der christliche Glaube das Denken und das Leben der Menschen in einem Maße, wie wir uns das heute kaum noch vorstellen können. Wer anderer Ansicht war als die Kirche, wurde verfolgt und konnte sogar auf dem Scheiterhaufen landen.

Im 17. Jahrhundert forderten Philosophen wie der Franzose René Descartes, nicht länger blind alten Glaubensvorstellungen zu folgen, sondern lieber auf die Vernunft zu setzen. Der Mensch sollte selbst denken und die Welt erforschen. Dieser Meinung war auch der deutsche Philosoph Immanuel Kant. Er sagte: „Habe Mut, dich deines eigenen Verstandes zu bedienen!“

Das ist das erklärte Ziel, vor allem von Wissenschaftlern. In ihrer Arbeit lebt der Geist der Aufklärung bis heute fort. Den meisten von ihnen ist allerdings trotzdem bewusst, dass der Verstand auch Grenzen hat und nicht jedes Problem lösen kann.

Rationalismus

Kann man nur mithilfe der Vernunft die Welt erklären? Der französische Philosoph René Descartes war im 17. Jahrhundert davon überzeugt. Von ihm stammt auch der berühmte Satz: „Ich denke, also bin ich.“ Er glaubte, dass die Ratio, also die Vernunft, alles kann. Deshalb nennt man diese philosophische Richtung auch „Rationalismus“.

Die Gegenströmung zum Rationalismus ist der Empirismus. Er setzt voll und ganz darauf, wie wir die Welt durch unsere Sinnesorgane wahrnehmen. Nur mit ihrer Hilfe, so meinte zum Beispiel der britische Philosoph John Locke, sei die Welt zu erklären.

Wie heißt der berühmte Satz von René Descartes?

- A Ich würfle, also spiele ich!
- B Ich sehe, also siege ich!
- C Ich denke, also bin ich!
- D Ich hinke, also gehe ich!

284

Beide Sichtweisen spielen auch heute noch eine große Rolle in der Philosophie und der Wissenschaft. Sie wurden einzeln weiterentwickelt, aber man versuchte auch, beide zu verbinden. Die moderne Wissenschaft nutzt heute sowohl die Beobachtung (Empirismus) als auch die Vernunft (Rationalismus), um zu neuen Erkenntnissen zu gelangen.

Konfuzianismus

Kong Fuzi, genannt Konfuzius, war ein chinesischer Lehrer, Minister und Philosoph, der ungefähr von 550 bis 479 v. Chr. lebte. Er suchte nach einem Weg, wie der Mensch in Harmonie leben und Ordnung in das Leben bringen könnte. Um dieses Ziel zu erreichen, sollen die Menschen die Traditionen ihrer Vorfahren bewahren und ihre Ahnen ehren. Sie sollten andere Menschen achten und ein moralisches Leben ohne Gewalt führen.

Konfuzius

Konfuzius hat seine Lehren nie aufgeschrieben – erst nach seinem Tod machten seine Anhänger Aufzeichnungen. Deshalb gibt es auch sehr unterschiedliche Auffassungen und Deutungen seiner Philosophie. Im Konfuzianismus scheint es für jede Lebenslage ein passendes Zitat zu geben: „Wer einen Fehler begangen hat und ihn nicht korrigiert, begeht einen weiteren Fehler." Die Lehre des Konfuzius ist bis heute in China, Japan und anderen asiatischen Ländern sehr beliebt.

Wie hieß Konfuzius eigentlich?

- A King Kong
- B Hongkong
- C Mekong
- D Kong Fuzi

285

Buddhismus

Siddhartha Gautama (563 – 483 v. Chr.) war der Sohn eines indischen Fürsten. Er wuchs in einem prunkvollen Palast auf und hätte eigentlich glücklich und zufrieden sein sollen. Aber je älter er wurde, umso weniger gefiel ihm sein Leben.

Wie nennen Buddhisten den endgültigen Glückszustand?

- A Atlantis
- B Nirwana
- C Fantasien
- D Traumzeit

286

Als er 29 Jahre alt war, verließ er den Palast, um sich sein Heimatland Indien anzusehen. Und er war erschüttert von dem, was er sah: Viele seiner Landsleute lebten in bitterster Armut und waren krank.

Sechs Jahre lang reiste Siddhartha Gautama als Bettelmönch durchs Land. Dann hatte er im Schlaf eine Erleuchtung. Als er wieder erwachte, nannte er sich Buddha, das bedeutet „der Erleuchtete".

Buddha-Statuen

Buddha glaubte, dass das Leben der Menschen von Leid geprägt ist und dass dieses Leid dadurch entsteht, dass die Menschen immer mehr wollen. Sie werden endlos wiedergeboren (Reinkarnation), bis sie in einem ihrer Leben die Gier überwinden.

Meditation, Mitgefühl mit anderen Menschen, Weisheit und anständiges Verhalten sind der Weg, auf dem man aus dieser ewigen Wiederkehr, Samsara genannt, ausbrechen und ins Nirwana eingehen kann (das ist ein überirdischer und glücklicher Zustand). Einen Gott gibt es in der buddhistischen Lehre nicht!

Auf seinen Reisen verbreitete Buddha seine Lehre und viele Schüler folgten ihm. Heute wird die Zahl der Buddhisten auf 400 bis 500 Millionen geschätzt. Die meisten von ihnen leben in Indien, doch auch in Europa und den USA gibt es in den letzten Jahren immer mehr Anhänger der buddhistischen Lehre.

Dalai Lama

→ Der Dalai Lama ist der religiöse Führer Tibets, das ist ein Hochland in Zentralasien. Tibet war eigenständig, bis es 1950 wurde von China besetzt und als Provinz in das Land eingegliedert wurde. Auch mehrere Aufstände der Tibeter konnten daran nichts ändern.

Welcher Religion gehört der Dalai Lama an?

- **A** Christentum
- **B** Buddhismus
- **C** Shintoismus
- **D** Konfuzianismus

287

Nach einem solchen Aufstand im Jahr 1959 verließ der Dalai Lama Tibet; seitdem lebt er in Indien. Von dort aus versucht er, die Lebensbedingungen seiner Landsleute in Tibet zu verbessern. Er bereist die Welt und bittet Politiker um Unterstützung. Für seine friedlichen Bemühungen wurde er 1989 mit dem Friedensnobelpreis ausgezeichnet. Für viele Menschen in aller Welt ist er nicht nur eine Symbolfigur des

Dalai Lama

friedlichen Widerstands, sondern auch der Inbegriff der buddhistischen Lebenshaltung, die in unserer hektischen Welt immer mehr Menschen attraktiv finden.

Wie nennt man die Wiedergeburt eines Menschen?

A Invasion
B Kollision
C Irritation
D Reinkarnation

288

Der aktuelle Dalai Lama heißt eigentlich Lhamo Dhondrub und ist der Sohn eines Bauern. Als er zwei Jahre alt war, wurden einige buddhistische Mönche auf ihn aufmerksam. Sie suchten die Reinkarnation des 1933 verstorbenen Dalai Lama. Die Buddhisten Tibets glauben, dass ihr geistiger Führer immer wiedergeboren wird. Die Mönche waren sicher, in Lhamo Dhondrub den neuen und alten Dalai Lama gefunden zu haben. Sie nahmen ihn mit und bildeten ihn aus.

Der Dalai Lama – dieser Titel bedeutet übrigens „Lehrer wie ein Ozean“ – leitete in Lhasa, der Hauptstadt Tibets, bis 1950 auch die Regierung. Er hofft, dass Tibet eines Tages wieder ein unabhängiges Land werden kann.

Hinduismus

Vor rund 3700 Jahren schrieben indische Priester heilige Texte auf, die schon vorher mündlich überliefert worden waren. In diesen Schriften, den Veden, werden verschiedene Götter gepriesen – und es wird genau beschrieben, wie man ihnen Opfer bringt. Die wichtigsten Götter sind Vishnu, der Gott der Bewahrung, Brahma, der Gott der Schöpfung, und Shiva, der Gott der Zerstörung.

Wie heißen die überlieferten heiligen Schriften der Hindus?

A Suren
B Veden
C Evangelien
D Epen

289

Aus diesen ersten Schriften entwickelte sich der Hinduismus. Später kamen noch weitere Schriften hinzu, die von den Avataren berichten. Das sind die verschiedenen Erscheinungsformen, in denen sich die Götter den Menschen zeigen können. Wegen der Avatare gibt es im Hinduismus zwar eine sehr große Götterwelt, aber dennoch bilden all diese Götter eine Einheit, weil sie auf die Götter Vishnu, Brahma und Shiva zurückgehen.

Diese drei Götter sind aber nicht für alle Hindus, die Anhänger des Hinduismus, gleichermaßen wichtig. Für die Vertreter des Vishnuismus ist Vishnu der allerwichtigste Gott, die Anhänger des Shivaismus verehren vor allem Shiva.

Wie heißen die Erscheinungsformen der Götter?

290

- A Notare
- B Avatare
- C Scholare
- D Volare

Für die Hindus – wie für die Buddhisten auch – bilden Leben und Tod einen sich ständig wiederholenden Kreislauf (Samsara). Der Mensch stirbt also nicht, sondern wird immer wiedergeboren (Reinkarnation). Und weil man auch als Tier wiedergeboren werden kann, sind die meisten Hindus Vegetarier. Schließlich wollen sie nicht einen wiedergeborenen Menschen verspeisen!

Wenn es einem Hindu gelingt, Gier, Hass und Verblendung zu überwinden, dann endet für ihn der Kreislauf der Wiedergeburt und er erlangt die Erlösung (Moksha). Die erreicht man durch Meditation und gute Taten. Wie das geht, kann man von einem Lehrer, dem Guru, erfahren.

Nach dem Christentum und dem Islam ist der Hinduismus mit rund 900 Millionen Gläubigen die drittgrößte Religion der Welt. Die meisten Hindus leben in Indien.

Daoismus

Einer alten Legende nach soll der chinesische Philosoph Laozi den Daoismus im 4. Jahrhundert v. Chr. begründet haben. Als Bibliothekar hatte er Unmengen an Wissen angesammelt und war dadurch zu der Überzeugung gelangt, dass alles in der Welt zwei Seiten hat, die ineinander übergehen und sich gegenseitig bedingen. Für diese zwei Seiten steht das Symbol „Yin und Yang“.

Yin und Yang

Das Ziel aller Daoisten ist es, diese beiden Seiten in Einklang zu bringen und durch verschiedene meditative und körperliche Übungen die Unsterblichkeit zu erreichen – der Legende nach ist Laozi immerhin etwa 200 Jahre alt geworden. Auch heute ist die Suche nach Unsterblichkeit die wichtigste Aufgabe eines Daoisten. Die meisten von ihnen leben in China und verehren Laozi wie einen Gott.

Wie nennen Daoisten die zwei Seiten der Welt?

A Castor und Pollux
B Yin und Yang
C Luv und Lee
D Kopf und Zahl

291

Shintoismus

Der Shintoismus ist eine sehr alte japanische Religion. Mit anderen Religionen ist sie nur schwer zu vergleichen, denn im Laufe ihrer Geschichte hat sie sehr viele verschiedene Götter, Traditionen und Kulte in sich vereinigt. Noch dazu sind diese Götter und Traditionen nicht überall im Land einheitlich.

Wie heißen die Götter des Shintoismus?

A Sushi
B Tenno
C Kami
D Manga

292

Die Andachten und religiösen Feiern werden in Shinto-Schreinen abgehalten. Mehr als 100 000 gibt es in Japan! Das können kleine Hütten sein, aber auch richtige Paläste – oft sind es aber nur hölzerne Göttertore. Es gibt auch tragbare Schreine, eine Art von Altaren, die für Umzüge genutzt werden. Bei den Meditationen und Andachten beten die Gläubigen zu einer Vielzahl von Göttern, die zusammen Kami genannt werden. An den Schreinen gedenkt man aber auch der Vorfahren oder gefallener Soldaten. Heilige Schriften kennt der Shintoismus übrigens nicht. Alle Glaubensinhalte werden mündlich weitergegeben.

Moderne Philosophie

Wenn man über Philosophie spricht, denken viele zuerst an Platon und Aristoteles oder an Voltaire und Immanuel Kant. Aber auch in der heutigen Zeit gibt es Philosophen.

Theodor Adorno

In den letzten 150 Jahren haben viele Philosophen versucht, die Welt neu zu erklären. Dafür gab es vor allem zwei Anlässe: Wegen der Entwicklung der Naturwissenschaften und der modernen Industriegesellschaft reichten die bisherigen Deutungen nicht mehr aus. Und einschneidende Ereignisse wie die beiden Weltkriege, die nationalsozialistische Diktatur, der Holocaust und das Scheitern des Kommunismus verlangten ebenfalls nach neuen Erklärungen.

Zu den bekanntesten Philosophen, die sich dieser Aufgabe stellten, gehörten Theodor Adorno, Max Horkheimer, Jürgen Habermas und Günther Anders. In ihren Werken kritisieren sie vor allem das kapitalistische Wirtschaftssystem und die moderne Technik. Beides sorge nicht für Freiheit, sondern für mehr Unfreiheit. Der moderne Mensch werde immer abhängiger von der Technik, die sein ganzes Leben bestimme.

Postmoderne

Wer die Zeitung aufschlägt oder eine Kultursendung im Fernsehen sieht, stößt immer wieder auf das Wort „Postmoderne". Das ist eine neuere philosophische Strömung, die durch Philosophen wie den Franzosen Jean-François Lyotard (1924 – 1998) vertreten wird.

Sie sind der Ansicht, dass unsere moderne Welt zu einseitig ist und zu sehr auf Vernunft oder eine einzige Weltanschauung setzt, wie zum Beispiel auf den Kommunismus oder den Kapitalismus. Dabei werde aber die enorme Vielfalt vergessen, die unser modernes Leben bietet, und deshalb sei die Zeit für eine „Postmoderne" (Nachmoderne) gekommen, die sich auf eben diese Vielfalt besinne.

Jean-François Lyotard

Die Menschen sollen toleranter werden und offener für Neues, sagen die Vertreter der Postmoderne. Die Kunst soll sich in viele verschiedene Richtungen weiterentwickeln und alte und neue Kunstrichtungen vereinen. Auf diese Weise soll eine buntere und vielfältigere Welt entstehen als in den letzten 150 Jahren.

Was ist für die Postmoderne typisch?

- **A** die Einfalt
- **B** der Hochmut
- **C** die Vielfalt
- **D** die Langeweile

293

Kommunikation und Medien

Medien, dieses Wort kommt vom Lateinischen „medius", was „in der Mitte liegend" bedeutet. Denn ein Medium ist etwas, das sich in der Mitte zwischen einem Sender und einem Empfänger befindet und eine Botschaft überträgt. Ein Sender – hier nicht im technischen Sinn gemeint – ist beispielsweise ein Mensch, der spricht. Der Empfänger ist in diesem Fall der Zuhörer und das Medium ist die Sprache. Sie ist ein natürliches Medium – im Gegensatz zu technischen Medien wie Fotografie, Telefon, Fernsehen und Internet.

Die technischen Medien wurden alle erst in den letzten 150 Jahren erfunden, aber sie bestimmen längst unseren Alltag: Informationen rasen heute durch verschiedene Medien in Sekundenschnelle um die Welt und erreichen Millionen von Menschen. Medien dienen aber auch dazu, uns zu unterhalten: mit Fernsehshows und Quizsendungen, Surfen im Internet oder Computerspielen. Auch wer lieber ins Theater oder ins Kino geht, ein Buch liest und oder in einer Zeitschrift blättert, verwendet Medien – ein Leben ohne all das können wir uns heute gar nicht mehr vorstellen.

Kommunikation

Nicht nur Menschen kommunizieren – Tiere oder Pflanzen tun es auch. Denn kommunizieren bedeutet: Informationen austauschen. Dafür gibt es in der Natur eine ganze Reihe von natürlichen Medien: chemische Stoffe wie Duftstoffe, Berührungen oder visuelle Reize wie die schwarz-gelbe Zeichnung von Wespen. Manche Tiere verständigen sich in begrenztem Maße auch durch Laute. Aber nur der Mensch hat eine Sprache entwickelt, die seine Kommunikation umfassend bestimmt.

Was signalisiert eine Wespe mit ihrem schwarz-gelben Körper?

- A Ich bin schön.
- B Ich bin klein.
- C Ich bin gefährlich.
- D Ich bin blöd.

294

Um Kommunikation zu beschreiben, wurde das Kommunikationsmodell entwickelt: Benötigt werden immer zwei Partner, also in unserem Fall zwei Menschen. Der sprechende Mensch hat die Rolle eines Senders. Sein Medium ist die Sprache oder auch ein Handzeichen. Der zuhörende Partner ist der Empfänger – der die Sprache des Senders natürlich beherrschen muss, um die Information zu verstehen. Sobald er antwortet, wird er selbst zum Sender und sein Gegenüber zum Empfänger. So läuft die natürliche Kommunikation zwischen Menschen ab. Aber daneben gibt es heute auch immer mehr technisch gestützte Kommunikation, bei der Geräte wie zum Beispiel Telefon oder Computer eingesetzt werden.

Sprache

Der Mensch unterscheidet sich von den Tieren nicht nur durch seine Intelligenz, sondern vor allem durch die Sprache. Lange hat man gerätselt, wann sie erfunden wurde – inzwischen geht man davon aus, dass das vor mehr als zwei Millionen Jahren in Afrika passiert ist.

Sprache

Im Laufe der Zeit haben sich Kehlkopf, Zunge, der Mund und die Stimmbänder den Bedürfnissen der Menschen nach lautlicher Kommunikation so angepasst, dass wir heute sehr verschiedene Laute erzeugen können. Aus den Lauten wiederum bilden wir Wörter, um Gegenstände, Hand-

Internationale Kommunikation

lungen, Bewegungen, Eigenschaften, Gefühle und vieles mehr zu bezeichnen.

Wie nennt man Mundarten wie Plattdeutsch?

A Dialoge
B Diagramme
C Dialekte
D Dialysen

295

Dank der Erfindung der Sprache kann der Mensch auch über Dinge sprechen, die er nicht vor Augen hat. Wenn jemand seinen Stamm warnte: „Gleich kommt ein Löwe!“, dann wussten die anderen, wie sie sich zu verhalten hatten – dazu brauchten sie den Löwen nicht zu sehen.

Mit Sprache kann man Dinge beschreiben, die längst vergangen sind, solche, die es erst in der Zukunft geben wird – und sogar solche, die vollkommen erfunden sind. Die Sprache ist auch ein entscheidender Teil unserer Intelligenz, denn ohne Sprache könnten wir nicht denken.

Auch wenn die Sprache inzwischen zum Menschen dazugehört: Eine bestimmte Sprache ist uns nicht angeboren. Dafür kommen wir aber mit der Fähigkeit auf die Welt, eine Sprache zu erlernen. Welche das ist, hängt dann davon ab, welche Sprache in unserer Umgebung gesprochen wird, wenn wir Kinder sind.

Insgesamt gibt es heute rund 7000 verschiedene Sprachen auf der Welt. Und die meistgesprochene Sprache ist nicht etwa Englisch, wie viele denken, sondern Chinesisch – es gibt schließlich über eine Milliarde Chinesen!

Welche Fremdsprache wird am häufigsten gesprochen?

A Deutsch
B Japanisch
C Englisch
D Französisch

296

Deutsch haben über 100 Millionen Menschen als Muttersprache. Dazu kommen noch einmal rund 50 Millionen, die Deutsch in der Schule als Fremdsprache gelernt haben. Damit ist Deutsch die meistgesprochene Sprache in der Europäischen Union.

Nonverbale Kommunikation

Das wichtigste Kommunikationsmittel des Menschen ist die Sprache – sollte man meinen. Allerdings drücken wir uns auch durch nonverbale (nichtsprachliche) Kommunikation aus, und zwar in erheblichem Umfang: Etwa 90 Prozent der Informationen, die wir in einem Gespräch geben, vermitteln wir über die Körpersprache! Dazu gehört die Mimik, das sind die Bewegungen unserer Gesichtsmuskeln, die zum Beispiel Freude oder Trauer ausdrücken können. Auch unsere Gestik – die Bewegung unseres Körpers, vor allem unserer Hände – kann Gefühle, Wünsche, Vorbehalte und Meinungen mitteilen. Besonders ausdrucksstark sind unsere Augen, die unter anderem Fragen stellen und Wut zeigen können.

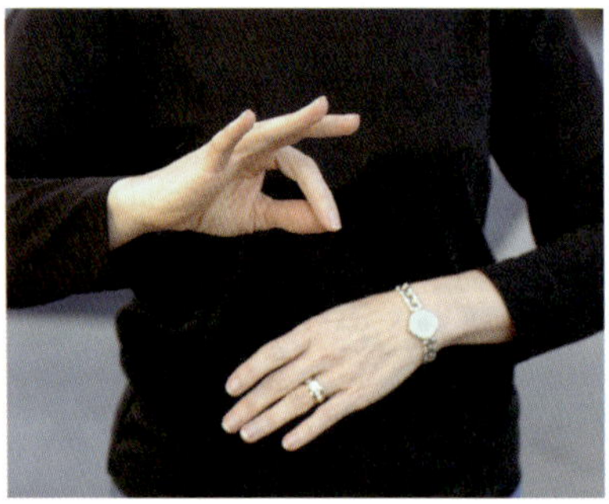

Gebärdensprache

In vielen Situationen verlassen wir uns ausschließlich auf nonverbale Kommunikation: Ein Fingerzeig reicht oft aus, um in einer Bäckerei ein Brot zu bekommen, ein Kopfschütteln bedeutet – in unserem Kulturkreis – ein Nein.

Die Sprache gehörloser Menschen funktioniert ganz ohne Laute: Für sie wurde eigens eine Gebärdensprache aus Handzeichen und Mimik entwickelt. Das ist nicht etwa ein schlechter Ersatz für eine Lautsprache, sondern eine vollwertige und unabhängige Sprache, mit der man wortlos alles ausdrücken kann.

Mit welcher Sprache verständigen sich Gehörlose?

A Ansprache
B Gebärdensprache
C Fachsprache
D Fremdsprache

297

Doch da hört die nonverbale Kommunikation noch lange nicht auf: Auch mit unserer Kleidung kommunizieren wir. Uniformen zum Beispiel signalisieren militärische oder polizeiliche Macht, ein Nadelstreifenanzug ist typisch für einen Manager oder Geschäftsmann. Manche Jacken und Hosen zeigen, dass wir zu einer bestimmten Clique oder Gruppe von Jugendlichen gehören. Und ergänzt werden diese Zeichen, die wir mit unserer Kleidung setzen, noch durch Frisur und Schmuck. Für Punks sind Irokesenschnitt und Piercings typisch.

Nonverbale Kommunikation ist so wichtig, dass ihre Beherrschung und ihr bewusster Einsatz in vielen Berufen eine große Rolle spielt. Beim Schauspieler ist das Teil des Berufes.

Schrift

Bevor es die Schrift gab, konnten Erfahrungen nur mündlich weitergegeben werden. Man kann sich vorstellen, dass die Menge dessen, was auf diese Weise überliefert werden konnte, sehr begrenzt war. Außerdem wurden die Informationen auch immer wieder verändert – was jeder leicht nachvollziehen kann, der schon einmal „Stille Post" gespielt hat.

Wie heißen die Schriftzeichen der alten Ägypter?

A Pharaonen
B Papyri
C Hieroglyphen
D Sarkophage

298

Ab der Steinzeit dienten Bilder ebenfalls dazu, Erlebnisse festzuhalten und anderen Menschen mitzuteilen. Und aus Bildern wurde auch vor rund 5000 Jahren die erste Schrift entwickelt: von den Sumerern in Mesopotamien (dem heutigen Irak). Andere Kulturen erfanden ebenfalls eigene Schriften, zum Beispiel die Ägypter, die Chinesen und die Maya in Südamerika.

Die ersten Schriften waren Bilderschriften. Für jeden Gegenstand und jede Eigenschaft gab es ein eigenes Zeichen – das bedeutet, dass es sehr viele Zeichen gab. Auch bei Symbolschriften steht jedes Symbol für eine Sache. Die chinesische Schrift beispielsweise besteht aus mehr als 87 000 Zeichen!

Hieroglyphen

Ein großer Schritt war die Erfindung der „phonetischen" Schrift oder „Alphabetschrift" 800 v. Chr. in Griechenland. Die Zeichen dieser Schrift stehen nicht für Dinge, sondern für Laute, und davon hat jede Sprache nur eine begrenzte Anzahl. So reichen in der Regel 20 bis 30 verschiedene Buchstaben, um alle Wörter einer Sprache schreiben zu können. Eine solche Schrift – auch unsere lateinische Schrift gehört dazu – ist natürlich viel leichter zu lernen als eine, die zigtausend Zeichen enthält!

Aber lernen muss man sie trotzdem erst einmal, um lesen und schreiben zu können. Einen Menschen, der beides nicht kann, nennt man Analphabeten.

Für Blinde gibt es eine eigene Schrift. 1825 wurde sie von dem Franzosen Louis Braille erfunden, deshalb heißt sie Braille-Schrift. Sie besteht aus kleinen Erhebungen, die man mit den Fingerkuppen erfühlen kann. Es gibt inzwischen auch Computer, mit denen Blinde schreiben, ihre Texte in Braille-Schrift ausdrucken und sich Texte aus dem Internet in Braille-Schrift übertragen lassen können. Ein wichtiges Hilfsmittel für blinde Schüler und Studenten!

Buchdruck

Bis Mitte des 15. Jahrhunderts konnten Bücher nur auf sehr mühsame Weise vervielfältigt werden: Jemand musste sie abschreiben. Diese Aufgabe übernahmen hauptsächlich die Mönche in den Klöstern. Bücher waren deswegen ausgesprochen selten und sehr teuer. Nur Geistliche, Adelige und einige wenige reiche Bürger konnten sie sich leisten. Zwar gab es Versuche, Buchseiten als ganzseitige Holzschnitte zu drucken. Aber die Anzahl der Bücher, die man so herstellen konnte, war ebenfalls sehr begrenzt.

Das änderte sich, als der Handwerker Johannes Gutenberg um 1450 den Buchdruck mit beweglichen Lettern erfand. Lettern sind einzelne, aus Blei gegossene, spiegelverkehrte Buchstaben. Dieses Verfahren hatte den Vorteil, dass sich schnell viele Bücher in guter Qualität herstellen ließen. Und weil man die Lettern immer wieder zu neuen Texten zusammensetzen konnte, waren sie „wiederverwendbar“. Eines der ersten Bücher, das Gutenberg in Mainz druckte, war die Bibel. Das Papier wurde aus Hanf oder Lumpen hergestellt.

Alte Buchdruckerei

Schnell verbreitete sich die neue Technik in ganz Europa und bald gab es in jeder größeren Stadt eine Druckerei. Um 1500 wurden bereits mehr als 30 000 verschiedene Bücher gedruckt!

Was hat Gutenberg außer den Blei-Lettern noch erfunden?

- A Typometer
- B Druckerpresse
- C Heftklammern
- D Klebebindung

299

Im 20. Jahrhundert wurde der Druck mit beweglichen Lettern dann durch moderne Druckverfahren wie den Offsetdruck oder den Digitaldruck ersetzt.

Der Buchdruck machte es möglich, dass Wissen sich so schnell und weit verbreitete wie nie zuvor. Damit wurde auch die Grundlage für die Epoche der Aufklärung geschaffen. Und auch heute – trotz Computer und Internet – ist das Buch aus unserem Leben nicht wegzudenken.

Wer hat im Mittelalter Bücher vervielfältigt?

A Buchhalter
B Lehrer
C Mönche
D Maler

300

Seit einigen Jahren gibt es nun auch eine Verbindung von Computer und Buch: Die sogenannten E-Book-Reader sind elektronische Lesegeräte mit einem handlichen Monitor, auf dem man Bücher lesen kann. Die Texte sind in elektronischer Form gespeichert, müssen aber wie ein Buch gekauft werden.

Datenspeicher

Die ältesten „Datenspeicher" der Menschheit sind Höhlenwände. Darauf können wir noch heute sehen, welche Tiere vor 30 000 Jahren von den Steinzeitmenschen gejagt wurden. Auch Tontafeln, in die vor 4000 Jahren Schriftzeichen geritzt wurden, sind Datenspeicher. Durch das Brennen des Tons wurden sie

Schallplatte

haltbar gemacht. Deshalb können wir heute noch lesen, was darauf festgehalten wurde. Die alten Ägypter ersetzten die schweren Tontafeln durch Papyrus – eine einfache Form des Papiers, das aus einem Gras hergestellt wurde. Papier wurde der wichtigste Datenspeicher, und es spielt bis heute eine große Rolle – auch wenn ab Mitte des 19. Jahrhunderts technische Datenspeicher wie die Fotografie, der Film und die Schallplatte erfunden wurden.

Wie viele Rillen hat eine Schallplatte auf jeder Seite?

A über 250 Rillen
B zwei Rillen
C bis zu fünf Rillen
D eine Rille

301

Zu Beginn des 20. Jahrhunderts kam das Tonband auf, das heute aber kaum noch genutzt wird. Die Informationen wurden darauf magnetisch gespeichert, und diese Art der Speicherung setzte man anfangs auch für die ersten Computer ein: Ab 1956 gab es magnetisch beschichtete Festplatten für Computer. Ein beweglicher Lesekopf tastete die darauf gespeicherten Informationen ab. Lange Zeit dienten aber auch noch Lochkarten und Lochstreifen als Datenträger.

Seit 1981 gibt es die Compact Disc (CD). Das ist ein optischer Datenspeicher, der so funktioniert: Die Daten werden darauf in Form kleiner Vertiefungen, den Pits, gespeichert. Ein Laserstrahl im CD-Player oder im CD-Laufwerk tastet diese Pits ab und ein Computerchip wandelt sie in Zahlen, Bilder oder Musik um. Auch direkt auf einem Chip kann man inzwischen Daten speichern: auf einem USB-Stick.

Welche Datenspeicher nutzten viele Behörden vor 100 Jahren?

- **A** Spielkarte
- **B** Lochzange
- **C** Lochkarte
- **D** Kartenpresse

302

Festplatten, CDs, DVDs und Chips haben gegenüber Tontafeln, Schallplatten und Papier den Vorteil, dass sie gigantische Datenmengen auf kleinstem Raum speichern können. Aber einen großen Nachteil haben digitale Speicher auch: Sie halten vergleichsweise kurz. Eine CD kann etwa 30 bis 50 Jahre abgespielt werden – Tontafeln und Papier haben dagegen schon etwas länger überdauert!

Computer

Computer gehören längst zu unserem Alltag. In jedem Haushalt, jedem Geschäft und jedem Büro stehen sie. Auch im Handy, im Auto und in jedem Taschenrechner arbeitet ein winziger Computer.

Handy mit Kamera

Dabei ist der Computer eine relativ neue Erfindung: Der erste voll funktionsfähige und programmierbare Computer war 1941 der Z3 des deutschen Erfinders Konrad Zuse. Er war noch so groß, dass er einen ganzen Raum ausfüllte. Erst durch die Erfindung des Transistors, mit dem man elektrische Signale schalten und verstärken kann, wurden Computer leistungsfähiger und kleiner.

Ab dem Jahr 1970 sorgte der Mikrochip oder Mikroprozessor für eine weitere Verkleinerung. Er ist nur wenige Millimeter groß und enthält auf engstem Raum eine Vielzahl von Schaltungen und Bauteilen.

Ein Computer löst bestimmte Rechenaufgaben – darum wird er auch Rechner genannt – mithilfe eines vorgegebenen Programms. Dazu verwendet er jedoch nicht die üblichen arabischen Zahlen von 1 bis 9, sondern rechnet nur mit zwei Zahlen: 1 und 0. Sie reichen aus, um alle anderen Zahlen auszudrücken. Auch Farben und Töne, also Bilder oder Musik, kann ein Computer in dieses binäre System – ein System aus zwei Zahlen – übertragen und speichern.

Bis 1980 benutzten fast nur Universitäten, das Militär, Behörden und Firmen Computer. Das änderte sich mit der Erfindung des Personal Computers (PC), der bald auch für die private Nutzung erschwinglich war.

Historischer Computer

In den 1990er-Jahren begann dann der Siegeszug des Internets. Heute verwenden die meisten den PC vor allem, um E-Mails zu verschicken und Fotos zu bearbeiten, um Computerspiele zu spielen, im Internet nach Informationen zu suchen oder Waren zu kaufen.

Ein Computer besteht aus dem eigentlichen Rechner, der auch die Speicherfestplatte und CD- und DVD-Laufwerke enthält. Das wichtigste Eingabegerät ist das Keyboard, aber auch Kameras und Mikrofone kann man an den Computer anschließen. Monitor, Lautsprecher und Drucker bezeichnet man als Ausgabegeräte. Sie alle zusammen bilden die Hardware. Die Programme, auch das Betriebssystem, nennt man hingegen Software. Leichte, tragbare Computer heißen Laptop oder Notebook, die besonders kleinen Exemplare nennt man Netbooks.

Wie nennt man die Programme eines Computers?

A Softball
B Softeis
C Softdrink
D Software

303

Die rasante Entwicklung der Computer ist jedoch noch lange nicht abgeschlossen: In Zukunft werden sie noch viel kleiner und leistungsfähiger werden. Und in wenigen Jahren werden viele Haushaltsgeräte ebenfalls mit Computern ausgestattet sein. Dann gibt der Kühlschrank Auskunft über fehlende Lebensmittel und schickt eine Bestellliste an den Supermarkt ...

Internet

Im Jahr 1969 suchte das Militär in den USA eine Möglichkeit, Computer über größere Entfernungen miteinander zu verbinden und als Netzwerk zu organisieren, das nicht so leicht lahmzulegen sein sollte. Auch die Universitäten waren daran interessiert, Daten und Fotos schneller austauschen zu können. So entstand das erste Computernetzwerk. Als Verbindung dienten die Telefonkabel, die es bereits gab.

Anfang der 1970er-Jahre kam man dann auf die Idee, in diesem Netz auch Briefe und Mitteilungen zu verschicken. Da begannen sich auch Firmen für das neue Netzwerk zu interessieren, das man ab 1982 Internet nannte.

Personal Computer

Die Revolution kam aber erst 1991 mit dem World Wide Web (WWW), denn nun konnten auch normale Bürger das Internet nutzen. Für den Zugang brauchte man nur einen Telefonanschluss, einen Computer (der damals aber noch sehr teuer war) und ein besonderes Programm, einen Webbrowser.

Innerhalb weniger Jahre wurde das Internet zu einem neuen Leitmedium. Die Informationen, auf die man inzwischen zugreifen kann, sind unermesslich umfangreich – wenn auch nicht immer zuverlässig. Eine Suchmaschine hilft, schnell die gewünschten Webseiten zu finden.

Wie nennt man das Quatschen im Internet?

A Surfen
B Chatten
C Einloggen
D Downloaden

304

Chatforen oder Chatrooms, in denen man andere User treffen kann, wurden schnell sehr beliebt. In letzter Zeit erleben soziale Netzwerke wie das *SchülerVZ* einen regelrechten Boom.

Im und mit dem Internet werden mittlerweile lukrative Geschäfte gemacht. Viele Firmen bieten ihre Produkte im Internet an, die dort mit wenigen Klicks gekauft und auch bezahlt werden können. Bei Internet-Auktionshäusern wie *Ebay* kann man neue und gebrauchte Waren ersteigern. Musik und Filme lassen sich ebenfalls herunterladen, man kann online Computerspiele spielen und vieles mehr. Die Möglichkeiten des Internets sind aber noch lange nicht ausgeschöpft.

Glasfaserkabel

Das Internet hat auch unsere Kommunikation entscheidend verändert. Heute dient die E-Mail vielen bereits als wichtigstes Kommunikationsmedium – sie hat den klassischen Brief, Telefonate und persönliche Gespräche schon zum großen Teil ersetzt.

Bei allen Vorteilen, die das Internet bietet: Es hat auch neue Gefahren gebracht. Betrüger verschicken Viren, die Computer lahmlegen, oder spionieren Passwörter aus, um an Kontodaten zu gelangen. Deshalb sollte man als Internet-Benutzer immer ein aktuelles Virenschutzprogramm haben und vorsichtig sein, wenn man persönliche Daten eingibt.

Computerspiele

Im Jahr 1972 stellte Nolan Bushnell, der Gründer der amerikanischen Computerfirma Atari, das allererste Computerspiel vor: „Pong“. Auf dem Monitor waren zwei einfache Balken zu sehen, mit denen zwei Spieler einen Punkt, einen virtuellen Tennisball, über ein „Netz“ spielen konnten. Damals ahnte noch niemand, dass sich aus diesem einfachen Spiel bald eine ganze Industrie entwickeln würde.

Wie hieß das erste Computerspiel?

A Ping
B Pung
C Pang
D Pong

305

Mit besseren Rechenleistungen und realistischeren Grafiken wurden die Spiele immer vielfältiger. Für viele ist das Spielen am Computer oder an einer Spielekonsole inzwischen ein wichtiger Bestandteil ihrer Freizeitgestaltung.

Es gibt auch Simulationsspiele, mit denen man die Fahrt eines U-Boots oder den Flug eines Raumschiffs nachempfinden kann. Man kann eine Stadt oder sogar eine ganze Gesellschaft aufbauen, wie bei *Die Sims*. Abenteuerspiele leben häufig davon, dass Filmhandlungen bekannter Helden wie *Indiana Jones* oder *James Bond* nachgespielt werden.

Beim *Ego-Shooter* schließlich schlüpft der Spieler in die Rolle eines Soldaten oder Kriegers, der gegen Feinde aller Art kämpft. Diese Computerspiele geraten immer wieder in die Diskussion, da der Spieler dabei das Töten „einübt". Dass solche Spiele einen Einfluss auf den Charakter haben, ist mittlerweile unumstritten – fraglich ist nur, wie dieser Einfluss genau aussieht. Fest steht: So spannend und unterhaltend Computerspiele auch sind, sie können süchtig machen und der Spieler kann vereinsamen. Wie bei vielen Dingen kommt es auch beim Spielen auf den richtigen Umgang und die richtige „Dosis" an.

Cyberspace

→ Der Cyberspace, auch „Virtuelle Realität" genannt, ist eine künstliche Welt, die von Computern erzeugt wird und nur auf dem Monitor oder in einem besonderen Helm, dem EyePhone, zu sehen ist. Aber anders als einen Film kann man diese virtuelle Welt durch eigene Handlungen beeinflussen.

Die bekannteste Anwendung des Cyberspace sind Computerspiele. Aber auch ganz eigene künstliche Welten entstehen in diesem Raum, sogar mit eigenem Geld wie *Second Life*. Um in diese Welt zu gelangen, muss

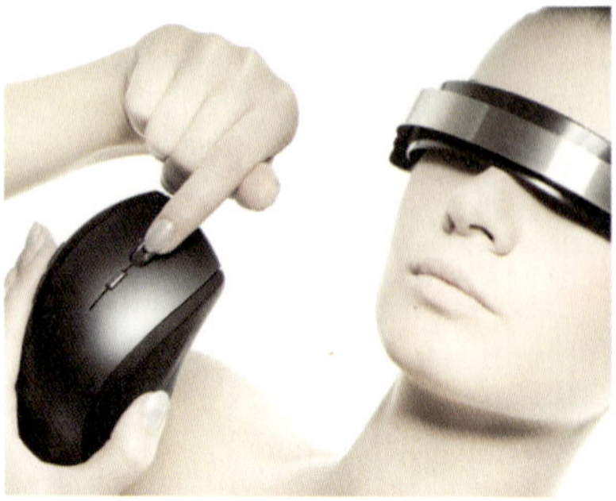

Cyberspacebrille

man eine Spielfigur, einen Avatar, in den Cyberspace schicken. Das ist eine künstliche Persönlichkeit, deren Eigenschaften man mithilfe von Programmen selbst bestimmen kann. Deshalb sehen die Avatare meist auch ganz anders aus als die „Echt-Welt-Spieler", denn jeder kann seinen Avatar so attraktiv oder auch Furcht einflößend machen, wie er möchte.

In Science-Fiction-Büchern und -Filmen, zum Beispiel in den *Matrix*-Filmen, ist der Cyberspace längst schon viel realer: Die Helden können einen direkten Kontakt zwischen ihrem Gehirn und der virtuellen Realität herstellen – die dann wirklich wie die Realität erlebt wird.

Welche Figur schickt man in eine Cyberspace-Welt?

A den Aromator
B den Aviator
C den Avatar
D den Animateur

306

Der Cyberspace hat aber auch sehr praktische Funktionen, beispielsweise wenn es um das Üben

Flugsimulator

gefährlicher Situationen geht. Computersimulationen werden bei der Ausbildung von Piloten eingesetzt. Dabei sitzt der Flugschüler in einem echten Cockpit – aber die Fenster sind Monitore, auf denen ihm der Flug mit allen möglichen schwierigen Situationen nur vorgespielt wird.

Datenschutz

Behörden, Banken und auch viele Firmen sammeln immerzu Daten von uns. Einige davon bekommen sie direkt von uns, denn bei der Anmeldung eines Autos, bei einem Umzug oder einer Bestellung bei einem Versandhaus muss man ja seine Adresse und andere Daten angeben. Wer im Internethandel bestellen will, muss oft auch Kontodaten oder Kreditkartennummern in Formulare eingeben. Und bei sozialen Plattformen wie *SchülerVZ* oder *Facebook* kann man sogar Fotos hinterlassen. Doch Vorsicht: All diese Daten und Informationen können missbraucht werden!

Manche Firmen verkaufen die Daten ihrer Kunden an andere Unternehmen, die dann gezielt Werbung an diese Adressen verschicken. Manche Firmen spionieren auch ihre Mitarbeiter und Kunden aus. Und Internetkriminelle suchen gezielt im Netz nach Daten, um fremde Bankkonten zu plündern oder auf andere Weise zu betrügen.

Damit persönliche Daten vor fremden Zugriffen sicher sind, hat die EU Datenschutzrichtlinien herausgegeben, die von allen Mitgliedsstaaten in nationales Recht umgewandelt wurden. So überprüfen nicht nur in Deutschland Datenschützer, wo es Sicherheitslücken gibt. Wenn sie welche entdecken, schlagen sie neue Gesetze vor, die die Bürger vor dem Missbrauch ihrer Daten besser schützen sollen. Außerdem verlangen sie von den Firmen, auf die Daten zu achten, die sie von ihren Kunden bekommen.

Wodurch werden Daten im Internet geschützt?

A durch eine Telefonnummer
B durch einen Doppelklick
C durch ein Passwort
D durch die Polizei

307

Aber jeder kann auch selbst etwas tun, damit seine Daten nicht missbraucht werden: Man sollte sich immer genau überlegen, welche Informationen und

Fotos man ins Internet stellt. Denn auch scheinbar harmlose private Informationen können, wenn sie im Internet zugänglich sind, schlimme Folgen haben. Vor Kurzem wurde beispielsweise bekannt, dass Personalabteilungen, Versicherungen, Krankenkassen etc. gezielt das Internet durchsuchen, wenn sich jemand bei ihnen bewirbt. Und wenn ein Personalchef dann Informationen findet, die ihm nicht gefallen, lädt er den Bewerber erst gar nicht zum Vorstellungsgespräch ein. Der beste Schutz vor Datenmissbrauch ist deshalb: möglichst wenige Daten preisgeben!

Fotografie

Die Fotografie wurde nicht von einem einzigen Menschen erfunden, sondern ab dem Jahr 1825 von verschiedenen Erfindern entwickelt. Sie testeten unterschiedliche Chemikalien, die sich unter Lichteinfluss verfärbten, und bestrichen damit Kupfer- oder Glasplatten. Als Kamera diente ihnen ein einfaches Holzkistchen, das eine Öffnung mit einer verdeckten Linse besaß. Um die beschichtete Platte zu belichten, wurde der Deckel, der die Linse verschloss, geöffnet. Erfinder wie der Engländer William Fox Talbot experimentierten so lange, bis sie die richtige Belichtungszeit gefunden hatten. Nach der Belichtung durfte die Platte kein Licht mehr abbekommen und musste in der Dunkelkammer aus der Kamera geholt werden. Anschließend wurde sie mit besonderen chemischen Lösungen behandelt, die das belichtete Foto dauerhaft fixierten.

Um von einem Motiv nicht nur einen einzigen Abzug zu haben, wurde später auch das Negativ erfunden. Bei ihm sind Hell und Dunkel vertauscht und von diesem Negativ kann man beliebig viele Abzüge herstellen. Dass man Fotos vervielfältigen konnte, verhalf der Fotografie, die durch ihre realistische Abbildung verblüffte, endgültig zu ihrem Siegeszug.

Fotoapparat

Fotografieren wurde mit der Zeit immer einfacher, bequemer und preiswerter. 1924 wurde der Rollfilm erfunden, den jeder handhaben konnte, und seit 1936 kann man in Farbe fotografieren. Immer neue Fotoapparate und Filmformate sorgten dafür, dass

Fotografieren bald zum beliebten Hobby wurde. Und auch Künstler entdeckten diese besondere Art der Darstellung für sich.

Was wurde als erster „Film" verwendet?

A Schallplatten
B Kupferplatten
C Schieferplatten
D Bleiplatten

308

Seit 1985 sind Digitalkameras auf dem Markt, die die herkömmlichen Fotoapparate fast schon verdrängt haben. Statt eines Films wird in einer Digitalkamera ein lichtempfindlicher Chip belichtet. Das Bild wird anschließend gespeichert, kann am Computer bearbeitet und ausgedruckt werden.

Film

Nachdem die Fotografie entwickelt worden war, kamen Erfinder schon bald auf die Idee, dass es doch möglich sein musste, die starren Bilder zum Leben zu erwecken. Dazu musste man nur genügend Fotos schnell hintereinander machen und ebenso schnell zeigen. Denn ab einer bestimmten Geschwindigkeit ist das menschliche Auge zu langsam, um noch einzelne Bilder zu erkennen – sie verschwimmen sozusagen zu einer fortlaufenden Bewegung.

Ende des 19. Jahrhunderts entstanden die ersten Filmkameras, die diese „menschliche Schwäche" ausnutzten. Ein besonderer Mechanismus bewegte darin den lichtempfindlichen Film vor das Objektiv, hielt den Film kurz an, belichtete eine Aufnahme und spulte weiter zum nächsten Bild. Pro Sekunde wurden so bis zu 24 Einzelbilder aufgenommen. Danach wurde der Film entwickelt und konnte mit einem Filmprojektor vorgeführt werden. Eine starke Birne darin warf die einzelnen Filmbilder durch eine Linse auf die Leinwand.

Filmrolle

Die ersten öffentlichen Filmvorführungen fanden 1895 in Berlin und Paris statt. Zunächst wurden Filme vor allem auf Jahrmärkten vorgeführt und sie waren nur kurz. In den 1920er-Jahren entwickelte sich jedoch eine richtige Filmindustrie. In Deutschland entstanden die größten Studios in Babelsberg bei Berlin, in den USA war und ist Hollywood das Zentrum der Filmindustrie. Doch das Land, in dem heute die meisten

Filme gedreht werden, rund 1000 pro Jahr, ist Indien.

Bis 1927 gab es übrigens nur Stummfilme. Im Kino wurde dazu auf dem Klavier Live-Musik gespielt. Die ersten Farbfilme kamen 1935 in die Kinos.

Wer war der bekannteste Stummfilm-Komiker?

A Bully Herbig
B Otto Waalkes
C Charlie Chaplin
D Heinz Erhardt

309

Heute werden immer mehr Filme digital mit elektronischen Kameras ohne Film gedreht und im Kino digital projiziert. Die klassische Filmkamera ist also durch die digitale Technik ebenso vom „Aussterben" bedroht wie der klassische Fotoapparat.

Filmproduktion

Um einen Film zu drehen, braucht man eine Menge Mitarbeiter. Am Anfang steht der Drehbuchautor, der eine Idee für einen Film hat und sie einem Filmproduzenten vorstellt.

Hast du das gewusst?

In einem Pariser Kino, das nur Horrorfilme zeigt, ist der Kinosaal mit Blutflecken und Totenköpfen dekoriert. Die letzte Parkettreihe besteht aus Särgen, in denen es sich die Zuschauer während des Films „gemütlich machen" können …

Gefällt dem Produzenten die Idee, gibt er dem Autor den Auftrag, ein Exposé oder Treatment und danach das Drehbuch zu schreiben. In der Zwischenzeit sucht der Produzent Leute, die Geld in den Film investieren wollen. Dazu muss er sie davon überzeugen, dass der Film Gewinn verspricht.

Filmproduktion

Der Produzent wählt meist auch den Regisseur aus, und die beiden suchen dann die geeigneten Schauspieler. Außerdem braucht man unter anderen: einen Kameramann für die Filmaufnahmen, Bühnenbildner für die Kulissen und Dekorationen, Kostümbildner für das Entwerfen der Kostüme, Maskenbildner, die die Schauspieler schminken, und Beleuchter, die für das richtige Licht sorgen.

Sobald das Drehbuch fertig ist, wird ein Drehplan erarbeitet. Darin wird genau festgelegt, welche Szene an welchem Tag gedreht wird. Alle Szenen, die am selben Drehort spielen, werden nacheinander dort gedreht, auch wenn sie im Film an ganz verschiedenen Stellen zu sehen sind. Denn es ist natürlich billiger, die ganze Crew nur einmal an einen bestimmten Drehort zu bringen, als immer hin und her zu fahren.

Wer kann einen Schauspieler in ein Monster verwandeln?

A Regisseur
B Produzent
C Maskenbildner
D Drehbuchautor

310

Für eine durchschnittliche Filmproduktion benötigt man rund 250 Mitarbeiter, bei großen Filmen wie *Harry Potter* oder *Star Wars* können es auch über 1000 sein. Die zentrale Person bei den Dreharbeiten ist der Regisseur. Er leitet die Dreharbeiten und erklärt den Schauspielern und anderen Mitwirkenden, wie sie ihre Aufgaben erfüllen sollen.

Wo findet man jeden Drehtermin?

A im Drehbuch
B am Drehort
C in der Drehbank
D im Drehplan

311

Ist der Film abgedreht, schauen sich der Regisseur, der Cutter und manchmal auch noch andere das Material an. Oft dreht man mehrere Takes (Aufnahmen) von einer Szene und dann müssen die besten ausgewählt und in die richtige Reihenfolge gebracht werden. Danach wird der Film geschnitten und montiert, bevor er kopiert und in den Kinos vorgeführt wird.

Animationsfilm

Ein Animationsfilm besteht aus einzeln angefertigten Bildern. Sie können gezeichnet sein, am Computer entstehen oder aus Fotos bestehen. Die Bewegung kommt bei einem Animationsfilm dadurch zustande, dass viele Bilder schnell hintereinander folgen und sich nur ein bisschen voneinander unterscheiden. Wie bei einem nicht animierten Film auch werden pro Sekunde in der Regel 24 Bilder aufgenommen.

Familie Feuerstein

Das bekannteste Animationsverfahren ist der Zeichentrickfilm. Für einen 90-Minuten-Film müssen bei 24 Bildern pro Sekunde genau 129 600 unterschiedliche Bilder gezeichnet werden! Das bedeutet sehr viele Arbeitsstunden, vor allem für die Zeichner: An dem abendfüllenden Walt-Disney-Film *Schneewittchen und die sieben Zwerge* von 1937 arbeiteten mehr als 750 von ihnen. Viele Fernsehserien wie *Bugs Bunny* oder *Familie Feuerstein* wurden ebenso aufwendig hergestellt.

Shaun das Schaf

Heute werden kaum noch Zeichentrickfilme gedreht, weil man die Bilder und Filme einfacher und schneller mit besonderen Programmen am Computer herstellen kann. Der erste vollständig computeranimierte Film war 1995 *Toy Story*.

Aus welchem Material besteht Shaun das Schaf?

- A Wolle
- B Holz
- C Knetmasse
- D Kunststoff

312

Ein anderes Animationsverfahren ist der Knetfigurenfilm, bei dem die Figuren und der Hintergrund aus Knetmasse bestehen. Für jedes Einzelbild wird die Knetmasse ein wenig verändert, dann fotografiert und erneut verändert. *Wallace & Gromit* oder *Shaun das Schaf* entstehen auf diese zeitaufwendige Weise.

Beim Puppentrickfilm benutzt man stattdessen Puppen mit einem Drahtskelett. Eines der bekanntesten Beispiele ist das *Sandmännchen*, das den Kindern bis 1989 im Fernsehen Gutenachtgeschichten erzählte.

Science-Fiction-Film

Viele Filmkritiker halten Science-Fiction für eine der wichtigsten Filmgattungen. Denn im Gegensatz zu anderen Arten, die irgendwann ihre Blütezeit hatten und dann wieder verschwanden, zum Beispiel der Revuefilm, wurden während der gesamten Filmgeschichte Science-Fiction-Filme gedreht.

Kaum war die Filmkamera erfunden, drehte der Franzose Georges Méliès den bis heute bekannten Film *Die Reise zum Mond* aus dem Jahr 1902 – er dauerte nur 12 Minuten. Im weltberühmten deutschen Film *Metropolis* von Fritz Lang aus dem Jahr 1927 sind erstmals Roboter und Bildtelefone zu sehen.

Einer der bedeutendsten Science-Fiction-Filme nach dem Zweiten Weltkrieg war Stanley Kubricks *2001: Odyssee im Weltraum*. Er schildert die Entwicklung der Menschheit vom Affenmenschen bis zur Raumfahrt.

Außerirdischer im Film

Seit den 1980er-Jahren gehören Science-Fiction-Filme zu den teuersten und erfolgreichsten Produktionen der Filmgeschichte, denn dort können die Filmemacher die neuesten Techniken und Tricks besonders effektvoll einsetzen. Oft werden nach einem erfolgreichen Film noch Fortsetzungen gedreht, wie bei *Star Trek*, *Alien*, *Matrix*, *Terminator* und *Jurassic Park*. Unter all diesen erzielte *Star Wars* (*Krieg der Sterne*) weltweit die höchsten Gewinne an den Kinokassen.

Welche Maschinen gibt es nur in Science-Fiction-Filmen?

A Roboter
B Laserkanonen
C Zeitmaschinen
D Raumschiffe

313

Der besondere Reiz an diesen Filmen liegt darin, dass sie dem Zuschauer eine faszinierende zukünftige Welt zeigen, die dank aufwendiger Kulissen und moderner Computertechnik trotzdem realistisch wirkt: Wir glauben, tatsächlich Außerirdische und riesige Raumschiffe zu sehen. Die Protagonisten dagegen verhalten sich oft wie Westernhelden, die sich mit Strahlenwaffen den Weg freischießen. Aber es gibt auch Science-Fiction-Filme, die sich – bei allem Unterhaltungswert – ernsthaft mit gesellschaftlichen Entwicklungen und menschlichen Fragen auseinandersetzen: *Der Tag, an dem die Erde stillstand* (1951), *Fahrenheit 451* (1966) oder *Gattaca* (1997).

Wie werden Außerirdische in Science-Fiction-Filmen genannt?

A Aliens
B Golems
C Ewoks
D Muggels

314

Fernsehen

Das Fernsehen wurde zwischen 1840 und 1930 von verschiedenen Erfindern und Ingenieuren entwickelt. Die Technik unterscheidet sich von jener des Films: In einer Fernsehkamera wird – im Gegensatz zur Filmkamera – das aufgenommene Bild nicht gespeichert, sondern in elektrische Signale umgewandelt. Diese können per Funk gesendet oder per Kabel übertragen werden. Beim Empfänger werden diese Signale auf einem Bildschirm dann wieder in ein Bild umgewandelt.

Erst ab 1956 konnte man Fernsehsendungen auf Magnetband aufzeichnen, und das bedeutet: Vorher waren die meisten Fernsehsendungen Live-Übertragungen! Eine Ausnahme waren Kinofilme: Man tastete sie mit ganz besonderen Kameras ab und konnte sie dann ebenfalls im Fernsehen senden.

Nachrichtensendung

Das erste regelmäßig ausgestrahlte Fernsehprogramm wurde in Deutschland ab 1936 gezeigt. Allerdings besaßen damals nur einige Hundert Menschen einen Fernsehapparat. Nach dem Zweiten Weltkrieg wurde das Fernsehen dann zu einem Massenmedium, und 1960 gab es bereits 4 Millionen Fernsehgeräte in Deutschland. All die vielen Zuschauer konnten sich aber bis 1980 nur zwischen den öffentlich-rechtlichen Sendern ARD und ZDF entscheiden – erst danach kamen die Privatsender dazu. Heute kann man in Deutschland via Satellit mehrere Hundert deutsche und ausländische Sender empfangen.

Das Fernsehen wird auch als „Leitmedium" bezeichnet, weil es von sehr vielen Menschen gesehen und als Informationsquelle genutzt wird. Vor allem Nachrichtensendungen wie die *Tagesschau* oder *heute* haben hohe Einschaltquoten. Olympische Spiele und andere sportliche Großereignisse werden ebenfalls von Millionen von Zuschauern verfolgt.

Aber natürlich ist das Fernsehen vor allem ein Unterhaltungsmedium. Manche Shows wie *Wetten, dass ...?* sind so erfolgreich, dass sie jahrelang laufen. *Wetten, dass ...?* wird schon seit 1981 ausgestrahlt – das ist im kurzlebigen Fernsehgeschäft schon sehr ungewöhnlich!

Womit wurden Sendungen lange Zeit aufgezeichnet?

A Magnetband
B Schallplatte
C Farbfilm
D Diskette

315

Fernseh-Formate

Im Fernsehen gibt es unterschiedliche Arten von Sendungen: die Formate. Das sind zum Beispiel Nachrichten, Krimi, Fernsehspiel, Vorabendserie, Game-Show, Polit-Magazine, Casting-Show und Quiz-Show. Der Inhalt der Formate steht nur sehr grob fest – und er ändert sich im Laufe der Zeit. So sieht man in heutigen Krimis oft mehr Action als in denen, die vor 30 Jahren gedreht wurden. Auch Quiz-Shows waren nicht so temporeich und es gab nur kleine Preise zu gewinnen, während heute enorme Gewinnsummen von bis zu einer Million Euro möglich sind, wie bei *Wer wird Millionär?*

Wer moderiert eine Quiz-Show in der ARD?

- A Jörg Kachelmann
- B Jörg Wontorra
- C Jörg Pilawa
- D Jörg Knör

316

Als es anfangs nur wenige Fernsehsender gab, gab es auch nur wenige Formate. Als aber dann ab den 1980er-Jahren immer mehr Privatsender auf Sendung gingen, wurden verstärkt auch neue Formate entwickelt. Doch nicht alles erfinden die Fernsehmacher im eigenen Land: Häufig werden Formate aus Amerika und England im deutschen Fern-

Quiz-Show

sehen nachgemacht, manchmal sogar bis in jede Kleinigkeit der Kulisse und der Computergrafik.

Eines der beliebtesten Formate ist auch in Deutschland die Seifenoper, eine Endlosfernsehserie. Weekly Soaps werden einmal in der Woche ausgestrahlt wie die *Lindenstraße*, eine Daily Soap wie *Marienhof* oder *Gute Zeiten, schlechte Zeiten* kann man täglich verfolgen. Koch-Shows gehören zu den Formaten, die ebenfalls sehr beliebt sind – und auch in Zukunft werden immer wieder neue Formate entwickelt werden.

Hast du das gewusst?

Die Seifenopern heißen so, weil sie ursprünglich von Waschmittelfirmen produziert und finanziert wurden. Diese Sendungen sollten ein „werbefreundliches Umfeld" schaffen und sie wurden immer wieder von Werbeblöcken unterbrochen. Der Siegeszug der Seifenopern begann im amerikanischen Radio schon 1939.

Wie wird eine Daily Soap noch genannt?

- A Seifenoper
- B Schaumtheater
- C Waschzirkus
- D Spülhölle

317

Telegrafie

Telegrafie ist die Übertragung von Zeichen und Texten mit technischen Mitteln. Schon im antiken Griechenland gab es Telegrafie: Man übermittelte Nachrichten mithilfe von Fackeln und Feuern, die von Signalturm zu Signalturm weitergegeben wurden.

Telegraf

Im 18. Jahrhundert dann entwickelten Techniker besondere Signalanlagen, die Semaphore. Das waren hohe, weithin sichtbare Masten mit beweglichen Signalflügeln. Die Semaphore wurden in bestimmten Abständen errichtet, sodass man von einem zum anderen sehen und auf diese Weise sehr schnell Nachrichten weitergeben konnte. Verschiedene Flügelstellungen standen dabei für die verschiedenen Buchstaben des Alphabets.

All das sind Beispiele für optische Telegrafie. 1809 erfand dann Samuel Thomas von Soemmerring den elektrischen Telegraf. Damit konnten Zeichen nun auch durch elektrische Signale übertragen werden. Doch erst der Amerikaner Samuel Morse baute 1837 einen Apparat, der auch praxistauglich war.

Hast du das gewusst?

Das erste SOS in der Geschichte der Seefahrt wurde von dem Passagierschiff Titanic kurz vor ihrem Untergang am 14. April 1912 gesendet. Das damals größte Schiff der Welt sank nach der Kollision mit einem Eisberg innerhalb von knapp drei Stunden.

Welches Notsignal verbirgt sich hinter dem Morsecode ...---... ?

A SMS
B SOS
C ABS
D USB

318

In den USA wie in Europa wurden nun Telegrafendrähte verlegt, und Morse ließ eigene Zeichen für die schnelle Datenübermittlung entwickeln: die Morsezeichen, die aus kurzen und langen Tönen bestehen. Später wurde es möglich, diese Signale automatisch auf ein sich abrollendes Papierband aufschreiben zu lassen, sodass niemand mehr den Text der Nachricht mitschreiben musste.

Welche optischen Telegrafen hatten bewegliche Flügel?

A Semaphore
B Amphore
C Trikolore
D Matadore

319

Die Telegrafie war ein wichtiges Kommunikationsmedium – bis sie durch Telefon, Fax und Internet verdrängt wurde.

Mobilfunk

Bei diesem Stichwort denkt man sofort an das Handy. Aber alle beweglichen Funkeinrichtungen zählen zum Mobilfunk und dazu gehören zum Beispiel auch der Polizeifunk, der Taxifunk und die Funkgeräte an Bord von Flugzeugen und Schiffen.

Die ersten Schiffe rüstete man bereits ab 1900 mit Funkgeräten aus und bald waren die Geräte weltweit verbreitet. Anfangs waren sie noch sehr groß und hatten eine geringe Reichweite. Erst als die Röhren ab den 1950er-Jahren allmählich durch Transistoren ersetzt wurden, wurden die Geräte handlicher.

Frühes Mobiltelefon

Als die inzwischen winzigen Funkgeräte dann auch noch preisgünstig hergestellt werden konnten, wurden sie auch für die Telefonie interessant: Die ersten Handys kamen 1983 auf den Markt – aber sie waren noch immer so groß wie Aktenkoffer!

Außerdem dauerte es mehrere Jahre, bis im ganzen Land genügend Sende- und Empfangsanlagen aufgestellt worden waren, sodass man die Handys heute nahezu überall einsetzen kann. Denn die Funksignale der Handys selbst reichen nicht weit. Sie sind auf die Antennen auf Masten und Dächern angewiesen, über die sie zu den Mobilfunkzentralen gelangen. Von dort aus werden sie dann ins Festnetz oder zu anderen Antennenmasten weitergeleitet.

Wofür steht die Abkürzung „SMS"?

A Super Mega Service
B Short Message Service
C Sweet Music Service
D Super Mystic System

320

Innerhalb weniger Jahre entwickelte sich das Handy vom reinen Telefon zum multifunktionalen Gerät, mit dem man Textnachrichten (SMS) verschicken, Fotos machen und versenden, Musik hören und Filme sehen kann. Mit der neuesten Gerätegeneration kann man dazu noch im Internet surfen und verschiedene Online-Dienste nutzen.

Vom aktenkoffergroßen, sehr teuren Gerät für einige wenige haben sich die Handys mittlerweile zu Alltagsgeräten für jedermann entwickelt: Im Jahr 2009 besaßen bereits rund 80 % aller Bundesbürger ein Handy.

Telefon

Als die Telegrafie erfunden war, konnte man einzelne Zeichen über elektrische Leitungen übertragen. Mit menschlicher Sprache ging das aber noch nicht, und so suchten Erfinder und Tüftler nach einer Möglichkeit, dieses Problem zu lösen. Das gelang dem hessischen Physiklehrer Philipp Reis: 1861 konnte er seinen Apparat vorstellen. Der erste Satz, der mit seinem Telefon übermittelt wurde, lautete: „Das Pferd frisst keinen Gurkensalat." Dieser Satz wurde mit Absicht gewählt, denn nur mit einem Satz, den man nicht erraten kann, kann man zuverlässig testen, ob die Verständigung wirklich funktioniert.

Telefon

Es dauerte allerdings noch bis 1877, bis Telefonleitungen verlegt werden konnten. Das war der Weiterentwicklung des Telefons durch Alexander Graham Bell zu verdanken – ein Schotte, der in die USA ausgewandert war. Noch im selben Jahr wurde auch bei uns in Deutschland die erste Telefonverbindung eingerichtet.

Wie nannte man früher ein Gespräch in eine andere Stadt?

- A Blitzgespräch
- B Ortsgespräch
- C Ferngespräch
- D R-Gespräch

321

Zunächst gab es nur städtische Netze, etwa in Berlin und München, die vor allem von Behörden und Geschäftsleuten genutzt wurden. Ab 1881 begann man dann, die Städte durch Fernkabel zu verbinden. Selbst wählen konnte man damals aber noch nicht, sondern musste durch das Drehen einer Kurbel am Telefon das „Fräulein vom Amt" anrufen. Sie stellte dann mit einem Stecker die Verbindung zu dem gewünschten Teilnehmer her. Erst ab 1908 konnte man innerhalb einiger Orte mit einer Wählscheibe selbst wählen, aber von Hand vermittelte Gespräche gab es in Deutschland noch bis 1966.

Ab den 1980er-Jahren wurde das Telefonnetz auf digitalen Betrieb umgestellt. Teilweise wurden auch Glasfaserkabel verlegt, die besonders gut für schnellen Datentransport geeignet sind. Neben dem Telefonnetz entwickelte sich auch der Mobilfunk, daher wird das Telefonnetz heute zur Unterscheidung meist Festnetz genannt. Über die Telefonleitung findet auch der Datenaustausch des Internets statt.

Womit wählte man vor der Einführung des Tastentelefons?

A mit Wahlschein
B mit Wahlhebel
C mit Wählknopf
D mit Wählscheibe

322

Massenmedien

Medien für Millionen: Alle Medien, die in großer Stückzahl hergestellt oder verbreitet werden und die sehr viele Menschen gleichzeitig erreichen, nennt man Massenmedien. Dazu gehören Bücher, Zeitungen, Zeitschriften, Schallplatten, CDs, DVDs, Rundfunk, Film, Fernsehen und das Internet.

Die politische Beeinflussung durch Massenmedien heißt ...?

A Reklame
B Propaganda
C Sondermeldung
D Megafon

323

Telefon und Brief sind keine Massenmedien, weil damit nur Einzelpersonen kommunizieren.

Das erste Massenmedium war das Theater. Nach der Erfindung des Buchdrucks erreichte man die Massen mit dem gedruckten Buch. Es folgten die Zeitungen und schließlich im 20. Jahrhundert Film, Fernsehen und andere technische Medien.

Heute sind Massenmedien unsere wichtigsten Informationsquellen. Das bedeutet jedoch, dass wir uns auf die Informationen, die sie uns liefern, verlassen müssen. Wir können ja nicht selbst in jedes ferne Land reisen und Nachrichten über politische Ereignisse persönlich überprüfen!

Alter Fernseher

Weil Massenmedien so großen Einfluss auf uns haben, besteht aber immer die Gefahr, dass jemand durch sie viele Menschen gewollt oder auch ungewollt beeinflusst. Diese Beeinflussungsmöglichkeit machen sich die Machthaber in Diktaturen häufig zunutze, indem sie keine freie Presse zulassen, sondern über Zeitungen, Hörfunk und Fernsehen nur ihre Sichtweise verbreiten lassen. Zur Zeit des Nationalsozialismus wurden die Massenmedien – damals vor allem Zeitungen und Radio – gezielt missbraucht, um die Bürger davon zu überzeugen, dass die Judenverfolgung und die Kriegsziele der Nazis richtig seien.

Theater

Das Theater ist vor etwa 2500 Jahren in Griechenland entstanden – aus religiösen Feiern! In Griechenland gab es auch die ersten Theaterbauten unter freiem Himmel. 15 000 bis 20 000 Zuschauer hatten dort auf Steinstufen Platz. Und weil die Sitzreihen in einen Hügel gebaut waren, konnten auch die Zuschauer weiter hinten von ihren erhöhten Sitzplätzen aus gut auf die unten liegende Bühne sehen. Das Theater war damit das erste Massenmedium, denn die Stücke wurden vor einer großen Menschenmenge aufgeführt.

Wie heißt der Leiter eines Theaters?

A Intendant
B Hydrant
C Demonstrant
D Simulant

324

Damals waren alle Schauspieler Männer und sie trugen Masken. Die Theaterstücke (Dramen) der griechischen Dichter wie Aischylos und Sophokles, die sie spielten, werden übrigens noch heute aufgeführt. Ein ernstes Stück erhielt damals die Bezeichnung Tragödie, ein lustiges Komödie – und so heißen sie bis heute.

Auch im heutigen Theater gibt es noch eine Trennung zwischen Bühne und Zuschauerraum: Der Vorhang dient dabei als Trennlinie zwischen Realität und Illusion. Die Schauspieler tragen allerdings schon lange keine Masken mehr und Frauen dürfen heute natürlich auch Schauspielerinnen sein!

Schauspieler im Theater

Außer den Schauspielern arbeiten noch viele andere Menschen im Theater: Die Inszenierung, also die Gestaltung der Aufführung, wird von einem Regisseur festgelegt und mit allen Beteiligten eingeübt. Kostümbildner entwerfen die Kostüme oder suchen sie aus dem Fundus aus. Ein Maskenbildner schminkt und frisiert die Schauspieler. Beleuchter sorgen für das richtige Licht – und so weiter. Das ist ganz ähnlich wie beim Film.

Der große Unterschied besteht darin, dass im Theater die komplette Geschichte innerhalb von zwei oder drei Stunden aufgeführt wird und dass die Zuschauer nichts Aufgezeichnetes, sondern lebendige Menschen sehen. Keine Aufführung ist wie die andere, und gerade das schätzen Theaterbesucher und Schauspieler gleichermaßen – ebenso wie die besondere Stimmung, die sich aus der Situation ergibt.

Wie heißt die letzte große Probe vor der Premiere?

A Mutprobe
B Weinprobe
C Generalprobe
D Anprobe

325

Jede größere und mittlere Stadt in Deutschland hat ein Theatergebäude. Aber nicht jedes Theater hat auch ein eigenes Schauspielerensemble: In manchen Theatern treten viele verschiedene Theatergruppen auf, die auf einer Tournee verschiedene Städte bereisen.

Musikmedien

→ Alle Medien, die Musik speichern und wiedergeben können, nennt man Musikmedien. Das erste war der Phonograph, der Vorläufer des Plattenspielers, der 1877 von Charles Cros und Thomas Alva Edison erfunden wurde. Mithilfe eines großen Trichters nahm man dabei Musik auf einer sich drehenden Wachswalze auf.

Die ersten Phonographenwalzen bestanden aus ...?

A Holz
B Wachs
C Lehm
D Kunststoff

326

Zehn Jahre später entwickelte der Erfinder Emil Berliner aus dieser Walze die Schallplatte. Dabei wird die Musik in die Schwingungen einer Nadel übertragen, die eine schneckenförmige Rille in eine Platte ritzt. Aus dieser Platte wird eine Matrize aus Metall hergestellt, mit der die Schallplatten gepresst werden. Beim Plattenspieler tastet eine Nadel die Rille ab und die elektrisch verstärkten Schwingungen werden zu hörbarer Musik.

Grammophon

Schallplatten werden auch heute noch hergestellt, seit der Einführung der CD im Jahr 1982 aber nur noch in vergleichsweise geringen Stückzahlen.

Das elektromagnetische Tonband und die Musikkassette wurden von der CD und schließlich vom MP3-Player verdrängt, bei dem die Musik auf einem Chip gespeichert ist.

Das Format MP3 ist an der Universität Erlangen erfunden worden. Das Besondere daran: Man kann damit die Datenmenge von Musik enorm verringern. Deshalb passen auf einen Chip, je nach Kapazität, Hunderte oder sogar Tausende von Songs im MP3-Format – oder in einem der anderen neuen Formate wie MP4 oder ACC. Das modernste Abspielgerät ist zurzeit der iPod. Er kann auch Videodateien abspielen und Daten verwalten.

Nachrichten

Nachrichten sind Informationen über Menschen, Orte und Ereignisse – Hauptsache, sie sind neu. Bereits bekannte Informationen sind keine Nachrichten mehr. Der Untergang der Titanic zum Beispiel ist eine historische Tatsache – die Meldung über ein Schiff, das gerade eben untergegangen ist, ist hingegen eine Nachricht.

Bevor es die technischen Medien gab, wurden Nachrichten mündlich verbreitet. Dazu mussten die Boten von Ort zu Ort reisen. Das konnte Tage oder sogar Wochen dauern, weil die Boten zu Fuß, zu Pferd oder in einer Postkutsche unterwegs waren. Ab 1490 begann die Adelsfamilie Taxis damit, ein großes Botennetz aufzubauen. Daraus entstand später die moderne Post.

Postkutsche

Die ersten Zeitungen erschienen im 17. Jahrhundert und wurden ebenfalls von Postillionen verteilt. Und bis heute ist die Zeitung ein wichtiges Nachrichtenmedium geblieben – trotz Fernsehen und Internet.

Wie nannte man die Nachrichtenfilme im Kino?

- A Tagesschau
- B Wochenschau
- C Nachtschau
- D Modenschau

327

Nach der Erfindung des Films ging man auch ins Kino, um sich über aktuelle Ereignisse zu informieren: Bis in die 1980er-Jahre hinein zeigten Kinos regelmäßig Nachrichtenfilme. Da sie wöchentlich erschienen, nannte man sie „Wochenschauen".

Auch der Rundfunk sendete seit den 1920er-Jahren Nachrichten. Neuigkeiten brauchten seitdem nur wenige Stunden, um sich auf der ganzen Welt zu verbreiten.

Nach dem Zweiten Weltkrieg begann dann das Fernsehzeitalter und nicht viel später, 1952, flimmerte die erste „Tagesschau“ in der ARD über die Bildschirme. Sie wird heute noch jeden Abend von mehr als 10 Millionen Menschen gesehen.

Inzwischen ist natürlich auch das Internet zu einem wichtigen Nachrichtenmedium geworden. Es ist unschlagbar schnell und hat zudem den Vorteil, dass jeder Mensch Nachrichten ins Netz stellen und verbreiten kann. Wie zuverlässig Nachrichten im Netz sind, sollte man allerdings immer gut überprüfen.

Rundfunk

Nachdem Nicola Tesla in den USA Ende des 19. Jahrhunderts den Funk erfunden hatte, kamen gleich mehrere Menschen auf die Idee, mit der neuen Technik Konzerte zu übertragen. Überall in den USA und Europa bastelten Techniker ab 1907 einfache Sender und strahlten Versuchssendungen aus.

1919 entstanden die ersten professionellen Radiosender, die regelmäßig auf Sendung gingen. Vor allem in den USA gab es bald zahlreiche Radiostationen. Die Empfangsgeräte konnte man damals als fertig montiertes Gerät und als Bausatz kaufen.

Womit musste man die ersten Radiosendungen hören?

A mit Lautsprechern
B mit Kopfhörern
C mit Stereoboxen
D mit einem Display

328

Inzwischen gibt es alle möglichen Empfangsgeräte, und Radioprogramme sind auch über das Internet und digital über Satellit zugänglich.

In Deutschland wurden die ersten Rundfunksendungen 1920 ausgestrahlt. Beliebt waren Musiksendungen, Nachrichten, aber auch spannende Hörspiele und Übertragungen von Sportwettkämpfen. Auch die neuesten Schallplatten und Hits konnte man jahrzehntelang zuerst im Radio hören – später übernahm das Fernsehen diese Aufgabe.

Altes Radio

Bis 1988 gab es in Deutschland nur öffentlich-rechtliche Radiosender, seitdem werden auch private Sender zugelassen. Der Schwerpunkt liegt bei den meisten Sendern auf Nachrichten- und Musiksendungen. Ganz wichtig ist auch der Verkehrsfunk: Er informiert die Autofahrer über Staus und Behinderungen auf den Straßen.

Zeitung

Bevor es Zeitungen gab, wurden Nachrichten vor allem mündlich von Boten, Reisenden und Postillionen weitergegeben und erreichten nur einen kleinen Kreis von Menschen. Nach der Erfindung des Buchdrucks wurden Nachrichten auch in Form von Flugschriften verbreitet, die wiederum von Postillionen mit Postkutschen transportiert wurden. Da damals für eine „Nachricht" das Wort „Zeitung" üblich war, wurden diese Flugschriften bald auch „Zeitungen" genannt.

Wie nennt man die Überschrift eines größeren Artikels?

A Annonce
B Schlagzeile
C Hauptsatz
D Titelstory

329

Die erste regelmäßig erscheinende Zeitung Deutschlands kam 1609 in Wolfenbüttel heraus. Fast ein halbes Jahrhundert gab es nur

Zeitungen

Wochenzeitungen, weil es lange dauerte, bis alle Artikel geschrieben, gesetzt und gedruckt waren. Erst als verbesserte Druckmaschinen auf den Markt kamen, konnten ab 1650 auch die ersten Tageszeitungen erscheinen. Es dauerte hundert Jahre, dann war die Zeitung zum wichtigsten Medium in den modernen Ländern geworden.

Konkurrenz erhielten Zeitungen erst durch die Wochenschauen im Kino, durch das Radio und das Fernsehen. In jüngster Zeit ist auch das Internet zu einer wichtigen Informationsquelle geworden. Aus diesem Grund gibt es von allen großen Zeitungen mittlerweile Online-Ausgaben. Dennoch schätzen viele Menschen nach wie vor die Zeitung, denn sie bietet ausführliche Informationen, Reportagen und Berichte – und man kann sie überall lesen, auch in der Badewanne.

Große Tageszeitungen wie beispielsweise die Süddeutsche Zeitung haben eine Druckauflage von rund 500 000 Exemplaren pro Tag.

Werbung

Werbung: So nennt man jede Maßnahme, mit der jemand auf eine Ware aufmerksam machen und mögliche Kunden davon überzeugen will, sie zu kaufen. Auch wenn wir heute mit Werbung überschüttet werden, ist sie keine Erfindung unserer Zeit. Immer schon haben Marktschreier und Verkäufer ihre Waren lautstark angepriesen.

Nach der Erfindung des Buchdrucks im 15. Jahrhundert konnten Händler mit Flugblättern und später mit Zeitungsanzeigen werben. Ab 1854 konnten sie auch Werbung auf Litfaßsäulen anbringen, denn in diesem Jahr erfand Ernst Litfaß in Berlin die nach ihm benannte Plakatsäule.

Später kamen große Plakatwände hinzu, zu Anfang des 20. Jahrhunderts auch Lichtreklamen an Geschäftshäusern. Heute gibt es Großflächenplakate und Bandenwerbung in Sportarenen. Dabei ist jede Bande mit mehreren Plakaten bestückt und wird alle paar Sekunden gedreht.

Noch mehr Menschen erreicht man mit seinen Werbebotschaften seit der Erfindung der technischen Massenmedien wie Film und Fernsehen. Produktionsfirmen, Kinos und Fernsehsender nutzen die Werbeeinnahmen, um ihre Programme zu finanzieren. Auch viele Angebote im Internet enthalten Werbung. Im 20. Jahrhundert hat sich eine richtige Werbeindustrie entwickelt, die weltweit jedes Jahr mehrere Hundert Milliarden Euro umsetzt!

Litfaßsäule

Eine Verpackung, die größer erscheint, als sie ist, heißt ...?

A Jubelpackung
B Mogelpackung
C Vorratspackung
D Sparpackung

330

Werbung erkennt man meistens sofort. Es gibt aber auch versteckte Werbung, zum Beispiel wenn ein Filmheld wie James Bond das Auto einer bestimmten Marke fährt oder ein spezielles Getränk bestellt. Diese Art der Werbung nennt man „Productplacement“, umgangssprachlich als „Schleichwerbung“ bekannt.

Die Mittel mögen sich geändert haben, aber das Ziel der Werbung ist gleich geblieben: Noch immer soll sie Kunden davon überzeugen, eine Ware zu kaufen. Dabei wird schon mal mit Übertreibungen oder sogar falschen Angaben gearbeitet.

Sport und Unterhaltung

Entspannen, die Probleme des Alltags vergessen, Stress abbauen, sich fit halten: All das bieten uns Unterhaltung und Sport. Und bei den heutigen Angeboten in diesen Bereichen ist wirklich für jeden etwas dabei, egal welche Vorlieben er hat:

Die einen kümmern sich um die Fische in ihrem Aquarium, andere suchen die konzentrierte Herausforderung beim Schach. Manche verausgaben sich beim Fußballtraining, andere lassen lieber spielen und verfolgen ein Fußballspiel vom Sofa aus im Fernsehen. Einige lösen am liebsten in aller Ruhe ein Kreuzworträtsel, andere stürzen sich in das Gewimmel bei einem Konzert.

Was auch immer man gern tut: Die Möglichkeiten, sich unterhalten zu lassen oder in der Freizeit selbst aktiv zu werden, sind heute nahezu unerschöpflich – von A wie Aquarium bis Z wie Zirkusbesuch!

Bergsteigen

Bergsteigen als Sport? Das wäre in der Antike undenkbar gewesen, denn damals wurde der Berg Olymp als Wohnsitz der Götter angesehen. Und auch im Mittelalter wäre niemand auf die Idee gekommen, freiwillig einen Berg zu besteigen: Man vermutete auf den Gipfeln Teufel und Geister.

Wie heißt der spitze Wanderstock der Bergsteiger?

- A Eiszapfen
- B Eiskratzer
- C Eishammer
- D Eispickel

331

Erst im 14. Jahrhundert fanden die ersten Bergbesteigungen statt. Wir wissen davon, weil die Bergsteiger ihre Abenteuer in Büchern genau beschrieben haben. Im 18. Jahrhundert wagten sich Mutige sogar an die höchsten Berge der Alpen: 1786 erreichten Bergsteiger den Gipfel des Mont Blancs, das Matterhorn folgte 1865.

Welchen verschließbaren Haken verwenden Bergsteiger?

- A Kanthaken
- B Angelhaken
- C Karabinerhaken
- D Ankerhaken

332

Der erste Alpenverein wurde 1857 gegründet – im nicht eben bergigen London – und von da an entwickelte sich das Bergsteigen zu einer richtigen Sportart. Es dauerte jedoch noch fast hundert Jahre, bis 1964 der letzte der 14 Achttausender der Erde, der Shishapangma, bezwungen war.

Bergsteiger

Bergsteigen gilt als eine der gefährlichsten Sportarten. Auf keinen Fall sollte man ohne Ausbildung und geeignete Ausrüstung versuchen, eine Wand zu ersteigen. Am besten lernt man alle notwendigen Techniken in einer Bergsteigerschule oder von einem erfahrenen Bergsteiger. In vielen Sportvereinen stehen inzwischen auch Kletterwände, an denen man erste Erfahrungen machen kann. Auch vor Ort, zum Beispiel in vielen Alpen- und anderen Gebirgsorten, werden Kurse angeboten. Und auf geführten Touren kann man den Umgang mit dem Seil und allem anderen, was man sonst noch braucht, direkt am Berg lernen.

Formel 1

Die „Königsklasse des Rennsports", so wird die Formel 1 auch genannt, denn die Piloten dort fahren die schnellsten Rennwagen. Seit 1950 gibt es Weltmeisterschaften, die auf verschiedenen internationalen Rennstrecken ausgetragen werden. Die Preise, die man dort gewinnen kann, heißen „Grand Prix" oder „Großer Preis" und tragen dazu noch den Namen des Gastgeberlandes, zum Beispiel „Großer Preis von Brasilien".

Welcher Stopp ist für Formel-1-Piloten unverzichtbar?

A Pausenstopp
B Zwischenstopp
C Boxenstopp
D Autostopp

333

Kein Rennfahrer, und sei er noch so berühmt, besitzt den Rennwagen, in dem er fährt. Die Wagen gehören den Rennställen, die sie entwickeln, bauen und den Piloten zur Verfügung stellen. Die Rennställe – zu den bekanntesten zählen Ferrari, McLaren und Williams – suchen sich geeignete Fahrer und zahlen ihnen Honorare in Millionenhöhe. Jeder Rennstall darf übrigens nur zwei Fahrer zu den Formel-1-Rennen schicken.

Jedes Rennen beginnt mit einigen Trainingsfahrten. Samstags folgt das Qualifying, ein Testrennen, bei dem der schnellste Fahrer ermittelt wird. Er darf beim eigentlichen Rennen ganz vorne starten, von der Poleposition. Das Rennen selbst findet am Sonntag statt – weil dann die meisten Zuschauer Zeit haben.

Formel-1-Rennwagen

Kein Rennwagen kann ein ganzes Rennen ohne Pause bestreiten – dazu sind die Tanks zu klein, die Reifen nutzen sich viel zu schnell ab und immer wieder geht bei der enormen Belastung durch die hohen Geschwindigkeiten etwas kaputt. Deshalb fahren die Piloten während des Rennens die Boxen an, das sind die Werkstätten ihrer jeweiligen Rennställe. Dort wird ihr Auto betankt oder die Reifen werden gewechselt.

Der Sieger eines Rennens erhält 10 Punkte, der Zweite 8, der Dritte 6 und ab dem Vierten geht es in 1-Punkt-Schritten weiter. Am Ende der Rennsaison wird zusammengerechnet, und wer dann die meisten Punkte hat, ist neuer Weltmeister.

Formel-1-Rennen sind sehr gefährlich. Der kleinste Fehler des Fahrers oder der Technik kann bei den hohen Geschwindigkeiten zu einer Katastrophe führen. Bislang kamen 26 Fahrer bei Unfällen ums Leben und auch viele Zuschauer wurden getötet.

Wie werden die glatten Reifen von Formel-1-Wagen genannt?

A Chucks
B Bugs
C Knacks
D Slicks

334

Der erfolgreichste Fahrer aller Zeiten ist Michael Schumacher. Er gewann 91 Rennen und wurde siebenmal Weltmeister. Schon als Kind fuhr er auf einer Kartbahn Rennen – Karts sind kleine Rennwagen mit Motor, die aus Tretautos entwickelt wurden.

Fußball

Schon vor mehr als 3000 Jahren wurden in China und in Südamerika Spiele gespielt, die mit unserem heutigen Fußball verwandt sind. Die ersten Fußballregeln wurden aber erst 1848 verfasst, und zwar in England, das darum als Mutterland des Fußballs gilt. Dort wurden auch die ersten Fußballvereine gegründet – einige Jahre, bevor es dann auch in Deutschland so weit war. Den Deutschen Fußball-Bund (DFB) gibt es seit dem Jahr 1900. Heute ist er mit mehr als 6 Millionen Mitgliedern der größte Sportverband der Welt – fast 900 000 davon sind Mädchen und Frauen.

Fußball

In Deutschland ist Fußball ohne Frage die beliebteste Sportart, und das gilt auch für viele andere Länder der Welt, vor allem in Südamerika. Dort fand in Uruguay 1930 auch die erste Weltmeisterschaft statt. Inzwischen ist die Fußballweltmeisterschaft neben den Olympischen Spielen das wichtigste sportliche Ereignis weltweit. Die nächste findet 2010 in Südafrika statt.

Was ist beim Fußball verboten?

A Freistoß
B Einwurf
C Handspiel
D Anstoß

335

Das erfolgreichste Fußball-Land ist Brasilien, das bislang fünfmal den Weltmeister-Titel holen konnte, gefolgt von Italien mit vier Titeln. Auf Platz drei steht Deutschland mit drei Titeln.

Die Fußballregeln kennt in den fußballverrückten Ländern jedes Kind: Gespielt wird auf einem Rasenplatz, der bei internationalen Turnieren 68 Meter mal 105 Meter groß ist. Weiße Linien aus Kalk begrenzen das Spielfeld und legen die Mittellinie und die Straf- und Torräume fest. Auch der Mittelkreis und die Elfmeterpunkte sind weiß markiert.

Wenn ein Spieler allein vor dem Tor des Gegners steht und einen Pass erhält, heißt das ...?

A Aus
B Abseits
C Jenseits
D Ecke

336

Jede Mannschaft besteht aus zehn Feldspielern, einem Torwart und mehreren Auswechselspielern. Gespielt werden zweimal 45 Minuten mit einer 15-minütigen Halbzeitpause. Das Ziel: mehr Tore erzielen als der Gegner! Regelverstöße können mit Verwarnungen, Strafstößen und Platzverweisen bestraft werden. Dafür sind der Schiedsrichter und seine zwei Assistenten – manchmal auch drei – zuständig, die das Spiel leiten.

In den meisten Ländern gibt es nationale Meisterschaften der Vereine, die häufig in verschiedenen Spielklassen gegeneinander antreten. Die höchste Spielklasse in Deutschland ist die Bundesliga. Dort spielen nur Profispieler, also Sportler, die von ihrem Beruf als Fußballspieler leben. Aber Jungen und Mädchen können schon mit sechs Jahren in der F-Jugend eines Vereins spielen – allerdings gibt's da noch kein Geld!

Handball

Handball ist ein sehr körperbetontes Mannschaftsspiel, ganz anders als zum Beispiel Volleyball. Jede Mannschaft besteht aus sechs Feldspielern und einem Torwart, die meist in einer Halle gegeneinander antreten – es gibt aber auch Feldhandballspiele. Spieler unter 12 Jahren spielen zwei Halbzeiten zu je 20 Minuten, 12- bis 16jährige müssen schon zweimal 25 Minuten durchhalten und Erwachsene zweimal 30 Minuten.

Handball

Zwei Schiedsrichter leiten das Spiel. Sie können es jederzeit unterbrechen, um beispielsweise eine Strafe zu verhängen. Jede

Mannschaft hat die Möglichkeit, pro Halbzeit eine Auszeit von einer Minute nehmen. Die wird häufig genutzt, um eine Änderung der Taktik zu besprechen.

Wie nennt man das regelmäßige Prellen des Balls auf den Boden?

A Rubbeln
B Schwabbeln
C Kribbeln
D Dribbeln

337

Die wichtigsten Regeln beim Handball sind: Die Feldspieler dürfen den Ball nicht mit dem Unterschenkel und dem Fuß berühren und sie dürfen nur drei Schritte mit dem Ball in der Hand laufen, ohne zu dribbeln. Danach müssen sie den Ball entweder abgeben oder aufs Tor werfen. Einen Gegenspieler darf man berühren, aber nicht festhalten oder behindern. Blocken und Sperren sind jedoch erlaubt.

Wie heißt der Strafstoß beim Handball?

A Elfmeter
B Siebenmeter
C Hundertmeter
D Zweimeter

338

Entwickelt wurde das Handballspiel am Anfang des 20. Jahrhunderts aus verschiedenen anderen Ballspielen. Und wie beim Fußball gibt es auch beim Handball eine Jugendklasse, eine Bundesliga sowie Europa- und Weltmeisterschaften.

Kampfsport

Alle Sportarten, bei denen zwei Gegner ohne Waffen gegeneinander kämpfen, zählen zum Kampfsport. Heute zählen wir vor allem asiatische Kampfsportarten dazu, aber es gibt auch europäische: Boxen und Ringen waren bereits im antiken Griechenland sehr beliebt. Schon bei den Olympischen Spielen im Jahr 688 v. Chr. wurden Faustkampf- und Ringwettkämpfe ausgetragen. Die Regeln waren allerdings etwas anders als heute.

Judo

Kampfsportarten, zum Beispiel Judo und Karate, wurden im 19. Jahrhundert in Japan aus alten Kampftechniken entwickelt. Das Wort „Karate" bedeutet „leere Hand" – ein Hinweis darauf, dass bei dieser Kampftechnik auf die in Japan sonst üblichen Waffen wie Schwerter verzichtet wird. Sehr ähnlich funktioniert auch das chinesische Kung Fu.

Sumo-Ringer

Ebenfalls aus Japan stammt das Sumo-Ringen, das mit dem europäischen Ringkampf allerdings kaum etwas zu tun hat. Die beiden in der Regel sehr schwergewichtigen Gegner versuchen dabei, sich gegenseitig mit ihrem Körpergewicht und ihrer Kraft aus dem kreisförmigen Kampfbereich zu drängen oder zu Fall zu bringen. Das kann sehr schnell passieren: Ein Kampf dauert meist nur einige Sekunden!

Wie heißt der Kampfplatz beim Boxen?

A Arena
B Ring
C Kreis
D Manege

339

Im 20. Jahrhundert sind viele asiatische Kampfsportarten auch in Europa und den USA populär geworden, und Judo ist inzwischen die weltweit beliebteste Kampfsportart überhaupt: In mehr als 150 Ländern gibt es Vereine, in denen Judo trainiert wird. Das liegt sicher mit daran, dass Judo besonders gut für Kinder und Jugendliche geeignet ist – schon ab fünf Jahren können sie am Training teilnehmen.

Was trägt ein Judoka als Zeichen seines Könnens?

A den Ledergürtel
B den Hüftgürtel
C den schwarzen Gürtel
D den Kampfgürtel

340

Leichtathletik

Leichtathletik: Unter diesem Begriff werden alle Lauf- und Sprungsportarten und auch alle Wurf- und Stoßsportarten zusammengefasst. „Leicht“ werden sie deshalb genannt, weil sie im Gegensatz zu anderen Sportarten wie dem Gewichtheben keinen großen Kraftaufwand erfordern.

Wenn ein Stab von Läufer zu Läufer gereicht wird, ist das ...?

A ein Auflauf
B ein Stapellauf
C ein Staffellauf
D ein Einlauf

341

Leichtathletische Sportarten gehörten schon vor mehr als 2700 Jahren zum Programm der antiken Olympischen Spiele. Damals gab es Wettkämpfe im Diskuswurf, im Speerwurf und im Stadionlauf – das Stadion war damals gut 192 Meter lang. Dazu kam noch der Langstreckenlauf über 20 Stadien, also 3845 Meter.

Welches Wurfgewicht hängt an einem Stahldraht?

A Kampfdiskus
B Hammer
C Doppelspeer
D Wurfanker

342

Heute beginnt die Kurzstrecke bei 100 Metern, die Mittelstrecke bei 800 und die Langstrecke bei 5000 Metern. Die längste Strecke ist mit 42,195 Kilometern der Marathonlauf, der auf eine griechische Legende zurückgeht. Außerdem gibt es noch die Wettbewerbe im Gehen über 20 und 50 Kilometer.

Stabhochsprung

Hochsprung, Weitsprung, Stabhochsprung und Dreisprung sind die Sprungwettbewerbe, Wurf- und Stoßdisziplinen sind Hammerwerfen, Kugelstoßen, Speerwerfen und Diskuswerfen. All diese Sportarten sind olympische Disziplinen, und wer sich für sie interessiert und sie lernen und trainieren möchte, kann das in den meisten Sportvereinen tun.

Hast du das gewusst?

Der erfolgreichste Leichtathlet aller Zeiten war der Amerikaner Raymond Ewry, der zwischen 1900 und 1912 zehn Goldmedaillen gewann. Dabei hatte er als Kind Kinderlähmung und saß einige Zeit im Rollstuhl!

Radsport

Kaum war das Fahrrad erfunden, wurden auch schon die ersten Rennen gefahren. Ende des 19. Jahrhunderts wurden in Frankreich die ersten Straßenrennen veranstaltet und sie waren sofort sehr beliebt.

Woran ist der Führende der Tour de France zu erkennen?

A am Blauen Band
B an Roten Socken
C am Gelben Trikot
D am Grünen Helm

343

Zunächst waren die Distanzen noch kurz: Man fuhr von einer Stadt zur nächsten. 1903 erfanden Radsportler dann das bis heute bekannteste Radrennen der Welt, die *Tour de France*. Auf rund 20 Etappen von insgesamt über 3500 Kilometern Länge geht es dabei kreuz und quer durch Frankreich bis nach Paris. Andere berühmte Rundfahrten sind der *Giro d'Italia* und die *Vuelta a España*.

Neben den Straßenrennen gibt es auch Rennen, die in Hallen ausgetragen werden. Dazu gehört zum Beispiel das Sechstagerennen mit verschiedenen Wettbewerben für Teams und Einzelfahrer. 1899 wurde es erstmals in New York ausgetragen, aber inzwischen gibt es viele Austragungsorte. In Deutschland sind die bekanntesten Berlin, Stuttgart und Dortmund. Beim Radsport werden heute sehr leichte Räder aus Kunststoff eingesetzt. Aber nicht nur die Technik muss stimmen: Die Fahrer brauchen eine gute Ausdauer und müssen lernen, ihre Kräfte einzuteilen, damit sie auch für den Schlussspurt noch genügend Energie haben.

Wer hat siebenmal die Tour de France gewonnen?

A Louis Armstrong
B Neil Armstrong
C Lance Armstrong
D Herbert Armstrong

344

Reiten

Vor mehr als 3000 Jahren hat der Mensch das Pferd domestiziert. Seitdem nutzt er es auch für verschiedene Sportarten. Anfangs waren das Pferderennen, die für jeden Krieger mit zur Ausbildung gehörten. Pferderennen gehören damit zu den ältesten Sportarten überhaupt.

Andere Pferdesportarten gehen ebenfalls auf den Einsatz von Pferden im Krieg zurück: Springreiten, Dressurreiten und Vielseitigkeitsreiten. Das Jagdreiten hat seine Wurzeln, wie der Name schon sagt, in der Jagd. Das Westernreiten wurde von Cowboys entwickelt, die Rinderherden von Weide zu Weide trieben und vor Viehdieben bewachten.

Springreiten

Bei Kindern und Jugendlichen ist vor allem das Voltigieren beliebt. Dabei wird ein Voltigierpferd an einem langen Seil, der Longe, im Kreis geführt, und währenddessen macht der Reiter verschiedene Übungen auf dem Pferderücken. Auch diese Sportart geht übrigens auf Übungen für Reitersoldaten zurück.

Beim Dressurreiten übt der Reiter mit seinem Pferd verschiedene Aufgaben und Figuren (Lektionen) ein, die er im Rahmen eines Wettbewerbs vorführt. Zu den Lektionen gehören die Piaffe (Trab auf der Stelle) und die Pirouette (Drehbewegung des Pferdes um die Hinterhand).

Beim Trabrennen zieht das Pferd einen kleinen Wagen, den Sulky, der von einem Jockey geführt wird. Er muss dafür sorgen, dass das Pferd die Gangart beibehält und nicht aus dem Trab in den Galopp wechselt.

Wie heißt die Führungsleine beim Voltigieren?

A Longe
B Lasso
C Lunte
D Litze

345

All das sind Einzeldisziplinen, aber es gibt auch Mannschaftssportarten zu Pferd. Die bekannteste ist das Polo, bei dem zwei Mannschaften mit je vier Reitern einen Ball ins gegnerische Tor schlagen müssen.

Segeln

Schon vor mehr als 7000 Jahren haben die Menschen die ersten Segelboote gebaut. Allerdings ging es damals nicht um sportliche Betätigung, sondern darum, schnelle Handels- und Kriegsschiffe zu konstruieren. Erst seit dem 17. Jahrhundert segeln die Menschen auch aus sportlichen Gründen oder einfach nur zum Spaß.

Die älteste Segelregatta, der *America's Cup*, fand 1851 zum ersten Mal statt und wird noch heute ausgetragen. Segeln wurde im 19. Jahrhundert immer beliebter und 1900 wurde es sogar in die Liste der olympischen Sportarten aufgenommen.

Segeln

Lange Zeit konnten sich aber nur sehr wohlhabende Menschen ein Segelboot und die passende Ausrüstung leisten. In den letzten 50 Jahren ist Segeln jedoch zu einem Sport für jedermann geworden. Segelboote muss man heute ja nicht mehr kaufen, sondern kann sie auch mieten. Das Angebot reicht dabei von der kleinen Jolle für eine Person bis hin zur großen Yacht für eine mehrköpfige Besatzung.

Wie nennt man eine Wettfahrt mit Segelbooten?

A Marinade
B Regatta
C Windjammer
D Reling

346

Wer nicht nur mitsegeln, sondern auch allein ein Boot steuern möchte, braucht einen Segelschein, vergleichbar dem Führerschein fürs Auto. Dabei geht es nicht nur darum, wie man das Boot richtig steuert, sondern auch um die Sicherheit und die (Verkehrs-)Regeln, die auf dem Wasser gelten.

Skateboard

Surfen auf dem Wasser, das kannte man schon vor den 1960er-Jahren. Doch dann kamen einige Amerikaner auf die Idee, dass man nicht nur auf dem Wasser, sondern auch an Land surfen könnte. Sie testeten verschiedene Rollen und Räder, die sie unter ihre Surfbretter schraubten, und nach vielen Versuchen war das Skateboard erfunden. Es ist sehr viel kürzer als ein Surfbrett, etwa 80 Zentimeter lang, und besteht aus mehreren Holzschichten oder aus Kunststoff. Unter dem Brett sind zwei beweglich montierte, kugelgelagerte Rollen angebracht.

Skateboarder

Ab den 1970er-Jahren entwickelte sich das Skateboarden zu einer Trendsportart, vor allem für Jugendliche. Die beiden beliebtesten Disziplinen sind heute das Vertskaten und das Streetskaten. Beim Vertskaten werden verschiedene Tricks in einer Halfpipe vorgeführt. Beim noch beliebteren Streetskaten nutzt man alles, was sich auf Straßen und Plätzen bietet, für Tricks, zum Beispiel Treppenstufen und Geländer.

Wie heißt die u-förmige Sportanlage für Skater?

A Haflinger
B Halfpipe
C Pipeline
D Inline

347

Die weltbesten Skater kommen übrigens immer noch aus den USA und sie bestimmen auch die immer neuen Trends.

Tennis

Wer heute ein Kloster betritt, erwartet kaum, die Mönche dort beim Tennisspielen anzutreffen. Im 13. Jahrhundert fanden die allerersten Tennisspiele aber genau dort statt: Französische Mönche erfanden damals ein Rückschlagspiel, das sie „jeu de paume" nannten, also „Spiel mit der flachen Hand". Gespielt wurde es mit Lederhandschuhen, und zwar in Klosterhöfen und in besonderen Ballhäusern. Bald waren nicht nur Nonnen und Mönche, sondern auch der Adel und viele Bür-

Tennisbälle

ger von dem Spiel begeistert, für das sich schließlich der Name „Tennis" einbürgerte. Denn das Publikum rief den Spielern aufgeregt „tenez!" zu, das bedeutet „haltet!" oder „fangt!".

Wie nennt man den Gewinn der vier wichtigsten Turniere?

A Grand Prix
B Grand Ballon
C Grand Canyon
D Grand Slam

348

Besonders großen Spaß machte es den Zuschauern auch schon damals, auf den Sieger zu wetten. Der Wetteinsatz betrug immer 15 Denier – eine französische Münze – für ein Spiel, aber der Einsatz konnte natürlich gesteigert werden. Aus diesen Wetten ist im Laufe der Zeit die Zählweise im Tennis entstanden: 0, 15, 30, 45 – die 45 wurde später dann zur 40.

Erst im 15. Jahrhundert wurde dann der Schläger erfunden, das Racket. Damit und mit den neuen Bällen aus Gummi wurde das Spiel deutlich schneller.

1877 veranstaltete man in Wimbledon bei London erstmals das bis heute bedeutendste Tennisturnier der Welt, die *All-England Championships*. Eigens für dieses Turnier wurden die Regeln damals modernisiert und sie gelten fast genauso auch heute noch.

Das Spielfeld beim Tennis ist rechteckig, 23,77 Meter lang und 8,23 Meter breit. Es wird durch Grundlinien und Seitenlinien begrenzt, die mit zum Spielfeld zählen. Das Netz, das das Spielfeld in zwei Hälften teilt, ist 0,914 Meter hoch.

Wie wird ein Tennisschläger genannt?

A Racket
B Kricket
C Pocket
D Rocket

349

Das Spiel beginnt mit dem Aufschlag. Dabei wirft der aufschlagende Spieler den Ball im Allgemeinen in die Luft und schlägt ihn mit dem Schläger über Kopf in die diagonal gegenüberliegende Hälfte. Für beide Spieler kommt es nun darauf an, den Ball immer wieder zurückzuschlagen, ohne dass er in der eigenen Hälfte zweimal den Boden berührt oder ein anderer Fehler passiert. Ein Schiedsrichter überwacht den Spielverlauf und zählt außerdem die Punkte.

Aufschlag beim Tennis

Ein Match ist in mehrere Sätze unterteilt, die wiederum aus Einzelspielen, den Games, bestehen. Um einen Satz zu gewinnen, muss ein Spieler sechs oder sieben Einzelspiele gewinnen. Sechs Einzelspiele reichen aus, wenn der Gegner lediglich vier Einzelspiele für sich entscheiden konnte. Hat er aber fünf gewonnen, wird ein weiteres Einzelspiel erforderlich, weil der Sieger mindestens zwei Spiele mehr gewinnen muss als sein Gegner. Manchmal steht es am Ende 6:6, dann folgt ein weiteres Einzelspiel, der Tiebreak („Brecher des Gleichstands"). Wer ihn gewinnt, hat auch den Satz gewonnen.

Die beiden bislang erfolgreichsten deutschen Tennisspieler waren Steffi Graf und Boris Becker. Beide gewannen mehrfach das Turnier von Wimbledon und führten zeitweise die Weltrangliste an. Seit 1988 ist Tennis übrigens – wieder – im Programm der Olympischen Spiele.

Volleyball

Im Jahr 1895 suchte der amerikanische Trainer William G. Morgan nach einem Spiel für ältere Menschen. Basketball und andere Spiele fand er zu hart und zu gefährlich und so erfand er kurzerhand selbst ein Spiel und nannte es „Mintonette". Das Spiel gefiel seinen amerikanischen Kollegen, aber der Name nicht. Sie tauften es in „Volleyball" um. Nach dem Ersten Weltkrieg wurde es dann in der ganzen Welt bekannt.

Wie nennt man das obere Zuspiel beim Volleyball?

- A Flitzen
- B Ritzen
- C Klatschen
- D Pritschen

350

Das Spielfeld beim Volleyball ist 18 Meter mal 9 Meter groß. Ein Netz teilt es in zwei Hälften, das bei Männern 2,43 Meter, bei Frauen 2,24 Meter hoch ist. Jede Mannschaft besteht aus sechs

Spielern und mehreren Ersatzspielern. Die Positionen der Spieler wechseln während des Spiels immer wieder.

Wie hieß Volleyball bei seiner Erfindung?

A Baguette
B Mintonette
C Karotte
D Anette

351

Beim Volleyball geht es darum zu verhindern, dass der Ball in der eigenen Hälfte den Boden berührt. Im Gegenzug versucht man, den Ball so über das Netz zu spielen oder zu schlagen, dass er vom Gegner nicht abgefangen werden kann und bei ihm den Boden berührt.

Beim Volleyball gibt es verschiedene Techniken, mit denen man den Ball spielen kann; vor allem sind das das Pritschen mit den Fingern und das Baggern mit gestreckten Unterarmen.

Beachvolleyball

Volleyball wird in der Regel in einer Halle auf einem festen Boden gespielt, aber gibt es auch das Beachvolleyball, das man auf Sand spielt. Aber ganz gleich, wo es gespielt wird: Volleyball ist weltweit eine der beliebtesten Sportarten und auch olympische Disziplin.

Windsurfen

Das Windsurfen hat sich ab 1964 aus dem Wellenreiten entwickelt. Dazu übernahm man das Surfbrett, stattete es aber zusätzlich mit einem leichten, beweglichen Mast und einem Segel aus.

Was hält der Surfer in der Hand?

A Klüverbaum
B Einbaum
C Mammutbaum
D Gabelbaum

352

Heute kann man das Windsurfen an vielen Seen und Stränden in besonderen Surfschulen erlernen. Und diese Möglichkeiten sollte man auch nutzen, denn ohne Ausbildung hat man kaum eine Chance, überhaupt auf dem Surfbrett stehen zu bleiben, geschweige denn, den Mast aufzurichten. Außerdem ist es hilfreich, wenn man Grundkenntnisse im Segeln besitzt, weil man dann den Wind am besten nutzen kann.

Seit 1984 ist Windsurfen olympische Disziplin. Weltmeisterschaften wurden schon vorher ausgetragen, in verschiedenen Disziplinen, zum Beispiel im Speedsurfen. Dabei erreichen die Surfer Geschwindigkeiten von mehr als 90 Kilometern pro Stunde! Damit sind die Surfbretter der Windsurfer die schnellsten Wasserfahrzeuge, die mit einem Segel angetrieben werden.

Wintersport

Wintersportarten: Das sind alle Sportarten, für die man Eis und Schnee braucht – und die passenden Sportgeräte wie Skier, Snowboards, Schlitten und Schlittschuhe.

Zu den Skisportarten gehören Langlauf, Abfahrtslauf, Slalom und Skispringen. Aus dem Ski ist auch das Snowboard entstanden – seit 1998 ist Snowboarden olympische Disziplin.

Wie nennt man den Spielstein beim Eishockey?

A Muck
B Puck
C Ruck
D Duck

353

Auch Schlitten gibt es in verschiedenen Ausführungen. Neben dem klassischen Rennschlitten ist Skeleton sehr beliebt, ein einfacher, flacher Schlitten, mit dem manche Sportler mehr als 120 Kilometer pro Stunde erreichen.

Der Bob entstand 1888 aus zwei miteinander verbundenen Schlitten – heute bestehen diese Hochleistungsfahrzeuge aber nicht mehr aus Holz, sondern aus Aluminium, Stahl und Kunststoff.

Skifahrer

Schlittschuhe braucht man für eine ganze Reihe von Disziplinen: Beim Eisschnelllauf zählt allein die Geschwindigkeit, während beim Eiskunstlauf die Sprünge und der Ausdruck der Darbietung beurteilt werden. Auch für eine der wenigen Mannschaftssportarten im Wintersport braucht man Schlittschuhe: Eishockey. Dieser Sport ist in vielen Teilen der Welt sehr populär – vor allem dort, wo es lange, kalte Winter gibt.

Eislaufen kann man auch außerhalb des Winters in Eissporthallen. Skifahren hingegen war in Europa bis vor Kurzem nur im Winter in den bekannten Skigebieten in den Alpen, der Hohen Tatra oder Skandinavien möglich. Inzwischen gibt es aber auch einige Skihallen, in denen man das ganze Jahr über Skifahren kann.

Olympische Spiele

Die Olympischen Spiele sind im antiken Griechenland vor mehr als 3500 Jahren aus religiösen Festen entstanden. Diese sportlichen Wettkämpfe fanden damals auch zu Ehren der Götter statt, und zwar alle vier Jahre. Heute nennen viele die Olympischen Spiele selbst „Olympiade" – damals hieß aber nur der Zeitraum zwischen den Spielen so.

Die vier Jahre zwischen den Olympischen Spielen heißen ...?

- A Orangeade
- B Wechseljahre
- C Olympiade
- D Schaltjahre

354

Die Spiele wurden in der Nähe des Zeustempels am heiligen Ort Olympia auf der Halbinsel Peloponnes ausgetragen. Am Anfang gab es nur ein Wettrennen, später kamen dann andere Sportarten hinzu: Wagenrennen, Pferderennen, Faustkämpfe, Speerwerfen, Ringen und verschiedene Laufwettbewerbe.

Als Athleten waren nur Männer zugelassen – und auch nur solche, die keine Sklaven waren. Die Sieger wurden als Helden gefeiert und erhielten Ehrungen und Geschenke.

Im Jahr 394 n. Chr. wurden die Spiele dann vom Römischen Reich verboten und gerieten lange in Vergessenheit – bis zum Ende des 19. Jahrhunderts. Da kam der französische Pädagoge Pierre de Coubertin auf die Idee, sie neu aufleben zu lassen und mit ihrer Hilfe zur Verständigung der Völker beizutragen. Er gründete das Internationale Olympische Komitee und schaffte es tatsächlich, dass 1896 in Athen die ersten Olympischen Spiele der Neuzeit durchgeführt werden konnten. Zwar nahmen damals nur 13 Länder mit nicht einmal 300 Sportlern daran teil, aber der Anfang war gemacht. Die Olympischen Spiele finden – mit Unterbrechungen während der beiden Weltkriege – bis heute statt und sind längst das größte sportliche und mediale Ereignis der Welt.

Olympisches Feuer

Bei den letzten Olympischen Sommerspielen in Peking nahmen 204 Nationen mit mehr als

Stadion

11 000 Sportlern in 28 Sportarten teil. Erfolgreichstes Land war Gastgeber China mit 51 Goldmedaillen, Deutschland erreichte mit 16 Goldmedaillen Platz 5. Die nächsten Olympischen Sommerspiele finden 2012 in London statt; die nächsten Winterspiele 2010 in Vancouver, Kanada. Für Menschen mit Behinderung gibt es seit 1960 ebenfalls Olympische Spiele, die Paralympics.

Wo finden die Olympischen Sommerspiele 2012 statt?

A London
B Berlin
C Paris
D Rom

355

Weltmeisterschaften

Weltmeisterschaften sind sportliche Wettkämpfe, an denen viele verschiedene Nationen teilnehmen und für die international anerkannte Regeln gelten. Seit dem 20. Jahrhundert gibt es fast für jede Sportart eine regelmäßig ausgetragene Weltmeisterschaft. In den meisten Sportarten wie Fußball, Volleyball, Basketball oder Hockey finden sie alle vier Jahre statt, im Handball alle zwei Jahre und im Eishockey sogar jedes Jahr. Die genauen Abläufe und die Austragungsorte werden von entsprechenden Weltverbänden festgelegt. Beim Fußball ist das die FIFA, der Weltfußballverband.

Welche dieser Spaßsportarten gibt es tatsächlich?

A Löffellecken
B Reiskörnerzählen
C Kuhfladenweitwurf
D Schwämmeausdrücken

356

Weltmeisterschaften ermöglichen es den Sportlern, sich mit Vertretern ihrer Sportart aus aller Welt zu messen. Aber sie werden natürlich auch dazu genutzt, um mithilfe der Medien möglichst

Hast du das gewusst?

Auch in vielen Spaßsportarten werden Weltmeisterschaften ausgetragen, zum Beispiel im Sandmurmeln, im Pflügen und im Handy-Weitwurf.

viel Aufmerksamkeit für den Sport beim internationalen Publikum zu erreichen.

Doping

In einem Wettkampf möchte jeder Sportler natürlich seine beste Leistung zeigen und möglichst auch Sieger werden. Um dieses Ziel zu erreichen, trainieren Sportler sehr hart. Aber einigen reicht diese Anstrengung nicht: Sie greifen zu verbotenen Medikamenten und Substanzen, die die Leistungsfähigkeit ihres Körpers noch weiter steigern – sie dopen. Und nehmen damit in vielen Fällen bleibende gesundheitliche Schäden in Kauf. Meist ist ein Arzt am Doping beteiligt, der die Wirkung der Medikamente kennt.

Welche Maßnahme ist für eine Dopingkontrolle typisch?

A ein Verhör
B eine Blutprobe
C ein Sehtest
D eine Weinprobe

357

Doping ist unfair, deshalb führen Veranstalter von Wettkämpfen und Sportorganisationen regelmäßig Doping-Kontrollen durch. Kann man einem Sportler Doping nachweisen, wird er aus dem Wettkampf ausgeschlossen und für längere Zeit gesperrt – manchmal sogar lebenslang.

Brettspiele

Seit mehr als 4500 Jahren gibt es Brettspiele wie das chinesische *Go*. Auch *Mühle* gehört zu den ältesten Spielen: Schon Kelten, Römer und Chinesen haben es vor mehr als 2000 Jahren gespielt. *Pachisi*, aus dem *Mensch ärgere dich nicht!* entwickelt wurde, ist seit rund 1600 Jahren bekannt. Und *Schach*, das „Spiel der Könige“, ist mindestens 1400 Jahre alt. Man zählt es übrigens zu den Sportarten!

Schach

Seit mehr als hundert Jahren erfinden Spiele-Autoren immer neue Brettspiele. Bevor sie auf den Markt kommen werden sie zur Probe gespielt. Zu den bekanntesten Spielen gehören *Monopoly* aus dem Jahr 1904 und *Malefiz* aus dem Jahr 1960. Eines der international erfolgreichsten Spiele wurde erst vor wenigen Jahren erfunden: *Die Siedler von Catan* gibt es erst seit 1995.

Brettspiele können Stunden in Anspruch nehmen. Und sie sind

Kartenspiel

wohl deshalb so beliebt, weil sich Menschen dabei begegnen, Spaß haben und sich zugleich unterhalten können.

Was braucht man beim Mühle-Spiel, um bei jedem Zug einen Stein zu entfernen?

A Wassermühle
B Kaffeemühle
C Zwickmühle
D Blitzmühle

358

Kartenspiele

Die ersten Kartenspieler gab es vor rund 800 Jahren in China. 400 Jahre später spielte man auch in Indien Karten – dort sind sie übrigens nicht rechteckig, sondern kreisrund! Erst seit dem 14. Jahrhundert gibt es Spielkarten auch in Europa, aber nicht durchgängig. Denn sie wurden immer wieder verboten – weil das Kartenspiel als „teuflisch" galt.

Die ersten Karten wurden noch von Hand bemalt, später dann druckte man sie. Inzwischen gibt es neben den traditionellen Kartenspielen auch immer wieder neue, wie *UNO* (1969) oder *Phase 10* (1982).

Im Laufe der Zeit entstanden verschiedene Arten von Kartenspielen: Bei Sammelspielen wie dem *Quartett* kommt es darauf an, möglichst viele zusammengehörige Karten zu sammeln. Bei Ablegespielen wie *Schwarzer Peter* oder *Mau-Mau* versucht jeder Spieler, seine Karten möglichst schnell nach bestimmten Regeln abzulegen.

Wie heißt die höchste und beste Kartenkombination beim Poker?

A High Noon
B Royal Flush
C Big Brother
D Pole Position

359

Das in Deutschland beliebte *Skat*-Spiel gehört wie *Whist* zu den Stichspielen, bei denen höhere Kartenwerte niedrige stechen (überbieten). Und dann gibt es noch Wettspiele wie *Poker*, bei denen es darauf ankommt, den Gegner über die Werte der eigenen Karten zu täuschen.

Puzzle

Das Puzzle wurde 1763 von dem englischen Kupferstecher und Kartografen John Spilsbury erfunden. Er klebte eine seiner Landkarten von Großbritannien auf ein dünnes Brett, zersägte sie in die zahlreichen Grafschaften – und das erste „Jigsaw Puzzle“ (Laubsägerätsel) war fertig. Bald hieß es nur noch „Puzzle“ und es verbreitete sich in der ganzen Welt.

Puzzle

Aber es müssen ja nicht immer Landkarten sein: Bald kam jemand auf die Idee, dass man für Puzzles ganz verschiedene Abbildungen und Zeichnungen verwenden kann. Auch die Teile wurden mit der Zeit kleiner und komplizierter und erhielten ihre typischen Ausbuchtungen.

Zu Beginn des 20. Jahrhunderts wurden immer weniger Puzzles aus Sperrholz ausgesägt; stattdessen verwendete man immer häufiger stabilen Karton, aus dem die Teile von Maschinen ausgestanzt wurden. Außerdem setzte sich das gedruckte Foto als Motiv durch und die Anzahl der Teile wurde immer größer.

Womit hat man früher Puzzles hergestellt?

A Bohrmaschine
B Laubsäge
C Hobel
D Kneifzange

360

Heute kann man Puzzles in jedem Spielwarenladen und jedem Kaufhaus kaufen. Das Angebot reicht von wenigen Teilen – für Kleinkinder – bis zu über 1000 Teilen. Das größte Puzzle der Welt hat 24 000 Teile und ist rund 4 mal 1,5 Meter groß! Wer es zusammensetzen will, sollte sehr viel Zeit mitbringen ...

Quiz

Das Quiz ist eine der beliebtesten Spielformen überhaupt. Bei einem solchen Ratespiel geht es darum, Fragen zu beantworten, die aus den unterschiedlichsten Bereichen stammen können.

Schon in den 1920er-Jahren gab es erste Quizspiele unter den Titeln *Denk fix!* und *Rate fix!* zu kaufen. Im Radio wurde das Quizspiel ebenfalls schnell sehr beliebt. Vor allem in den USA gab es bei Radio-Quizspielen auch wertvolle Preise zu gewinnen. Das Fernsehen übernahm das

Quizformat nach dem Krieg, und auch heute noch werden Quizshows in vielen Variationen gern gesehen.

Wie wird der Moderator einer Quizsendung genannt?

A Quizzer
B Quizilator
C Quizmaster
D Quizzologe

361

Zurzeit sind *Wer wird Millionär?* mit Günter Jauch und *Das Quiz* mit Jörg Pilawa ganz besonders beliebt und erreichen hohe Einschaltquoten. Bei diesen beiden Sendungen werden mögliche Antworten vorgegeben (Multiple-Choice) und die Kandidaten müssen daraus die richtige Antwort wählen.

Jörg Pilawa

Als Brettspiel ist das Quiz spätestens seit 1979 sehr populär. Damals kam *Trivial Persuit* auf den Markt und löste einen regelrechten Quiz-Boom aus. Jeder größere Spieleverlag brachte daraufhin eigene Quizspiele heraus, von denen einige mittlerweile zu den Spieleklassikern gehören.

Wie nennt man die Vorgabe von Antwortmöglichkeiten?

A Multiple-Choice
B Multiplex
C Multikulti
D Multimedia

362

Kreuzworträtsel

Das Kreuzworträtsel wurde von dem aus Liverpool in England stammenden Journalisten Arthur Wynne erfunden. Er veröffentlichte sein „Word-Cross-Puzzle" am 21. Dezember 1913 in einer amerikanischen Zeitung. Der Erfolg war so durchschlagend, dass die Zeitung von da an regelmäßig Kreuzworträtsel abdruckte, und bald machten es ihr andere amerikanische Zeitungen nach. In Deutschland erschien das erste Rätsel 1925. Seitdem gehört das Lösen von Kreuzworträtseln bei uns zu den beliebtesten Freizeitbeschäftigungen, und es gibt längst eigenständige Kreuzwort-

Hast du das gewusst?

Das größte Kreuzworträtsel der Welt wurde 1985 vorgestellt. Es hat 2 610 000 Kästchen, ist 870 Meter lang und 30 Zentimeter breit.

rätselmagazine, die ganz verschiedene Arten von Kreuzworträtseln enthalten.

Sammeln

Eines der beliebtesten Hobbys ist das Sammeln. Kaum gibt es ein neues Produkt, schon beginnen manche Menschen, es zu sammeln. So war es auch, als 1840 die ersten Briefmarken erschienen. Zwanzig Jahre später gab es die ersten Briefmarkenalben zu kaufen und das Briefmarkensammeln entwickelte sich zu einer wahren Leidenschaft für Menschen auf der ganzen Welt.

Briefmarkensammler

Anfangs versuchten die Sammler noch, alle Marken der Welt zusammenzutragen. Aber es kamen immer unterschiedlichere Marken heraus, und so wurde es bald unmöglich, alle zu sammeln. Die Sammler ließen sich davon aber nicht beirren: Sie spezialisierten sich auf bestimmte Sammelgebiete. Und sie tauschten sich mit anderen Sammlern aus: Auch heute noch trifft man sich auf Tauschbörsen und in Philatelistenvereinen. Und wer wissen will, was seine Marken aktuell wert sind, schlägt in einem der Preiskataloge nach, die regelmäßig erscheinen.

Wie lautet der wissenschaftliche Name für „Briefmarkenkunde"?

A Psychiatrie
B Pharmazie
C Philatelie
D Psychologie

363

Nicht nur Briefmarken, sondern auch Münzen und Banknoten werden von sehr vielen gesammelt. Weitere begehrte Sammelobjekte sind Bierdeckel, Autogrammkarten, Schallplatten, CDs, Comic-Hefte, Spielzeug, Antiquitäten, Telefonkarten und Figuren aus Überraschungseiern.

Aber grundsätzlich gibt es fast nichts, was nicht irgendjemand sammeln würde – es gibt sogar Spezialisten für Bananenaufkleber, Eisstiele und Kotztüten!

Aquarium

Wie so vieles begann auch die Haltung von Fischen in Aquarien in China. Dort brachte man schon im 16. Jahrhundert Goldfische in großen Krügen unter. Hundert Jahre später gelangten die ersten Goldfische nach Europa, wo man sie in Glasgefäßen bewundern konnte. Im 19. Jahrhundert setzte sich für diese Gefäße der aus England stammende Begriff „Aquarium" durch. Und sie wurden immer größer, als es gelang, große rechteckige Glasscheiben in einem Rahmen aus Metall zu einem kastenförmigen Becken zusammenzusetzen.

Wie werden Menschen genannt, die ein Aquarium pflegen?

364

- A Aquamariner
- B Aquarianer
- C Aquitanier
- D Aquanauten

Doch leider lebten die Fische meist nicht lange, denn über ihre Lebensweise, ihren Sauerstoffbedarf und ökologische Umweltbedingungen wusste man noch so gut wie nichts. Erst im 20. Jahrhundert ging es den Fischen in den Aquarien besser, als es immer besser gelang, ihnen artgerechte Lebensbedingungen zu bieten. Von da an gab es Aquarien auch in Privatwohnungen und die Aquaristik wurde zu einem beliebten Hobby.

Die Einrichtung und die Pflege eines Aquariums erfordern allerdings auch heute noch sehr viel Arbeit und Zeit. Einsteiger sollten nicht nur Bücher darüber lesen, sondern sich auch von Experten beraten lassen. Nur dann werden sie auf Dauer Freude an ihren Fischen und Wasserpflanzen haben.

Aquarium

Fast alle privaten Aquarien sind übrigens Süßwasseraquarien, denn sie sind bei Weitem nicht so anspruchsvoll wie Meerwasseraquarien.

Wie nennt man einen „Käfig" für Eidechsen oder Schlangen?

365

- A Brimborium
- B Sammelsurium
- C Terrarium
- D Solarium

Das größte Aquarium der Welt ist das Georgia Aquarium in Atlanta, USA. Dort kann der Besucher hinter gigantischen Scheiben aus Plexiglas mehr als 120 000 Fische und Meerestiere beobachten. Durch einige Becken führen Unterwassertunnel aus Plexiglas. Sogar Beluga-Wale kann man dort beobachten!

Comedy und Kabarett

Comedy und Kabarett gehören zur Kleinkunst – weil die Programme in der Regel auf kleinen Bühnen vorgetragen werden. Die Künstler treten allein oder in kleinen Ensembles (Gruppen) auf.

Kabarettist Hagen Rether

Eine klare Trennung zwischen Comedy und Kabarett gibt es nicht, aber unterschiedliche Schwerpunkte: Bei Comedians steht meist die reine Unterhaltung mit Witzen und komischen Nummern im Vordergrund – Kabarettisten hingegen nutzen Kalauer und Pointen häufig, um die Gesellschaft und die Politik zu kritisieren.

Comedians und Kabarettisten nutzen alle Möglichkeiten des Schauspiels. Sie spielen kleine Rollen und tragen auch Lieder vor. Dabei ist der Kontakt zum Publikum sehr wichtig, wichtiger als beim „großen Theater". Je nach Reaktion der Zuschauer können sie die Nummern während des Auftritts abändern oder auch schneller oder langsamer werden.

Wie nennt man den Schluss-Gag einer Kabarett-Nummer?

A Politur
B Pointe
C Programm
D Politikum

366

Zu den bekanntesten Kabarettisten gehören bei uns Dieter Hildebrandt, Bruno Jonas, Mathias Richling und Urban Priol. Bekannte Comedians sind Michael Mittermeier, Dieter Nuhr – und einer der ersten Comedians in Deutschland überhaupt, Otto Waalkes. Ihre Programme werden Stand-up-Comedy genannt, denn sie tragen fast nur gesprochene Nummern vor. Otto Waalkes hat allerdings auch „Physical Comedy" im Programm, die ganz ohne Worte auskommt. Einer der weltweit bekanntesten Vertreter dieser Richtung ist „Mr. Bean".

Konzert

Unterschiedliche Musikrichtungen, unterschiedliche Konzertformen: Der Klassikfan geht meist in ein Konzerthaus – der Rockfan besucht stattdessen ein Rockfestival.

Volksmusik wird oft in Stadthallen und auf Wirtshaus-Bühnen gespielt – ein Folk- oder Jazzkonzert hört man sich hingegen in einem Club oder Jazz-Keller an.

Wo werden heute die meisten Karten verkauft?

A im Kartenhaus
B im Internet
C an der Ladenkasse
D an der Tankstelle

367

So unterschiedlich die Veranstaltungsorte sind, so unterschiedlich ist auch die Größe einer Konzertveranstaltung. Jazzmusiker spielen in einem Club meist vor nicht mehr als hundert Zuhörern, während Konzerte von Superstars der Rock- und Popmusik wie den *Rolling Stones* oder Madonna in großen Stadien vor Tausenden von Fans stattfinden. Die Karten für diese Mammutkonzerte sind oft schon nach wenigen Stunden ausverkauft.

Das Besondere an einem Konzert, ob groß oder klein, ist die Live-Atmosphäre. Sonst hören wir Musik ja nur von einer CD oder auf dem MP3-Player – im Konzert aber kann man die Sänger und ihre Musik live erleben.

Musical

Das Musical ist so etwas wie die Operette des 20. Jahrhunderts. Ende des 19. Jahrhunderts entstand es in den USA und England aus der Operette und Musikrichtungen wie Jazz und Swing. Ende des 20. Jahrhunderts kam noch die Rockmusik hinzu.

Musical „My Fair Lady"

Wie bei einer Operette treten auch in einem Musical Schauspieler und Sänger auf. Musical-Stars müssen neben dem Schauspielern und dem Singen aber auch noch tanzen können.

Wer schrieb die Musik zum „König der Löwen"?

A Madonna
B Elton John
C Tokio Hotel
D Dieter Bohlen

368

Vor hundert Jahren waren der Broadway in New York und die Theater des Londoner Westends die bedeutendsten Musical-Bühnen, und auch heute noch gibt es dort die meisten Uraufführungen. Seit einigen Jahren werden in Deutschland ebenfalls in besonderen Theatern Musicals gespielt, zum Beispiel in Hamburg, Berlin, Stuttgart und Köln.

Als erfolgreichster Musical-Komponist der Welt gilt der Engländer Andrew Lloyd Webber. Von ihm stammen unter anderen *Das Phantom der Oper*, *Jesus Christ Superstar*, *Cats* und *Starlight Express*.

Zirkus

Vorbild für den Zirkus waren die beliebten Reitvorführungen am Königshof in England. Der erste richtige Zirkus wurde 1769 daher in London gegründet, von Philip Astley. Er besaß bereits eine Manege, also die runde Bühne, in der Pferde im Kreis laufen können. Und daher kommt auch der Name: „Zirkus" bedeutet „Kreis" und das Wort stammt von den Römern. Denn das römische Volk wurde in der Antike bereits mit Zirkusveranstaltungen unterhalten. Das allerdings waren meist Wagenrennen und Schaukämpfe zwischen zwei Gladiatoren oder zwischen Gladiatoren und wilden Tieren.

Wie nennt man die Podeste für Löwen, Tiger und Elefanten?

A Postamente
B Pergamente
C Elemente
D Sedimente

369

Philip Astley ließ neben Pferden auch Artisten und Clowns auftreten. Diese Art der Unterhaltung stieß auf so große Begeisterung beim Publikum, dass bald weitere Zirkus-Unternehmen gegründet wurden. Im 20. Jahrhundert war der Zirkus dann zu einer allgemein beliebten Unterhaltungsform geworden. Die artistischen Nummern wurden durch Raubkatzen- und Elefanten-Dressuren ergänzt.

Zirkus

Fast alle Zirkus-Unternehmen ziehen von Stadt zu Stadt. Einige wenige, wie der *Circus Krone* aus München, haben aber auch einen festen Zirkusbau in Form eines Zeltes.

Der asiatische Zirkus unterscheidet sich in einigen Punkten vom europäischen: Dort treten keine Tiere auf, sondern nur Artisten. Typisch für den asiatischen Zirkus sind Equilibristen – das sind Gleichgewichtskünstler, die Teller, Kegel und andere Gegenstände balancieren – und Schlangenmenschen, die man auch Kontorsionisten nennt. Luftakrobaten führen am Trapez waghalsige Nummern vor und Clowns gibt es auch: zum Beispiel den klugen Weißclown, dem der dumme August immer wieder seinen Auftritt vermasselt.

Wie wird ein Löwenbändiger noch genannt?

A Deserteur
B Ingenieur
C Dompteur
D Chauffeur

370

Messen

Eine Messe ist eine große Veranstaltung, bei der viele Hersteller und Anbieter zusammenkommen, die ihre neuesten Produkte und Leistungen vorstellen. Messen sind eigentlich für Händler und Geschäftsleute gedacht, aber fast immer haben auch „normale" Besucher die Gelegenheit, sich die Angebote anzusehen – oft gibt es spezielle Publikumstage auf einer Messe.

Auf welcher Messe darf man Käse und Wurst probieren?

A Roter Tag
B Gelbes Jahr
C Blauer Monat
D Grüne Woche

371

Besonders interessant sind für alle die neuen Produkte, die auf der Messe zum ersten Mal gezeigt werden. Und nicht nur das: Die Besucher können neue Geräte nicht nur ansehen, sondern auch testen – und oft werden auch Proben verschenkt.

Messe

In Deutschland sind zahlreiche Messen beheimatet, die ein Millionenpublikum anlocken. Zum Beispiel die größte Industriemesse der Welt, die *Hannover Messe*. Dort kann man modernste Technik von der Windkraftanlage bis zum neuesten Motor bewundern. Die *Internationale Funkausstellung* in Berlin zeigt die neuesten Fernseher und MP3-Player, während die *Grüne Woche* auf demselben Messegelände zu anderer Zeit die aktuellen Trends der Landwirtschaft vorstellt. Nürnberg wiederum ist für die *Internationale Spielwarenmesse* und *BioFach* bekannt, einer Messe für ökologische Produkte. Und zur *Frankfurter Buchmesse* reisen jedes Jahr Verlage und Schriftsteller aus aller Welt an. In fast jeder größeren Stadt gibt es eine Messe, deren Besuch sich lohnt!

Lösungen

Biologie und Mensch

1 B – Die Tangwälder aus Braunalgen werden auch Kelpwälder genannt.
2 A – Das japanische Gericht Sushi kann Algen enthalten.
3 D – Bonsai-Bäume sind die kleinsten Bäume der Welt.
4 A – Bäume speichern in ihren Stämmen Kohlenstoff.
5 B – In der Mitte des Stammes befindet sich das Mark.
6 C – Die Blätter von Farnen heißen Blattwedel.
7 B – Eine Lebensgemeinschaft zu beiderseitigem Vorteil wird Symbiose genannt.
8 A – Flechten bestehen aus Algen und Pilzen.
9 B – Die Atemöffnungen von Pflanzen werden als Spaltöffnungen bezeichnet.
10 D – Bedrohte Tier- und Pflanzenarten stehen auf der Roten Liste.
11 C – Kohlekraftwerke sind am Entstehen von Treibhausgasen beteiligt.
12 B – Das Wurzelgeflecht von Pilzen heißt Myzel.
13 B – Der Hallimasch-Pilz bringt Holz zum Leuchten.
14 D – Scherzfrage: Eine Eisblume ist keine echte Blume.
15 A – Staubgefäße.
16 C – Das Larvenstadium von Fröschen nennt man Kaulquappen.
17 A – Amphibien zählen zu den wechselwarmen Tieren.
18 D – Frösche verlieren im Laufe ihrer Entwicklung den Schwanz.
19 B – Der Walhai ist der größte Fisch.
20 B – Die Schwimmblase.
21 B – Die Haustierwerdung wird Domestikation genannt.
22 C – Ein in der Anschaffung teures Haustier ist der japanische Koi.
23 D – Dieser Umwandlungsprozess wird Metamorphose genannt.
24 C – Bei den Bienen heißen die Männchen Drohnen.
25 B – Die Larve eines Käfers heißt Engerling.
26 A – Asseln haben sich dem Leben in feuchten Kellern angepasst.
27 B – Das Außenskelett der Krebse ist der Panzer.
28 D – Die Seewespe ist die giftigste Qualle.
29 B – Mit den Tentakeln fangen Nesseltiere ihre Beute.
30 B – Der Komodowaran ist die größte lebende Echse.
31 C – Riesenschlangen erwürgen ihre Beute. Sie brauchen keinen Giftzahn.
32 D – Die Hummelfledermaus ist das kleinste Säugetier der Welt.
33 C – Das Schnabeltier legt Eier.
34 A – Schwämme filtern das Wasser nach Nahrung durch: Filtration.
35 C – Spinnen haben Punktaugen.
36 C – Das Nest von Greifvögeln wird Horst genannt.
37 A – Vogel-Küken, die keine Brutpflege brauchen, sind Nestflüchter.
38 C – Kolibris können sogar rückwärtsfliegen.
39 C – Perlboote haben eine richtige Schale.
40 B – Die Kalkplatte im Inneren eines Tintenfisches: Schulp.
41 C – Die Gene enthalten das Erbgut.

42 B – Ohne Wasser gäbe es kein Leben auf der Erde.
43 A – Die beiden Hirnhälften heißen Hemisphären.
44 D – Die Atmung wird vom Hirnstamm gesteuert.
45 D – Die Haut sondert Fett ab.
46 B – Der Unterschenkelknochen ist das Schienbein.
47 C – Das menschliche Skelett besteht aus 200 Knochen.
48 D – Die weißen Blutkörperchen können Krankheitserreger abwehren.
49 C – Um gesund zu bleiben, sollte man Sport treiben.
50 A – Die Venen transportieren das sauerstoffarme Blut zum Herzen.
51 B – Die männlichen Samenzellen heißen Spermien.
52 C – Ein ungeborenes Kind im Mutterleib nennt man Embryo.
53 A – Enzyme helfen, die Nahrung aufzuspalten.
54 D – Eine gesunde Darmflora wird für die Verdauung benötigt.
55 A – Die Geschmacksknospen auf der Zunge lassen uns schmecken.

Erde und Weltall

56 B – Ein anderer Name für Universum ist Kosmos.
57 D – Im Zentrum der Milchstraße befindet sich ein Schwarzes Loch.
58 A – Die Fliehkraft verhindert, dass die Planeten in die Sonne stürzen.
59 B – Der Wasserstoff der Sonne verwandelt sich in Helium.
60 C – Viele Kometen stammen aus der Oortschen Wolke.
61 A – Kometen werden auch Schmutzige Schneebälle genannt.
62 C – Der Planet Merkur heißt nach dem Götterboten Merkur.
63 A – Die Venus wird auch Morgenstern genannt.
64 B – Der Mond hat keine Atmosphäre.
65 C – Wenn die Sonne den Mond nicht anstrahlt, ist Neumond.
66 C – Die Monde des Mars heißen Deimos und Phobos.
67 B – Den Wirbelsturm auf dem Jupiter nennt man Großer Roter Fleck.
68 C – Die Ringe des Saturns bestehen aus Eis und Gestein.
69 C – Titania ist der größte Mond des Uranus.
70 D – Neptun besteht vor allem aus Wasserstoff.
71 C – Die meisten Exoplaneten sind Gasplaneten.
72 B – Die Anziehungskraft hat die Materie zu Planeten zusammengefügt.
73 C – Das Magnetfeld schützt uns vor dem Sonnenwind.
74 B – Die Ozonschicht schützt die Erde vor ultravioletter Strahlung.
75 D – Die Troposphäre wird auch Wetterschicht genannt.
76 B – El Niño sorgt für große Klimakatastrophen.
77 A – Meteorologen erforschen das Wetter.
78 A – Graupel ist Hagel aus sehr kleinen Körnern.
79 A – In polaren Regionen kann man im Sommer die Mitternachtssonne sehen.
80 B – Die Wintersonnenwende ist der kürzeste Tag des Jahres.
81 C – Magma heißt das flüssige Gestein des Erdmantels.
82 C – Die ersten Lebewesen waren Bakterien.
83 D – Diesen Superkontinent nennt man Pangäa.
84 B – Das Himalaja-Gebirge wächst weiter, weil Indien sich auf Asien schiebt.
85 C – Am Südpol wurde eine Fahne aufgestellt.

86 B – Pinguine sind für die Antarktis typisch.
87 B – Der Vesuv in Italien ist der einzige aktive Vulkan in Europa.
88 D – Die Goldwäscher suchen nach Nuggets.
89 D – Das salzarme Wasser der Ostsee wird Brackwasser genannt.

Geschichte

90 D – Faustkeile wurden auch aus Feuerstein hergestellt.
91 B – Der Neandertaler ist ein Verwandter des Homo sapiens.
92 A – Karthago wurde von den Römern zerstört. Die Stadt lag im heutigen Tunesien.
93 D – Der Homo erectus war der Vorfahre des heutigen Menschen, der in Afrika lebte.
94 A – Die Ureinwohner Australiens heißen Aborigines.
95 C – Matthew Flinders erkannte bei einer Umsegelung, dass Australien ein Erdteil ist.
96 C – Die Terrakotta-Armee des Kaisers Quin Shihuangdi wurde 1974 gefunden.
97 A – Mogule regierten 200 Jahre lang Indien.
98 B – Nofretete gilt als schönste Frau der Antike.
99 C – Die ägyptischen Schriftzeichen heißen Hieroglyphen.
100 C – Alexander der Große zerschlug den Gordischen Knoten.
101 B – Im antiken Griechenland wurde ein Stadtstaat „Polis“ genannt.
102 B – Das war die ägyptische Königin Kleopatra.
103 C – Das Heilige Land sollte durch die Kreuzzüge befreit werden.
104 B – Rechtlose Bauern werden Leibeigene genannt.
105 C – Das Bild der Mona Lisa hängt im Louvre in Paris.
106 D – Die Renaissance beginnt am Ende des Mittelalters.
107 C – Luther wandte sich gegen die Ablassbriefe der Katholischen Kirche.
108 B – Luther übersetzte die Bibel auf der Wartburg ins Deutsche.
109 C – Kant forderte, dass der Mensch seinen Verstand einsetzen soll.
110 C – Ludwig XIV. wird auch als Sonnenkönig bezeichnet.
111 C – Die Intendanten kontrollierten die Provinzen.
112 B – Die Französische Revolution beendete die Monarchie.
113 D – Das Gefängnis heißt Bastille.
114 C – Die deutsche Nationalversammlung tagte in der Paulskirche in Frankfurt.
115 C – Die Dampfmaschine machte die Industrielle Revolution möglich.
116 B – Die Kaiserkrönung fand in Versailles statt.
117 C – Bismarck führte die Rentenversicherung ein.
118 B – Die schrecklichsten Schlachten des Ersten Weltkriegs fanden in Frankreich statt.
119 C – Russland wurde von Zaren regiert.
120 C – Deutschland musste Wiedergutmachungszahlungen leisten, die man auch Reparationen nennt.
121 B – Der Reichspräsident hatte in der Weimarer Republik die größte Macht.
122 C – Zur Zeit des Nationalsozialismus gab es keine Meinungsfreiheit.
123 A – Die Nazis nannten die angebliche „Herrenrasse“ Arier.
124 A – Deutschland und seine Verbündeten wurden „Achsenmächte“ genannt.
125 C – Die Armee der Sowjetunion wird als Rote Armee bezeichnet.
126 C – Während der Kuba-Krise regierte John F. Kennedy.
127 D – Nach dem Zweiten Weltkrieg bis zur Wiedervereinigung war Bonn die Hauptstadt der Bundesrepublik.

128 C – Willy Brandt erhielt 1971 den Friedensnobelpreis für seine Ostpolitik.
129 B – Das Ministerium für Staatsicherheit wurde mit dem Begriff Stasi abgekürzt.
130 C – Planwirtschaft.
131 A – Abraham Lincoln kämpfte für die Abschaffung der Sklaverei.
132 D – Das World Trade Center stand in New York.

Politik und Wirtschaft

133 B – Die Gewinnbeteiligung bei einer Aktie heißt Dividende.
134 C – Die Makler handeln an der Börse mit Aktien.
135 D – Kurt Georg Kiesinger war der dritte Bundeskanzler.
136 C – Der Bundestag wählt den Bundeskanzler.
137 B – Die Villa Hammerschmidt ist der Bonner Amtssitz des Bundespräsidenten.
138 D – Der Bundespräsident wird von der Bundesversammlung gewählt.
139 C – Die Abgeordneten erhalten Diäten.
140 D – Der Bundestag tagt im Reichstagsgebäude.
141 B – Der Bundesrat tagt im Preußischen Herrenhaus.
142 D – Die Bundesregierung wird auch Kabinett genannt.
143 D – Der deutsche Nationalfeiertag wird jedes Jahr am 3. Oktober gefeiert.
144 D – Die Verfassungsrichter tragen eine rote Robe.
145 A – Wenn man Abgeordneter werden will, muss man deutscher Staatsbürger sein.
146 C – Die Griechen haben erste Formen von Demokratie erprobt.
147 B – In Deutschland dürfen alle Deutschen über 18 Jahre wählen.
148 C – Der Diktator von Libyen heißt al-Gaddafi.
149 B – Ein Maurer ist ein Handwerker, kein Dienstleister.
150 B – Bevor in Portugal der Euro eingeführt wurde, zahlte man mit dem Escudo.
151 B – Die Bundesländer der Schweiz heißen Kantone.
152 D – Die Gesetzgebung ist die Legislative.
153 C – Unternehmer sind Arbeitgeber.
154 A – Tarifautonomie bedeutet, dass die Politik sich nicht in die Lohnverhandlungen einmischen darf.
155 A – Das Bundesverfassungsgericht überwacht die Einhaltung des Grundgesetzes.
156 B – Das Fließband ist von enormer Bedeutung für die Industrieproduktion.
157 D – Auf einer Hühnerfarm wird Geflügel in großen Mengen gezüchtet.
158 B – Liberale legen großen Wert auf das Privateigentum.
159 B – Das Kartellamt stellt sicher, dass es auf dem Markt genügend Konkurrenz gibt.
160 D – Die Piratenpartei nahm 2009 erstmals an der Bundestagswahl teil.
161 C – Ein Beamter bekommt im Alter keine Rente, sondern eine Pension.
162 B – Karl Marx gilt als wichtigster Begründer des Sozialismus.
163 A – Der Sicherheitsrat ist das wichtigste Organ der UN.
164 B – Bei einer Wahl wirft man die Stimmzettel in die Wahlurne.
165 D – Bei der Bundestagswahl wählt man mit der Zweitstimme die Partei.

Technik und Naturwissenschaft

166 A – Der luftleere Raum ist ein Vakuum.
167 B – Eine Turbine treibt einen Generator an.
168 C – Erdgas hat chemische Energie gespeichert.

169 A – Die Elektromagnetische Kraft ist verantwortlich für das Licht.
170 D – Für die Kerntechnik benötigt man Uran.
171 B – Otto Hahn hat die Kernspaltung entdeckt.
172 A – Das Flügelprofil sorgt bei einem Flugzeug für Auftrieb.
173 D – Flugzeugteile bestehen aus Kohlefaser.
174 D – Keine Rolle spielt in der anorganischen Chemie der Kohlestoff.
175 A – Für die Produktion von Alleskleber benötigt man Erdöl.
176 B – Das leichteste Element mit nur einem Elektron heißt Wasserstoff.
177 B – Eine gentechnische Kopie eines Lebewesens ist ein Klon.
178 D – Das Erbgut befindet sich im Zellkern.
179 B – Diese Krankheit wurde nach dem Arzt Alois Alzheimer benannt.
180 A – Versteinerte Pflanzen und Tiere bezeichnet man als Fossilien.
181 C – Der natürliche Zerfall eines Gebirges nennt man Erosion.
182 A – Isohypsen ist der Name für die Höhenlinien auf Karten.
183 C – Die Ägypter nutzten eine Elle als Längenmaß. Das ist die Entfernung vom Ellbogen bis zu Spitze des Mittelfingers.
184 C – Galileo Galilei machte vom Schiefen Turm von Pisa Fallversuche.
185 B – Das ist die Lichtgeschwindigkeit.
186 A – Die winzigen Roboter werden Nanobots genannt.
187 D – Lesesteine wurden als erste Sehhilfen benutzt.
188 C – Der erste Satellit der Welt hieß Sputnik.

Literatur

189 D – Den Begriff Weltliteratur hat Johann Wolfgang von Goethe geprägt.
190 C – Das Gedicht von der schönen Loreley, die mit ihrem Gesang und ihrer Schönheit die Rheinschiffer zum Kentern brachte, stammt von Heinrich Heine.
191 B – Die Blaue Blume ist ein wichtiges Symbol in der Romantik.
192 B – Max und Moritz angeln der Witwe Bolte die Hühner aus dem Kamin.
193 C – Für den Naturalismus ist der Sekundenstil typisch.
194 B – Die Expressionisten wollten ihre Unzufriedenheit ausdrücken.
195 D – Die Griechen eroberten Troja.
196 B – Der Zyklop, der von Odysseus besiegt wurde, hieß Polyphem.
197 D – Woglinde, Wellgunde und Floßhilde sind die Rheintöchter.
198 C – Ein Gespräch zwischen zwei Schaupielern auf der Bühne nennt man Dialog.
199 C – Theaterstücke sind meist in Akte eingeteilt.
200 A – Die Liebesgedichte aus dem Mittelalter heißen Minnesang.
201 C – Das Schwert von König Artus heißt Excalibur.
202 B – Der beste Freund von König Artus ist der Zauberer Merlin.
203 B – Der Roman *Farm der Tiere* von George Orwell wurde auch sehr bekannt.
204 A – Scheherazade erzählt dem König jede Nacht ein Märchen.
205 C – Kalif Storch muss das Zauberwort „Mutabor“ sprechen, damit er sich von einem Storch in einen Menschen zurückverwandeln kann.
206 C – Dornröschen schläft 100 Jahre, bevor der Prinz sie erlöst.
207 C – Die meisten Romane sind in der Vergangenheit geschrieben.
208 A – David Copperfield und Harry Potter sind Titelhelden.
209 C – Obelix isst am liebsten Wildschweinbraten.

210 C – Ein einzelnes Comic-Bild heißt „Strip".
211 C – Robinsons Gefährte heißt Freitag.
212 D – In Melvilles Roman *Moby Dick* macht Käpt'n Ahab Jagd auf den weißen Wal.
213 C – Dr. Watson ist der Freund und Helfer von Sherlock Holmes.
214 B – *Kalle Blomquist* heißt Astrid Lindgrens berühmter Detektiv.
215 D – Der bekannteste Roman von James F. Cooper heißt *Der letzte Mohikaner.*
216 B – Kapitän Nemo aus Jules Vernes Roman taufte sein U-Boot Nautilus.
217 C – Wesen, die halb Mensch, halb Roboter sind, nennt man Cyborgs.
218 D – Die meisten Autoren waren im Krieg Soldaten.
219 D – Pippi Langstrumpf hat ihren kleinen Affen Herr Nilsson getauft.
220 A – Alice trifft im Wunderland den verrückten Hutmacher.
221 B – Frodo Beutlin aus *Der Herr der Ringe* ist ein Hobbit.
222 D – Ein Werk mit sieben Bänden bezeichnet man als Heptalogie.
223 D – Ein glückliches Ende im Roman nennt man „Happy End".
224 B – Cornelia Funke gehört zu den Autorinnen der Gegenwartsliteratur.
225 C – Ein Bibliothekar arbeitet in einer Bibliothek.
226 C – Die erste Buchmesse kurz nach Erfindung des Buchdrucks fand in Frankfurt am Main statt.
227 B – Der in der Schweiz lebende Deutsche, Hermann Hesse, erhielt 1946 den Literaturnobelpreis.
228 C – Der Autor gibt dem Verlag ein Manuskript ab.

Musik und Kunst

229 C – In der Antike wurden Vorräte oft in Amphoren gelagert.
230 D – Die Venus von Milo steht im Louvre in Paris.
231 C – Die Schreibstube eines Klosters heißt Skriptorium.
232 B – Walter von der Vogelweide ist ein bekannter Minnesänger.
233 C – Das Wort Renaissance bedeutet Wiedergeburt.
234 B – Die Farben Rot und Gold waren im Barock sehr beliebt.
235 B – Ein längeres Gesangsstück heißt in der Oper Arie.
236 D – Die Primaballerina übernimmt die Hauptrolle in einem Ballett.
237 A – Das Ballett-Trikot mit einem Tüllröckchen heißt Tutu (sprich: Tütü).
238 C – Der Maler William Turner malte besonders gern am Rhein.
239 C – *Nachtschwärmer* ist das bekannteste Bild von Edward Hopper.
240 B – *Die Zauberflöte* wurde von Wolfgang Amadeus Mozart komponiert.
241 C – Mäzene unterstützten die Komponisten.
242 B – Zu Beginn jeder Notenzeile steht ein „Notenschlüssel".
243 B – Der Konzertmeister spielt die erste Geige.
244 C – Ein Dirigent schwingt den Taktstock.
245 B – Joseph Beuys machte eine Badewanne zu einem Kunstwerk.
246 A – Die Impressionisten malten am liebsten im Freien, weil ihnen die Darstellung von Licht wichtig war.
247 D – Die blauen Pferde machten Franz Marc berühmt.
248 B – Die Kunst- und Designschule von Walter Gropius hieß „Bauhaus".
249 A – Die Designer kümmerten sich zunächst um das Aussehen von Autos.
250 B – Wassily Kandinsky war Gründungsmitglied der Gruppe „Der Blaue Reiter".

251 B – Die *Brennenden Giraffen* machten Salvador Dalí weltberühmt.
252 C – Arnold Schönberg ist ein Vertreter der Zwölftonmusik.
253 A – Big Band spielen meist Swing.
254 D – Der Schlager hat seinen Ursprung in der Operette.
255 D – Michael Jackson war der King of Pop.
256 C – Die Ballade „Stairway to Heaven" stammt von der Band *Led Zeppelin.*
257 D – Das berühmteste Rockfestival aller Zeiten fand in Woodstock statt.
258 C – Graffitikünstler „malen" ihre Kunstwerke mit der Spraydose.
259 B – Die Fans der Volkstümlichen Musik lieben den Musikantenstadl.
260 D – Paul Simons Weltmusik-Album heißt Graceland.

Religion und Philosophie

261 C – Das sagenhafte Tier aus der Traumzeit der Aborigines ist die Regenbogenschlange.
262 B – Der ägyptische Gott der Toten ist Osiris.
263 D – Bei Griechen und Römern galt der Berg Olymp als Wohnort der Götter.
264 A – Mars ist der römische Kriegsgott.
265 A – Die germanische Himmelsfestung trägt den Namen Asgard.
266 D – Der Hammer des Gottes Thor wird Mjölnir genannt.
267 C – Die griechischen Philosophen trafen sich auf der Agora, dem Marktplatz.
268 C – Der Philosoph Aristoteles schuf den Begriff „Ethik".
269 D – Das Höhlengleichnis stammt vom Philosophen Platon.
270 C – Der Philosoph Demokrit begründete den Materialismus mit.
271 B – In der jüdischen Religion trägt Gott den Namen Jahwe.
272 B – Ein Gläubiger braucht keine Beweise.
273 C – Ein jüdischer Geistlicher wird Rabbiner genannt.
274 A – Die Synagoge ist das jüdische Gotteshaus.
275 C – Christus bedeutet „der Gesalbte".
276 A – Die zwölf Schüler und engsten Vertrauten Jesu sind die Apostel.
277 B – Die Päpste der katholischen Kirche berufen sich auf den Apostel Petrus.
278 D – Das Wort Papst bedeutet Vater.
279 A – Die Pilgerreise der Muslime nach Mekka wird Hatsch genannt.
280 C – Eine Moschee ist das islamische Gotteshaus.
281 D – Fundamentalisten lehnen die Moderne ab.
282 C – Das Wort Sekte bedeutet ursprünglich Abspaltung.
283 A – Die Aufklärung hat den Atheismus gefördert.
284 C – Der berühmte Satz von Descartes heißt: „Ich denke, also bin ich!"
285 D – Konfuzius hieß eigentlich Kong Fuzi.
286 B – Das Nirwana bezeichnet den endgültigen Glückszustand der Buddhisten.
287 B – Der Dalai Lama gehört der buddhistischen Religion an.
288 D – Die Wiedergeburt eines Menschen wird Reinkarnation genannt.
289 B – Die Veden sind die heiligen Schriften der Hindus.
290 B – Die verschiedenen Erscheinungsformen der Götter heißen Avatare.
291 B – Die Daoisten nennen die zwei Seiten der Welt Yin und Yang.
292 C – Die Götter im Shintoismus werden mit Kami bezeichnet.
293 C – Die Postmoderne fordert auf, die Vielfalt zu schätzen.

Kommunikation und Medien

294 C – Wespen signalisieren mit ihren schwarzgelben Körpern Gefährlichkeit.
295 C – Mundarten wie Plattdeutsch, Sächsisch nennt man Dialekte.
296 C – Englisch ist die Fremdsprache, die weltweit am häufigsten gesprochen wird.
297 B – Viele Gehörlose verständigen sich mit der Gebärdensprache.
298 C – Die Schriftzeichen der alten Ägypter heißen Hieroglyphen.
299 B – Johannes Gutenberg hat auch die Druckerpresse erfunden.
300 C – Die Mönche in den Klöstern haben die Bücher durch Abschreiben vervielfältigt.
301 D – Schallplatten haben auf jeder Seite nur *eine* Rille.
302 C – Behörden nutzten Lochkarten als Datenspeicher.
303 D – Die Programme eines Computers nennt man Software.
304 B – Wenn man sich im Internet unterhält, nennt man es chatten.
305 D – Das erste Computerspiel hieß „Pong".
306 C – Man geht mit einem Avatar in die Cyberspace-Welt.
307 C – Seine Daten im Internet schützt man durch ein Password.
308 B – Als erste „Filme" wurden Kupferplatten verwendet.
309 C – Charlie Chaplin war einer der bekanntesten Stummfilm-Komiker.
310 C – Der Maskenbildner kann einen Schauspieler in ein Monster verwandeln.
311 D – Drehtermine stehen im Drehplan.
312 C – Shaun das Schaf besteht aus Knetmasse.
313 C – Zeitmaschinen gibt es nur in Science-Fiction-Filmen.
314 A – In Science-Fiction-Filmen werden Außerirdische „Aliens" genannt.
315 A – Früher wurden Sendungen auf Magnetband aufgezeichnet.
316 C – Jörg Pilawa moderiert eine Quizshow in der ARD.
317 A – Daily Soaps werden auch Seifenopern genannt.
318 B – Dieser Morsecode steht für SOS – Save Our Souls.
319 A – Die optischen Telegraphen, die Semaphore, hatten bewegliche Flügel.
320 B – Die Abkürzung für SMS steht für „Short Message Service".
321 C – Telefongespräche in eine andere Stadt nannte man Ferngespräche.
322 D – Vor der Einführung des Tastentelefons gab es eine Wählscheibe.
323 B – Die politische Beeinflussung durch Massenmedien nennt man Propaganda.
324 A – Der Intendant ist der Leiter eines Theaters.
325 C – Die letzte Probe vor der ersten Aufführung heißt Generalprobe.
326 B – Die ersten Phonographenwalzen waren mit Wachs beschichtet.
327 B – Nachrichtenfilme, die früher vor dem Kinofilm gezeigt wurden, hießen „Wochenschau".
328 B – Die ersten Radiosendungen musste man mit Kopfhörern anhören.
329 B – Die Überschrift eines größeren Artikels in einer Zeitung nennt man Schlagzeile.
330 B – Eine Verpackung, die größer scheint als sie ist, nennt man „Mogelpackung".

Sport und Unterhaltung

331 D – Der Eispickel ist der spitze Wanderstock der Bergsteiger.
332 C – Der Karabinerhaken wird von Bergsteigern verwendet.
333 C – Formel-1-Piloten brauchen Boxenstopps.
334 A – Die profillosen Reifen von Formel-1-Wagen werden Chucks genannt.
335 C – Beim Fußball ist Handspiel verboten.

336 B – Wenn ein Spieler allein vor dem Tor des Gegners steht und einen Pass erhält, ist das ein Abseits.
337 D – Das regelmäßige Prellen des Balls auf dem Boden nennt man „dribbeln".
338 B – Den Strafstoß beim Handball nennt man Siebenmeter.
339 B – Boxkämpfe finden im Ring statt.
340 C – Ein guter Judoka trägt den schwarzen Gürtel.
341 C – Beim Staffellauf wird ein Stab von Läufer zu Läufer übergeben.
342 B – Beim Hammerwurf hängt jedoch kein echter Hammer am Stahldraht, sondern ein Wurfgewicht.
343 C – Bei der *Tour der France* ist der Führende der Gesamtwertung am Gelben Trikot zu erkennen.
344 C – Der Radprofi Lance Armstrong gewann die Tour de France von 1999 bis 2005.
345 A – Die Führungsleine beim Voltigieren nennt man Longe.
346 B – Eine Regatta ist eine Wettfahrt mit Segelbooten.
347 B – Eine u-förmige Sportanlage für Skater nennt man Halfpipe.
348 D – Der Sammelbegriff für die wichtigsten Tennisturniere im Jahr ist „Grand Slam" (Australian Open, French Open, Wimbledon Championships und US Open).
349 A – Ein Tennisschläger wird auch Racket genannt.
350 D – Das obere Zuspiel beim Volleyball heißt „pritschen".
351 B – Das Volleyball-Spiel hieß ursprünglich „Mintonette".
352 D – Der Surfer hält den Gabelbaum.
353 B – Der Spielstein beim Eishockey heißt Puck.
354 C – Olympiade ist die Bezeichnung für die vier Jahre zwischen den olympischen Spielen.
355 A – 2012 finden die Olympischen Sommerspiele in London statt.
356 C – Man glaubt es nicht, aber „Kuhfladenweitwurf" gibt es tatsächlich.
357 B – Bei einer Dopingkontrolle wird das Blut getestet.
358 C – Beim Mühlespiel braucht man eine „Zwickmühle"?
359 B – Beim Poker heißt die beste Kartenkombination „Royal Flush".
360 B – Früher wurden Puzzles mit der Laubsäge ausgesägt.
361 C – Den Moderator einer Quizsendung nennt man auch „Quizmaster".
362 A – Wenn bei einem Test Antwortmöglichkeiten vorgegeben sind, nennt man das „Multiple-Choice".
363 C – Die Philatelie ist die Briefmarkenkunde.
364 B – Leute, die sich hobbymäßig um ihre Fische kümmern, heißen Aquarianer.
365 C – Ein „Käfig" für Eidechsen und Schlangen nennt man Terrarium.
366 B – Die Pointe ist der Schluss-Gag einer Kabarett-Nummer.
367 B – Konzert-Karten werden heute oft im Internet verkauft.
368 B – Elton John schrieb die Musik zum Musical „König der Löwen".
369 A – Die Podeste im Zirkus, auf denen Raubkatzen sitzen, heißen Postamente.
370 C – Einen Löwenbändiger kann man auch Dompteur nennen.
371 D – Auf der „Grünen Woche" in Berlin kann man Käse und Wurst probieren.

A

B

C

D

Bildnachweis

Umschlag: Gettyimages: U1 Hintergrund: (Eschliman), U1 li.o. (Digital Vision), U1 li.m. (Lawry), U1 re.o. (Chapman), U1 re.m. (Stockman), U1 re.u. (Tetra Images), U4 li. (Purestock), U4 m. (van den Berg), U4 re. (Krecichwost); AKG: U1 li.u.; Random House: U1 m., Klappe (Flashfotos.de)

Innenteil: Akg: 85 o. (Nimatallah), 92, 94, 97, 100, 101, 102 o., 108 o., 108 u., 110, 171, 200, 205, 210, 225, 227, 255, 303 (N.N.), 93 (Deville), 105, 109 (AP), 181 (Warner Brothers/Album-Film: Moby Dick), 185 (Paramount Pictures/Album -Film: Kampf der Welten), 189 (New Line Cinema/The Saul Zaentz-Film: Herr der Ringe), 196 (Champollion), 208 (Album), 229, 252 (Erich Lessing); Alamy: 242 (Levenson); Cinetext Bildarchiv: 186 (Film: Der Rasenmähermann), 264 (Film: Shaun das Schaf-Gemüsefußball); Corbis: 65 u., 72, 256 (RF), 197 (Ted Streshinsky); Corel Photos: 8 (RF); Creativ Collection: 17, 22, 48, 65 o., 67 u., 74, 75, 254, 261, 276 (RF); Dynamic Graphics: 19, 28, 29 (RF); Gettyimages: 27, 50, 51, 52, 53, 54, 55, 56, 57, 58, 59, 61 u., 63, 64, 67 o., 68 o., 69, 70, 73, 165 (RF), 67 o.; Interfoto: 82 u., 207 (Fratelli Alinari), 90, 161, 209 (Aisa), 95, 172 (Sammlung Rauch), 99 (Science & Society), 102 u., 104 o. (awkz), 103 (Marz), 175 (Schäfer), 180 (Friedrich), 198 (mova), 206 (Lebrecht Music Collection), 220 (Bildarchiv Hansmann); Istockphoto: 11 (Velden), 12 (Austin), 15 (Kryvsha), 18 (Razvodovskis), 21 (Murawski), 23 (Serbanescu), 25 (Laufenberg), 26 (Peluso), 30 (Fitzer), 32 (Huszti), 33 (Dikkenberg), 34 (1 design), 35 (Madeja), 42 (Kaulitzki), 44 o. (Kempter), 66 (bronswerk), 68 u. (Tezak), 71 (Belzowski), 78 (fotofrankyat), 79 (Smit), 80 (Kerr), 81 (CPW), 82 o. (Churchill), 83 (Daniek), 84 (Krause), 85 u. (Jolly), 86 (Gjerpen), 87 (X.), 88 (Hulton Archive), 89 (sedmak), 91 (Bieberstein), 96 (Kontsedalov), 98 o. (de Groot), 98 u. (Ilott), 112 (Nikada), 119 (Becker), 120 (Lange), 124 (daaronj), 125 (lullabi), 131 (Yeulet), 133 o. (Liivaar), 138 (Zinchik), 141 (phillips), 143 (Cymbidia), 144 (Hernan), 145 (Evirgen), 146 (Leif), 147 (Zuki), 148 (narvikk), 149 (Nehring), 152 (Putchenko), 153 (webking), 154 (Meckelmann), 155 (Gumerov), 156 (Gehrig), 157 (vom Stein), 158 (Matei), 159 (Sovany), 160 (Nguyen), 162 (iLexx), 163 (Pacheco), 168 (Hulton Archive), 169 (esemelwe), 194 (cervo), 199 (DHuss), 202 (fotoVoyager), 211 (Stehen), 212 (Melnik), 217 (dwphotos), 218 (Kamenetskiy), 219 (N. N.), 222 (logoHY), 223 (Coll), 224 (Ragen), 226 (estelle75), 228 (Kazmin), 230 (Imran), 231 (Levy), 233 (quidnunc), 235 (Ayazbayev), 236 (Tjioe), 240 (Willaume), 241 (Khajaroen), 243 (Walker), 246 (Prill), 248 (Hostettler), 249 (Wijaya), 250 (Law Cain), 251 (Turudic), 253 (Fuentes), 258 (Pidjas), 260 (Stava), 262 (Jones), 265 (Tsyba), 266 (Grafissimo), 268 (Tyler), 269 (Swallow), 270 (Cote), 271 (Lowe), 272 (Korenbaum), 273 (floridastock), 275 (Dernovics), 278 (Pattberg), 280 (Modine), 281 (Evans), 282 (Kopp), 284 (Kosti⊠), 285 (Kennedy), 286 (vargas), 287 (Harrison), 288 (Raisbeck), 289 (Odonnell), 290 (Flippo), 291 (Rjabow), 292 (Rihak), 293 (Blankenburg), 294 (thaysen), 295 (luoman), 296 (Suni), 297 (Biel), 298 (Nerva), 300 (naphtalina), 301 (Yagci), 304 (Lobo); Nasa: 60 (Esa and Erich Karkoschka), 61 o. (ESA and ESO/L. Calcada), 62 (Esa and Jeff Hester/Paul Scowen), 164 (Nasa Images); Panthermedia: 10 (Beil), 13 (Müller), 14 (Rehermann), 16 (Koller); Picture Alliance: 37 (N.N.), 104 u., 106, 107, 111, 114, 115, 116, 118, 121, 122, 123, 135, 136, 139, 140, 151, 188, 192, 215, 234, 237, 274, 299, 305 (dpa), 117 (dpa-Infografik), 126, 127, 128, 129, 130, 132, 133 u., 137 0., 137 u., 190, 191, 201, 259, 267, 277 (dpa-Report), 150 (Imagno), 166 (Sweeney), 177 (dieKLEINERT.de), 203 (Simon), 214 (jazzarchiv), 239 (dpa - Bildarchiv), 263 (KPA/The Flintstones), 283 (Augenklick); Photodisc: 76, 257 (RF); Random House: 7 (Flashfotos.de); Südwest Verlag: 20 (Hofmann), 24 (Kargl), 31 (Sperl), 36, 43, 45 (Gemke), 38 (Szczesny), 38 (Bayer AG), 40, 47 o. (Nagy), 44 u. (Astrid Eckert), 46, 47 u. (Nagy/Bach); Ullstein Bild: 134, 178, 179 (N. N.), 170, 302 (Imagebroker.net), 173 (Lieberenz), 174 (ddp), 176 (Granger Collection), 182 (globalmoments), 183 (Röhnert), 184 (KPA, Karl May Film), 187, 204 (united archives), 216 (dpa), 232 (Minehan), 244 (AKG Pressebild), 245 (SIPA)